中國美術分類全集

中國竹木牙角器全集

4

牙角器

中國竹木牙角器全集編輯委員會　編

《中國竹木牙角器全集》編輯委員會

凡例

一　《中國竹木牙角器全集》共五卷，主要按材料質地和時代順序編排，其中竹刻器一卷，木雕器二卷，牙角器（含骨器）一卷，家具一卷，力求全面展示中國竹木牙角工藝及家具的發展面貌。

二　《中國竹木牙角器全集》編選以故宮博物院藏品為主，酌收各地有代表性的珍品；既要考慮器物本身的藝術價值，又要兼顧不同地區和流派。

三　本書為《中國竹木牙角器全集》第四卷，選錄新石器時代至清代象牙犀角雕刻精品。

四　本書主要內容分三部分：一為專論，二為圖版，三為圖版說明。

目錄

中國古代象牙犀角雕刻簡述……楊伯達

圖版

一 骨雕人頭像 新石器時代早期……1
二 骨雕鷹頭 新石器時代……1
三 骨帶鉤 漢……2
四 角鐮 新石器時代……2
五 角梳 西漢……3
六 象牙雕雙鳥朝陽紋蝶形器 新石器時代……4
七 象牙雕太陽紋蝶形器 新石器時代……5
八 象牙雕匕形器 新石器時代……6
九 象牙雕匕形器 新石器時代……7
一〇 象牙雕蠶紋盅形器 新石器時代……7
一一 象牙雕夔鋬杯 商……8
一二 象牙尺 西晉後期……9
一三 象牙撥鏤鳥獸花卉紋尺 唐……10
一四 象牙飾件 元……10
一五 象牙雕荔枝紋方盒 明……11
一六 象牙染紅雕花卉雙陸 明……12
一七 象牙雕蹴鞠圖筆筒 明……13
一八 象牙雕訪賢圖案筆筒 明……14
一九 象牙雕松山問道圖筆筒 明……16
二〇 象牙鏤雕仙人松蓬船 明……18
二一 象牙雕桃式杯 明……19
二二 象牙雕玉蘭花杯 明……19
二三 象牙雕人像 明……20
二四 象牙雕老人像 明……21
二五 象牙雕塗金仕女立像 明……22
二六 象牙雕抱子女士像 明……23
二七 象牙雕觀音送子坐像 明……24
二八 象牙雕魁星 明晚期……25
二九 象牙雕麒麟鈕關防 明晚期……26
三〇 象牙雕鳳凰牡丹圖筆筒 明晚期……27
三一 象牙雕蟠螭開光山水人物筆筒 清早期……28

三二　象牙雕花卉方筆筒　清早期……32
三三　象牙雕仕女　清早期……33
三四　象牙雕戲兔羅漢　清早期……34
三五　象牙雕山水金裏碗　清早期……35
三六　象牙雕海水雲龍火鐮套　清雍正……36
三七　象牙雕海水雲龍火鐮套　清雍正……37
三八　象牙雕海水雲龍火鐮套　清中期……38
三九　象牙雕海水雲龍火鐮套　清中期……39
四〇　象牙鏤雕夔紋亭式花薰　清雍正……40
四一　染牙雕雲紋冠架　清乾隆……41
四二　象牙雕月曼清遊冊　清乾隆……42
四三　象牙雕黑漆地描花筆筒　清中期……66
四四　象牙雕竹石圓盒　清中期……67
四五　染牙雕柿式盒　清中期……67
四六　象牙鏤雕活動榫提梁卣　清中期……68
四七　象牙雕放牛教孫讀書　清中期……69
四八　象牙雕牧羊人　清中期……69
四九　象牙雕牽鹿人　清中期……70
五〇　象牙雕戲獸人　清中期……70
五一　象牙席　清雍正……71
五二　黃振效款象牙雕漁家樂圖筆筒　清中期……72
五三　象牙雕山水圖方筆筒　清中期……74
五四　象牙雕人物方筆筒　清中期……76
五五　象牙雕漁樵圖筆筒　清中期……77
五六　象牙雕松蔭高士圖筆筒　清中期……78
五七　象牙雕開光山水轉芯式筆筒　清中期……80
五八　象牙雕松蔭策杖筆筒　清……81
五九　象牙雕十八羅漢圖臂擱　清中期……82
六〇　象牙雕古木寒雀圖臂擱　清……83
六一　象牙雕九老圖臂擱　清中期……84
六二　象牙雕松蔭雅集圖臂擱　清中期……85
六三　象牙刻字墨床　清……86
六四　象牙鏤雕小船　清中期……87
六五　李爵祿款象牙鏤空勾雲帶座小盒　清乾隆……88
六六　象牙雕荷花橢圓小盒　清中期……89
六七　染牙刻人物小盒　清……90
六八　象牙雕松樹鎮紙　清……91
六九　染牙盒　清……92
七〇　象牙雕荔枝如意雙聯盒　清……93
七一　茜牙鶺鴒式盒　清……94
七二　茜牙鵲式盒　清中期……95
七三　茜牙鶴形鼻煙壺　清乾隆……96
七四　茜牙魚鷹形鼻煙壺　清乾隆……97
七五　茜牙荔枝　清中期……98

七六　茜牙苦瓜　清中期……98
七七　象牙雕小葫蘆　清中期……99
七八　茜牙紅蝠葫蘆形盤　清……100
七九　茜牙石榴盤　清……101
八〇　茜牙海棠式盤　清……102
八一　象牙雕松鼠葡萄洗　清中期……103
八二　象牙雕荷葉盤　清……104
八三　象牙雕花卉蟲魚筆掭　清……105
八四　象牙雕葡萄草蟲碟　清……106
八五　染牙佛手式盒　清中期……107
八六　染牙桃蝠蓋碗　清中期……108
八七　茜牙蝴蝶花卉石榴形盒　清……109
八八　茜牙人物山水花果飾葵花式盒　清……110
八九　茜牙紅蝠花卉果式盒　清……112
九〇　象牙雕鏤空山水八瓣式盒　清中期……113
九一　象牙雕鏤空花卉委角長方盒　清中期……114
九二　茜牙鏤空花卉長方折角盒　清……116
九三　茜牙鏤空山水六方盒　清……117
九四　染牙鏤空瓜式盒　清中期……118
九五　象牙鏤雕大吉葫蘆　清乾隆……119
九六　象牙鏤雕回紋葫蘆　清中期……122
九七　茜牙鏤空葫蘆冠架　清中期……124
九八　染牙鏤雕花卉火鐮套　清中期……125
九九　茜牙鏤空花鳥香囊　清中期……126
一〇〇　象牙雕花籃　清……127
一〇一　象牙鏤雕嵌花盒　清……128
一〇二　象牙花卉燈籠　清……129
一〇三　象牙編織扇　清中期……130
一〇四　象牙絲編綴嵌染牙花卉宮扇　清中期……131
一〇五　象牙編織松竹梅紈扇　清中期……132
一〇六　象牙編織扇　清中期……133
一〇七　象牙鏤雕魚　清……134
一〇八　茜牙雕嬰戲圖筆筒　清……135
一〇九　茜牙雕海市蜃樓景　清乾隆、嘉慶……136
一一〇　茜牙雕榴開百戲　清嘉慶……138
一一一　象牙雕松梅紋筆筒　清……140
一一二　象牙雕「三顧茅廬」帽筒　清……141
一一三　象牙雕菊石柳鵪臂擱　清……142
一一四　象牙雕龍紋有蓋長筒　清……143
一一五　象牙雕回紋葫蘆　清中期……144
一一六　象牙雕帶練索猴桃形盒　清……146
一一七　象牙雕司馬光擊甕圖煙壺　清晚期……147
一一八　象牙雕老人　清……148
一一九　象牙雕説法人物　清……149

一二〇 象牙雕羅漢 清……150
一二一 象牙刻歲寒三友圖筆筒 清……151
一二二 象牙刻山水筆筒 清……152
一二三 象牙刻松鹿圖筆筒 清……153
一二四 象牙雕人物仕女小插屏 清……154
一二五 象牙鏤空龍鳳花鳥筆筒 清晚期……156
一二六 象牙鏤空人物筆筒 清晚期……157
一二七 象牙鏤空花卉人物筆筒 清晚期……158
一二八 象牙鏤雕大吉葫蘆花囊 清……159
一二九 象牙鏤空葫蘆形花囊 清……160
一三〇 象牙鏤雕漁樂圖鼻煙壺 清……161
一三一 象牙鏤雕福壽寶相花套球 清中期……162
一三二 象牙球 清……163
一三三 象牙雕壽星 清……164
一三四 象牙雕封侯掛印桃盒 清……165
一三五 象牙雕八仙 清……166
一三六 象牙雕牧牛童子 清……167
一三七 象牙雕松樹人物 清……168
一三八 象牙雕騎獅羅漢 清……168
一三九 象牙雕花卉圓盒 清晚期……169
一四〇 雕花整象牙 清晚期……170
一四一 象牙雕花卉鏡奩 清晚期……172
一四二 象牙雕小櫃 清……174
一四三 象牙雕觀音 清晚期……175
一四四 象牙雕山水人物小插屏 清……176
一四五 象牙雕人物小插屏 清……177
一四六 象牙雕山水人物小插屏 清……178
一四七 象牙雕山水人物小插屏 清……179
一四八 象牙雕白菜 清……180
一四九 米芾款犀角杯 明……182
一五〇 犀角洗 明……183
一五一 犀角鏤雕玉蘭花荷葉形杯 明……184
一五二 犀角雕花果紋洗 明……186
一五三 犀角杯 明……186
一五四 犀角玉蘭杯 明……187
一五五 犀角雕玉蘭花果紋杯 明……188
一五六 犀角雕螭竹靈芝紋杯 明……188
一五七 犀角雕玉蘭紋浮透杯 明……189
一五八 犀角雕秋葵紋杯 明……190
一五九 犀角鏤雕玉蘭花紋杯 明……190
一六〇 犀角鏤雕玉蘭花紋杯 明……191
一六一 犀角雕芙蓉秋蟲紋杯 明……192
一六二 犀角雕歲寒三友紋杯 明……193
一六三 犀角桃式杯 明……194

一六四　犀角雕螭龙紋杯　明……194
一六五　犀角雕螭龍紋杯　明……195
一六六　犀角蟠螭紋杯　明……196
一六七　犀角雕饕餮蕉葉紋螭耳杯　明……197
一六八　犀角雕獸面紋杯　明……198
一六九　犀角雕高足杯　明……199
一七〇　犀角雕高足杯　明……200
一七一　犀角雕茶花紋杯　明……202
一七二　犀角雕松鼠葡萄杯　明……203
一七三　犀角雕折枝荷葉吸管杯　明……204
一七四　尤侃款犀角透雕荷葉螳螂吸管杯　明……205
一七五　犀角雕加官進祿三足爵杯　明……206
一七六　犀角鏤空螭耳杯　明……207
一七七　犀角雕瓜葉杯　明……208
一七八　犀角雕勾雲圓盒　明……208
一七九　犀角獸面紋四扁足爐　明……209
一八〇　鮑天成款犀角雕雙螭耳
仿古螭虎紋執壺　明晚期……210
一八一　犀角雕富貴萬代杯　明晚期……212
一八二　犀角雕松樹紋杯　明晚期……213
一八三　犀角雕松柏山水紋杯　明晚期……214
一八四　犀角雕柳蔭放馬圖杯　明晚期……216
一八五　犀角鏤雕松舟人物杯　明晚期……218
一八六　犀角鏤雕龍柄螭龍紋杯　明晚期……220
一八七　犀角鏤雕秋葵葉紋玉蘭花形杯　明晚期……221
一八八　犀角雕蓮蓬紋荷葉形杯　明晚期……222
一八九　犀角雕竹芝紋杯　明晚期……223
一九〇　犀角雕荷葉杯　明晚期……224
一九一　犀角雕錦地蟠螭紋杯　明晚期……225
一九二　犀角雕槎形杯　明晚期……225
一九三　犀角雕花三足杯　明晚期……226
一九四　犀角鏤空蟠螭柄出戟匜式杯　明晚期……228
一九五　犀角雕松陰高士杯　清早期……229
一九六　犀角雕海水雲龍紋杯　清早期……230
一九七　犀角鏤雕太白醉酒杯　清早期……231
一九八　犀角鏤空山水人物杯　清早期……232
一九九　犀角雕水獸紋杯　清早期……233
二〇〇　犀角鏤雕山水人物杯　清早期……234
二〇一　犀角雕松樹紋杯　清早期……236
二〇二　犀角鏤空山水人物杯　清早期……237
二〇三　犀角鏤空荷葉形吸管杯　清早期……238
二〇四　犀角鏤空荷葉形吸管杯　清早期……239
二〇五　犀角鏤雕葵竹螭紋杯　清早期……240
二〇六　犀角雕花鳥杯　清早期……241

二〇七 犀角雕蘭花水魚紋荷葉形杯 清早期……241
二〇八 犀角雕海水雲龍紋杯 清康熙……242
二〇九 犀角雕梅枝仿古紋四足匜式杯 清乾隆……243
二一〇 犀角鏤雕聽松紋杯 清中期……244
二一一 犀角鏤雕山水人物杯 清中期……245
二一二 犀角鏤雕雙螭耳螭紋荷葉式杯 清中期……246
二一三 犀角雕螭柄海水螭紋杯 清中期……247
二一四 犀角雕松枝龍虎紋杯 清中期……248
二一五 犀角雕山水人物杯 清中期……249
二一六 犀角鏤雕松山人物故事杯 清中期……250
二一七 犀角雕山水人物杯 清中期……251
二一八 犀角鏤雕如意紋柄仿古蟬夔紋杯 清中期……252
二一九 犀角鏤雕雙螭耳獸面紋杯 清中期……252
二二〇 犀角鏤雕梅枝柄仿古獸面紋杯 清中期……253
二二一 犀角鏤空梅枝柄有流高圈足杯 清中期……254
二二二 犀角雕螭柄花形杯 清中期……255
二二三 犀角雕獸紋柄仿古螭紋杯 清中期……256
二二四 犀角鏤雕獸面耳仿古錦紋杯 清中期……257
二二五 犀角鏤空雙螭耳獸面紋八角高足杯 清中期……257
二二六 犀角鏤雕雙螭柄仿古獸面螭紋杯 清中期……258
二二七 犀角獸面紋八角高足杯 清中期……259
二二八 胡允中款犀角鏤雕仿古螭紋觚式杯 清中期……260
二二九 犀角鏤雕三螭柄海水螭虎紋杯 清中期……262
二三〇 犀角雕雙螭柄仿古螭虎紋杯 清中期……263
二三一 犀角獸面紋爵杯 清中期……264
二三二 犀角雕仿古螭紋爵式杯 清中期……265
二三三 犀角雕花瓣口形杯 清中期……266
二三四 犀角鬲 清中期……267
二三五 犀角饕餮紋小方瓶 清中期……268
二三六 犀角雕雲龍嵌松石珊瑚鞘
牛角柄小刀 清中期……269
二三七 犀角鏤雕蟠螭雙耳四足鼎 清……270
二三八 犀角雕癭瘤紋杯 清……271
二三九 犀角雕水草紋杯 清……271
二四〇 犀角雕癭瘤紋杯 清……272
二四一 犀角鏤空松蔭高士杯 清……273
二四二 犀角鏤雕嬰戲攀桂紋杯 清……274
二四三 犀角鏤雕竹石紋杯 清……275
二四四 犀角雕螭水紋荷葉式杯 清……276
二四五 犀角福海紋杯 清……277
二四六 犀角鏤空圍獵圖杯 清……278
二四七 犀角鏤空八仙慶壽紋杯 清……279
二四八 犀角鏤雕山林雅集杯 清……280
二四九 犀角鏤雕松梅海棠花杯 清……281

二五〇　犀角鏤空花蝶杯　清……282
二五一　犀角雕松梅紋杯　清……283
二五二　犀角雙葉瓜形杯　清……284
二五三　犀角雕果實杯　清……285
二五四　犀角鏤雕荷蓮花果紋杯　清……286
二五五　犀角鏤空荷葉杯　清……287
二五六　犀角鏤雕蓮紋杯　清……288
二五七　犀角鏤空折枝葵花尖柄形杯　清……289
二五八　犀角雕天然形蘭亭修禊圖杯　清……290
二五九　犀角鏤空花杯　清……292
二六〇　犀角鏤空螭柄葡萄紋杯　清……292
二六一　犀角鏤空佛手紋杯　清……293
二六二　犀角鏤空蓮螭荷葉式杯　清……294
二六三　犀角鏤空蟠螭耳八方杯　清……294
二六四　犀角雕刻山水人物撇口高杯　清……295
二六五　犀角鏤空饕餮蕉葉紋梅枝耳觚式杯　清……296
二六六　犀角鏤空螭耳匜式杯　清……297
二六七　陳賢佐款犀角雕獸面耳匜式杯　清……298
二六八　犀角鏤空蟠螭耳匜式杯　清……299
二六九　犀角仿古雕活環光素匜　清……300
二七〇　犀角雕螭耳鳳紋三足匜　清……300
二七一　犀角勾蓮爵式杯　清……301
二七二　犀角鏤空螭虎飾爵　清……302
二七三　犀角鏤雕獸面紋合巹杯　清……303
二七四　犀角光素杯　清……304
二七五　犀角雕鹿形杯　清……305
二七六　犀角雕獸面紋扁瓶　清……306
二七七　犀角鏤空松鹿筆山　清……307
二七八　犀角嵌金銀絲夔紋扳指　清……308
二七九　犀角雕桃花座觀音　清……309
二八〇　犀角雕彌勒佛　清……310

中國古代象牙犀角雕刻簡述

楊伯達

以犀牛角和象牙為原料雕鏤加工而成的工藝品，依其社會功能大致可分為實用性、珍寶性、美術性以及供奉性四大類。實用性主要是指工具和藥物等具有實用價值的產品；珍寶性是指皇家朝廷的典章文物及珍寶；美術性者包括觀念性、工藝性、藝術性、玩賞性的作品；供奉性則為禮拜供奉的神像。

人類對犀牛、大象的認識和利用經歷了若干歷史階段，據科學考古發現，舊石器時代晚期後一階段或最後冰期的晚期，在西伯利亞安加拉盆地的馬利塔遺址，原始人群便用石塊、猛獁象與披毛犀的骨骼以及馴鹿角壘成房屋，並用這些獸骨和象牙磨成裝飾品。在葉尼塞河流域的科科列沃遺址也發現了原始人群用猛獁象牙雕刻的人像和動物。大體同時或略早的時期，屬維爾姆冰期晚更新世的奧瑞納文化，克羅馬農人和格裏馬第人已在骨片和象牙上雕刻動物圖像。可以說，那時的遠古人還處於茹毛飲血的蒙昧時期，獵殺猛獁象、披毛犀後，食其肉、飲其血、衣其皮、以其骨骼支架窖穴以禦寒，或用其牙骨雕刻飾物，是他們對犀象的最早認識和利用。經過漫長的歷史進程，由舊石器時代進入新石器時代，遠古人在獵獲犀象之後，還用於事神或作法器。我國科學發掘出土最早的象牙器出自距今七千年前的浙江余姚渡頭村河姆渡文化遺址，用象牙精心製作的笄、蝶形器、匕形器等有十餘件。在該遺址中還發現了爪哇犀和蘇門犀等兩種犀科遺骸，可惜未見有關發現犀角的報導。此後在山東泰安大汶口文化遺址中也發現了梳、筒以及珠、片、管等象牙製品。說明我國象牙雕刻的歷史源遠流長。

犀角是一種十分珍貴的獸角，區別於鹿、羊、牛角。犀角器在迄今近五十年的科學發掘報導中還從未出現過一例。只是在漢墓中發現造型仿犀角的其他材質的器物，如陶質犀角冥器、玉質犀角觥等。而傳世至今的犀角杯大多為明清兩代所製，個別的犀角器也可能略早。出現上述情況的原因可能與犀角的藥物功能以及全球氣候變化犀牛從我國消逝有關。由於犀角得之不易，相關記載也少之又少。古文獻筆記的隻言片語或可幫助我們尋覓中國犀角藝術的發展線索。下面我們以出土和傳世的犀象器物為主體，聯繫文獻，對我國犀象雕刻按時代順序作一扼要概述，供讀者參考。

一　史前象牙雕刻的源頭及其功能
（距今七〇〇〇至四〇〇〇年）

如上所述，我國史前牙雕有兩批重要遺存，即河姆渡文化和大汶口文化牙雕製品。河姆渡文化〔二〕屬中國長江流域下游地區的新石器時代文化，分佈於杭州灣南岸的甯紹平原及舟山島，其文化共分三期，共計出土器物二八八四件。從器型看，有耜、器柄、鏃、哨、鑿、匕、針、梭形器、鐮形器、靴形器、鑽頭、魚鏢、蝶（鳥）形器、笄、蓋帽形器、蛋形器、匙、管、墜飾等，大多是生產生活用具，多以素器為主，也有不少刻有走獸、飛禽以及幾何紋裝飾，堪與陶器、木器上的紋飾相媲美。河姆渡遺址共出土牙器二十五件，占全部骨角牙器的百分之〇·〇八六，因此可知在河姆渡文化中牙刻是極其珍貴的，可能只有少數特殊人物方能佔有使用。牙刻器物在裝飾形式上有其不同特點，如象牙雕匕形器上的鳥飾（圖版八、九）以及蝶（鳥）形器上的雙鳥捧火珠紋（圖版六）等紋飾，都反映了河姆渡牙雕製作者的智慧與創造力，同時也表現出他們非凡的造型能力與熟練的鐫刻技藝。在史前藝術舞臺上，河姆渡文化確乎已達到較高的水準。從河姆渡文化第二期象牙蝶形器上的火珠雙鳥徽來看，在構圖上取對稱形式，以火珠為中心，兩側配以雙鳥，頭作昂首狀，身似臥或立狀。值得注意的是，在對稱中又富有變化，所以避免了對稱帶來的呆板的缺陷而有幾分生動之感。再從陰刻刀法來看，似用高硬度的燧石、凝灰岩和凝灰質砂岩鑿為工具雕刻而成。以現存可辨的線條來看，多為弧度、粗細不等的曲線，絕少直、橫、斜線，不僅在工藝上運刀流暢而不板滯，還給人以委婉舒展的美感，確是一幅有着很高繪畫意念的圖徽，可以說是河姆渡人以鑿為筆雕刻出來的一幅圖畫。河姆渡文化一期的象牙匕和二期的象牙蝶形器應為河姆渡牙雕藝術的優秀代表。

河姆渡遺址出土的石、陶、木、骨、牙等工藝製品及原始藝術品可以說明其時其地已經形成不同類型的專業化的手工業生產部門，如木、石、陶、牙、骨、角等專業化的手工生產作坊業已出現。關於這一點發掘者也認為：『河姆渡遺址時期的社會分工已經突破了先前的自然分工狀況，應該還有一批較為熟練的手工業生產者，專門從事製造石器、骨器、木器、象牙雕刻和陶器等生產活動，以適應當時的社會需要[二]。』當然，象牙雕刻在造型、裝飾兩個方面都比骨器、角器要複雜，做象牙的人的確比做骨角的人在設計、加工上都要高過一籌，這是不成問題的，但是由於象牙器出土甚少，使用者也可能不是普通的社會成員，應是管轄着原始人群的物質生活和原始宗教的統治人物。雕刻象牙的匠人在骨角牙業中應是最具聰明才智並有着豐富的藝術創造力、掌握着嫻熟工藝技術的人物，也就是一位領軍人物。象牙雕刻上的火焰珠雙鳥圖徽是非常重要的圖徽，屬於更為高層的作品。在骨板上雕刻的雙頭鷹火焰珠圖徽在理念上、工藝上與之較為接近，這也表明牙骨雕刻是相通的，其作者可能是同一作坊的不同匠人，似無可能亦無必要組成獨立的象牙雕刻手工業。所以，此時較大的可能是牙骨手工業還未徹底分離，還是屬於同一專業內的不同分工而已。

火焰珠雙頭鷹紋和火焰珠雙鳥紋（圖版六）兩個圖徽的發現是非常重要的，其文化概念及其尊重現實的藝術手法傳達着河姆渡人原始宗教信仰的資訊。其重大的歷史價值和深厚的文化內涵受到專家學者的普遍認同。

晚於河姆渡文化的大汶口，位於山東泰安、甯陽兩縣交界處[三]，距今五千多年，出土了一批牙骨器，有牙梳二件、耳環（象牙琮）七件、象牙珠一件、象牙片二件、象牙管一件、象牙雕筒一〇件等二十三件[四]象牙雕刻。這些象牙器大多出自墓葬，位置準確，功能清楚，在北方原始文化遺址中一次出土二十三件象牙製品也是不可多得的，其中象牙梳、象牙琮和象牙雕筒很值得探討。

如上已述，史前時期象群生活於今天華北、江南的廣袤大地上，為象牙雕刻工藝的出現與發展提供了豐富的原材料。我們還應追根溯源，去尋找更為原始的象牙雕刻製品，也就是說，我國象牙雕刻的源頭肯定在距今七千年或八千年之前，甚至有萬年之遙。

二　夏商王室牙雕之雄風威韻
（公元前二十一至前十一世紀）

夏朝是在中原建立起來的我國第一個中央王朝，第一代國王名禹，史稱大禹。相傳大禹鑄九鼎以確立中央王室的權威，並將全國分為九州；『任土作貢』〔五〕，即是按其土地廣狹、肥瘠定其貢賦的等差。當時進貢犀象的有揚州和荊州兩地，據古賢考證，所貢的是象牙和犀皮，象牙可作弓弭，犀皮可作甲冑，都是用於製作武器裝備的原材料。夏九州中的揚州、荊州其地理範圍從北向南包括今江蘇、安徽、湖北三省南部，浙江、福建、江西、湖南四省以及廣東、廣西北部和貴州東部等東南與中南的廣大地區。犀象在徐州、豫州不如揚州、荊州那樣多，故不能作貢品進奉夏王室。

商殷時期犀象主產地與夏時相同，甲骨文中記有殷王獵象的文字〔六〕。商朝最初定都於黃河流域，後因黃河氾濫成災，『國為水所毀』〔七〕。在成湯到盤庚的二十世中共遷過五次都邑，盤庚遷至殷（今安陽）。經過二百餘年的經營和建設，首都殷發展成一個繁華的大都市，不僅是當時的政治中心，而且是手工業和商業的中心〔八〕。自從一九二八年開始發掘殷墟，迄今出土了大量的青銅器、玉器、骨角、牙等器物。骨角器有武器、工具和裝飾品，象牙雕刻作工多較精緻，但完整器物很少，惟有婦好墓出土三件象牙雕刻杯極為精緻壯觀。

婦好墓是武丁配偶之墓，婦好廟號辛，死於武丁晚期，其時代屬於殷墟文化第二期。婦好墓出土了大量的青銅器和玉器，此外出土骨器有五六四件，發掘者分為用具、武器、裝飾品、雕刻藝術品及其他等五類〔九〕，有不少的匕、梳、笄，其上都有繁簡不等的裝飾。仿生骨雕中有人物、虎、蛙等形象，作工多簡單，點到而已，不作具體刻畫。象牙器中有杯二件、注一件以及雕花殘片和獸面紋圓筒形殘片各一件。

象牙杯兩件（圖版一一）〔一〇〕造型基本一致，均取銅觚加柄形，身與柄分別加工完成後用榫卯銜接。因受象牙材料制約，口足直徑差別不大，器身內凹，腰部曲度不足。柄作上鷹下獸狀，通身細刻回紋地、饕餮等紋飾，其紋飾佈局適應觚形身，分割為四層。口下飾雙身饕餮紋帶，身部紋飾甚長。形似獸面，頭有大角狀冠，面紋鼻下有鬚，下為蕉葉紋，兩側各飾一夔紋。紋飾圍繞杯身，成為象牙杯的主紋。此主紋形象與常見的獸面形饕餮紋有所區別，從其眉、眼、鼻、耳來看確為人面，奇異的是頭上有高聳的雙角，鼻下有銳角三角形的長蕉葉，似舌亦似髯鬚，可能是魌頭面紋〔一一〕。此類的紋飾在婦好墓出土玉器中亦可找到〔一二〕，可謂無獨有偶，供互為參證，值得今後認真探討。象牙杯身高三〇·五釐米，是迄今發現的最大、最完整的有柄高身杯。從其紋飾鳳在上、龍在下判斷，此象牙杯很可能是專為婦好特製的禮器。另一件象牙鳳龍柄觚形杯經復原後其形制與上述象牙杯相似。尺寸亦接近。

象牙帶流注原定為杯〔一三〕。而此器有流，近似銅匜、銅觥之流形口，柄與口相對在流後，不宜作飲器，而應為斟酒用的注酒器，無鑲嵌飾物。注身高四二釐米、流長一三釐米。從此器紋飾判斷應為商王室所製象牙器，亦可稱為殷王室象牙注，時代應為武丁前期，可能與前述二件象牙杯有使用上的配套關係，但並非為婦好專門製作，很可能是武丁賞賜之物，供婦好生前舉行典禮時使用，死後殉於墓內。此三件杯注造型雄渾敦厚，裝飾華麗倩雅，確為武丁前期商王室牙雕的代表作，堪稱商代象牙雕刻的瑰寶。

從殷墟出土的商王室象牙雕刻，數量眾多，雕刻工藝水準較前代大為提高，造型裝飾的藝術造詣也很高，將一般骨角器遠遠地拋在後面，二者有着天壤之別，所以可以推想，商王室象牙工藝已從骨角工藝中徹底地分離出去，成為獨立的牙雕工藝專業，在象牙雕刻美術史上寫下了極其輝煌的篇章。

與此同時中國其他地區象牙出土最多的是四川廣漢三星堆一、二號祭祀坑。其中一號坑出土象牙十三株，均經火燒過，部分象牙臼齒經鑒定屬亞洲象〔一四〕。二號坑出土象牙六〇餘株〔一五〕，彼此説明古代四川、雲南等地生活着大批象群。

三　西周時期王室與諸侯象牙雕刻的並存並榮（公元前十一世紀至前七七一年）

西周王室仍然承襲夏商王室製造象牙器的制度和工藝，在其基礎上有所發展。據《爾雅》記，犀象已被看作是『南方之美者』，而與其他貢品嚴加區別。犀象代表南方即揚、荊、梁三州貢品的特點，與東方之美的『珣玗琪』互為媲美。從工藝材料學角度分析，西周王室已將犀（皮）象（牙）提到了『美學』的認識高度和『良材』的禮制高度。周王在禮器製作上以犀象為原料並記於《周禮》，如《春官·宗伯第三·司尊彝》中所記『掌六尊六彝之位』，即是在使用犀象器具時，應辨明各種尊彝的用途與器皿內應裝的酒類；春天祠祭和夏天禴祭，行祼用雞彝、鳥彝，器皿下面都有承盤；朝踐用兩犧尊，供諸臣酌酢用罍〔一六〕。再獻用兩象尊，這種象尊曾出土於陝西寶雞茹家莊一號墓乙室〔一七〕。王室使用的車輛上裝飾有玉輅、金輅、象輅、革輅、木輅等五種不同材料，象輅即是車尾以象牙裝飾〔一八〕。王者所戴皮弁以象牙為弁，下圈緣之柢〔一九〕。象牙還被用作笏，王用璆玉笏，諸侯用象牙笏〔二〇〕，此期犀角與象牙一樣，也被用於禮儀。據《周禮》載，『守邦國者用玉節，守都鄙者用角節』〔二一〕，是車尾以象牙裝飾，『節』就是信符，即奉王命出行時必備的證據。『玉節』就是用玉做的信符，『角節』是用犀角所為之節，是『守郡鄙的大夫在境內使用的』〔二二〕，可知犀角已被王室用作信符，成為官用材料。

關於西周象牙雕刻是否從骨角手工業中分離而成為專業手工業部門的問題，《周禮·天官·冢宰》記：『以九職任萬氏……五曰百工，飭化八材。』注：『八材，珠曰切，象曰磋，玉曰琢，石曰磨，木曰刻，金曰鏤，革曰剝，羽曰析〔二三〕。』八材之成器工藝均有特殊稱謂，『磋：磨治也』〔二四〕。可知象牙雕刻工藝已是八種專業工藝之一。

象牙出土最多的是四川省成都市金沙古蜀宗教祭祀活動區遺址〔二五〕，遺址位於金沙村梅苑東北部，該遺址與黃忠村三合花園的大型建築區隔摸底河相距約八百米。二〇〇一年二月九日起，成都市文物考古研究所開始對該地區進行考古發掘。現已發現二十六處與祭祀有關的遺存，出土了金器、銅器、玉器、石器等珍貴文物五千餘件以及象牙一千餘根，還有數以千計的野豬獠牙、鹿角等，其中十一號祭祀坑還出土了象牙器十五件。此遺址發掘工作尚在繼續之中，上述成果遠遠不是其最終統計數字〔二六〕。

四　東周時期象牙雕刻工藝之嬗變與發展（公元前七七〇年至前二二一年）

周平王遷都洛陽之後，周天子已成為名義上的共主，西周王權統治已告結束，進入『挾天子以令諸侯』的春秋時期。周王室犀象工藝雖漸趨衰微，而諸侯國適應其稱霸的要求，互為通貢或行聘禮時也缺不了犀象，這促使其犀象工藝有了長足的發展和變化。在此期象牙雕刻工藝品中確有精美者。

河南省洛陽市中州路的二四一五號墓，出土了象牙劍柄、劍鞘〔二七〕。據發掘報告介紹，劍柄、劍鞘是用整塊象牙雕刻而成，裂縫處嵌有細腰，柄為橢圓柱形，柄首雕十字形棱，柄部飾有四條陽線，通身陰刻極細密的蟠螭紋。柄中心有孔以納入劍莖及部分劍葉，其紋飾與青銅器相似，而紋飾雕刻的細密精緻又是青銅器、玉器的陰紋雕刻所望塵不及的。與此紋飾類似的骨劍鞘出土於春秋晚期（第三期）墓葬（M一一五），還有倒立凹字形象牙璏和兩塊用途不明的小骨片。三塊劍鞘骨片兩側均鑽四個小孔，另一塊劍鞘端部骨片兩側各鑽三孔，尖部鑽兩孔。可知此劍鞘骨片當為木劍鞘的表面裝飾，並非骨劍鞘。鞘口雕饕餮紋，鞘身均用白色物（漆）繪渦紋，作工細緻，可能是王室或鄭國之器〔二八〕。

山東省曲阜市魯國故城甲組墓春秋晚期墓葬（M一一六）出土了一件象牙梳，通高八·四釐米，二十五齒，梳身細長，應為插在髻上的裝飾用梳〔二九〕。此象牙梳刀工與洛陽市中州路西工段工區二四一五號墓出土的象牙劍鞘有着極大的差別，說明不同區域象牙雕刻在作工上存在着差別。同樣，曲阜魯國故城M二〇二：一三象牙珠項鏈亦屬甲組春秋早期〔三〇〕，但其製作工藝比較簡單，作工過於粗糙，很可能是倉促趕製的殉葬用的象牙冥器。

戰國時期象牙雕刻工藝在春秋時的基礎上繼續發展。隨着社會制度、文化風尚的變化，象牙雕刻也出現了相應的變化，這種變化反映在出土的象牙器物上是非常鮮明的，從曲阜魯國故城乙組墓出土一批戰國牙雕可以看出它的變化。M五二出土了牙雕雲龍紋牌、杖首飾、獠牙形飾；M三出土了牙雕器帽、牙雕如意；戰國中期的M五八出土了牙雕如意、牙雕如意手、牙韘以及牙笄、牙雕器座、牙管、有柄牙杯等器。這些象牙器作工精細、形式新穎、富有生活氣息，甚至還有幾分異國情調。

牙雕如意原定『孝順』（M三：五）〔三一〕，已殘，斷為七節，尚可辨其原貌。上端作手形，手指彎曲，指端刻指甲，十分工細。手背、手掌飾卷葉紋，腕飾雲紋，柄光素，下端作龍首。牙雕如意可供搔癢用，因其搔背解癢，舒適快意，故稱『如意』〔三二〕。

五　秦漢至南北朝時期牙雕工藝的氣韻與風采（公元前二二一年至公元五八九年）

秦始皇嬴政於公元前二二一年統一全國之後，實施『車同軌、書同文』等政策，形成了我國歷史上第一個統一的中央集權的帝國，秦始皇『利越之犀角、象齒、翡翠、珠璣』〔三三〕。至漢代，『番禺亦其一都會也，珠璣、犀、玳瑁、果、布之湊』〔三四〕。此時的南越國及番禺郡有着犀象之利，通過西南鄰國的進貢和海陸貿易，使犀角、象牙遂流入漢帝國，現今出土犀象製品及陶質仿犀象器物可證。

佛教自東漢傳入中國，隨着中外僧侶往來，象牙雕刻品亦時有交流，据《南史》卷七十八《丹丹國傳》載：『大通二年（五二八年）其國王遣使奉表送牙像及畫塔二軀。』《廣弘明集》卷十五《梁武帝牙象詔》云：『大同四年（五三八年）七月，詔曰……上虞縣民李胤之據地得一牙象，方減二寸，兩邊雙合，俱成獸形。』又《法苑珠林》卷十二引《西域志》云：『王玄策至大唐，獻象塔佛塔一、舍利寶塔一、佛印四〔三五〕。』說明三國兩晉南北朝隋唐這近七百年內，由於佛教的盛行，佛教象牙雕刻也傳入我國，我們尚可見到藏於甘肅省文管會的印度象牙雕刻〔三六〕，為我國佛教牙雕的發展起到積極作用。

西漢時期的象牙主要出土於廣州，最重要的一批是出於南越王墓的象牙及其雕刻品。南越王墓西耳室出土大象牙一捆，共五支，原存放於木箱。最大的象牙長一二六釐米，整堆象牙寬五七釐米、長一二三·五釐米〔三七〕。據研究，『出土的五枚象牙接近非洲的雄性象牙』〔三八〕。出土象牙器有象牙龍首形飾、象牙飾片九件，象牙飾物四十餘件，金釦牙卮、算籌一組，殘牙雕器、『趙藍』象牙印、象牙棋子十八枚。其餘象牙殘器多為木漆器上的附件或飾品。

與南越王墓時期相仿的廣州南越國高級官吏和富人等墓葬〔三九〕出土了數千件各種質地的器物，但無任何象牙或犀角製品，僅有陶製象牙五株、犀角十九株。其中M一一五三出土了陶製象牙五件和陶製犀角四件，共九件。M一一三四C出土了陶製犀角十五件，西漢晚期的M三〇〇九也出土了二件陶製犀角，可知在南越及番禺，南越王及王室成員生前使用象牙器，死後又殉於墓內，而高級官員及富人生前可能少用象牙犀角，死後便以陶代牙角殉葬。

武帝時代的滿城中山靖王劉勝、妃竇綰墓出土了象牙器，屬於劉勝的只有虎紋牙雕一件，屬於竇綰的象牙器有四件。竇綰墓出土的象牙雕刻器均為飲食器，如象牙勺一件、象牙碗二件、象牙器柄一件，均殘破，只有象牙碗復原後尚可知其原形。口徑約九·五釐米、高四釐米、壁厚〇·一五釐米，通身光素，器口下飾一凹弦紋，器形圓潤穩健。牙勺和牙碗均殘，可見其胎薄工精、鐫刻流暢。

江西南昌西郊西漢墓出土了牙璧、瑗、環以及象牙舞女佩飾和象牙饕餮紋劍珌〔四〇〕。璧、環、瑗均為素器，作工簡易，唯有瑗的斷面為八角形，打磨精細，在磨、光兩個工序上頗費工夫。象牙舞女佩飾、象牙饕餮紋劍珌上的圖案均用陰線勾勒，刀工尚屬細緻，從其形飾來看應是仿玉之作。江西漢、西晉、六朝時期墓多用白石代玉磨製璧、環以及劍首、格、璏、珌等劍具，而用象牙代玉亦屬罕見。

東漢帝國國土面積和國家實力雖遠不及西漢，出土的象牙雕刻製品仍偶可見，有代表性的是東漢曹氏家族墓出土的一批象牙雕刻工藝器物〔四一〕，如元寶坑一號墓出土殘牙尺一件、牙簪二件，董園村一號墓出土牙雕人物裝飾品、牙雕龍首狀物各一件。元寶坑一號墓可能是『會稽府曹若』之墓，建於建寧三年（一七〇年）之後，董園村一號墓為『曹侯』墓，建於延熹七年（一六四年）之後，二者均為曹氏家族中的顯赫人物，建墓於桓帝末年至靈帝初年。所出象牙雕刻均其生前使用之器，可以代表東漢朝廷高級官吏所用象牙雕刻之水準和特點。

三國之後，除西晉司馬氏五十一年的暫短的統一，中國歷史便進入了紛爭時期，長達二百七十三年之久。南北對峙，人民生活於水深火熱之中，統治者卻大量地使用犀象、玳瑁、翡翠、珠璣等珍貴材料製造禮儀典章器物和生活用品。如後趙石季龍做象牙扇〔四二〕，這是傳流下來的一條記載而已，而此期的傳世或出土象牙雕刻亦寥寥無幾，如三國時期牙雕人物、西晉象牙唾壺、西晉永嘉元年（三〇七年）牙尺（圖版一二）等，亦屬不可多得之牙器。

六　隋唐至宋元時期牙雕工藝拾零
（公元五八一年至一三六八年）

隋代結束了南北朝對峙局面，建立了秦漢之後又一個統一王朝。出自太原的李氏政治軍事集團推翻隋朝，於公元六一八年建立了唐王朝，經過貞觀之治，都城長安成為當時世界第一國際大都市，中西交流頻繁，百國來朝，使節接踵而至，象犀及其牙角不斷進入唐朝中央政府供皇家享用，但出土的隋唐象牙製品甚少。日本正倉院收藏唐代紅牙撥鏤尺、綠牙撥鏤尺各二件，紅牙撥鏤棋子、紺牙撥鏤棋子各五枚以及斑犀如意等犀象雕刻工藝品〔四三〕。

『撥鏤』是唐代牙雕的新工藝，從上述撥鏤象牙雕刻實物來看，其工序是：一、成型，磨光；二、染色，顏色有紅、綠、紺等色；三、畫樣，將圖依樣畫在染牙上，再以尖銳的工具按圖案設計草圖刻畫。這種工藝盛行於唐並傳播至國外。此期出土或傳世的象牙雕刻器物有隋唐象牙笏板、象牙帶鈎、象牙簪以及象牙撥鏤鳥獸花卉紋尺（圖版一三）等，這不足以反映繁花似錦的隋唐牙犀工藝的盛況。

五代、宋、遼、金、元朝廷用犀象完全依靠南方、東南方諸國進貢或靠貿易進口的途徑。珍貴的犀象材料主要用於車輿（象輅）、笏板、帶飾和佩飾等朝廷典章器物。據高濂《燕閑清賞箋》記：『宋人王劉九……刻畫諸天羅漢、經面牙板並翻經牙籤，種種工細，工奪天巧〔四四〕。』庶民將犀象用作實用器物或藥材。在國外還有『宣和』、『宣和年製』款犀杯，從出版物〔四五〕載登圖片來看尚須認真研究、慎重判斷。此期出土或傳世的象犀雕刻也很少，如金代象牙雕刻四羽人二龍戲珠紋蓋盒和牙雕魚佩飾和元代象牙飾件（圖版一四）等，僅僅反映了犀象工藝的一角，距離其全貌相距甚遠。

七　明代犀象雕刻工藝的士庶化和鑒賞化（公元一三六八年至一六四四年）

元代統一中國之後實施了極端民族歧視與壓迫，民族矛盾不斷激化，國祚不長，僅僅統治了九十七年便被農民起義軍所推翻，起義領袖朱元璋建立了明王朝，定都南京。明王朝積極地發展農業生產，改善農民生活，城市工商業得到繁榮。為了擴大明帝國的政治影響、開拓國外市場、促進中外文化交流，明成祖朱棣指派『三保太監』鄭和『下西洋』，擴大了與南洋及印度洋沿岸諸國的政治經濟與文化藝術的交流和聯繫。此時，歐洲新興勢力的代表工商資本家，為了尋求廣泛的市場和廉價的勞力，加速原始積累的過程，派遣科學家和武裝船隊越過大西洋到美洲，繞過好望角，至印度洋、太平洋四處遊弋，在武力保護下進行不平等的掠奪性交換。明代晚期，荷蘭、葡萄牙、西班牙等歐洲強國商船已開到東南沿海浙、閩、粵等沿海大港口城市。明中晚期，隨着棉花種植業的擴大與棉紡織業的發展，經濟繁榮，東南地區人民富庶，生活品質改善，庶民意識逐漸抬頭，地方富貴人家和有教養的人士出資建設豪華的花廳、住宅和院落，也修建了一些園林，在豪宅和園林內用輸入的硬木打造門扉、窗戶和內裝修的隔扇、插屏、桌椅等傢俱，開闢了以進口硬木材料進行裝修和製造木器的新時期。官僚富賈、文人雅士無不爭先恐後收販骨董，古玩不足便收買本朝的名人書畫和高級工藝品，永樂剔紅、宣德彝爐、景泰琺瑯、成化五彩、名工雕刻以及倭漆、倭銅等都成了搶購收藏的對象，骨董、時玩兼收並蓄已成為熾盛一時的社會風尚。

此時犀角、象牙雕刻也備受朝廷重視，在諸多方面加以應用。朝廷設訓象所，由象奴飼養訓象，『以供朝會陳列、駕輦、馱寶之事』[四六]。天子五輅設象輅。各級官吏用笏，郡王長子和一品至五品官吏均執牙笏[四七]。刻期冠服，用諸色闊匾絲條，大象牙雕環，洪武六年，惟用雕刻象牙條環[四八]。符牌計用金銀、象牙、銅等材料製造。犀角、象牙在內廷的使用上似不如玉、金銀那樣重要，當然比銅要高。譬如武官八品用犀牛補子，犀角多用作帶飾，使用犀帶的人地位品級較高，皇妃、皇嬪及內命婦帶用金、玉、犀[四九]。用犀帶的有鎮國將軍、二品文武官、二品命婦、內使以及琉球中山王等[五〇]。犀象在明朝朝廷各有用場，可謂為皇家典章用貴重材料。犀象在收藏家心目中確是珍寶中二種。明初鑒賞家曹昭《格古要論》記有犀角的產地、品種、特點以及鑒定要點等見解。關於象牙條目曹昭僅記鬼功球一則，到了明末，杭州戲曲家、鑒賞家高濂從審美角度指出：『我明宣德年間，夏白眼所刻諸物……可稱一代奇絕。傳之久遠，人皆寶藏，堪為住世一物，去鑲嵌何如？嗣後有鮑天成、朱小松、王百戶、泉滸崖、袁友竹、朱龍川、方古林輩，皆能雕琢犀象、香料、紫檀、圖匣、香盒、扇墜、簪鈕之類，種種奇巧，迥邁前人。若方（古林）之取材工巧，別有精思。如方（古林）所製瘦瓢、竹拂、如意、幾杖，其就物製作，妙用入神，亦稱我朝妙技[五一]。』高濂告訴我們，明代宣德朝及至中晚期至少已有七位雕刻名家突現於世，雕鏤的材料包括烏欖核、犀、象、香料、紫檀等，其中多為來自海外珍貴原材。此時名家雕琢珍貴原材的雕刻製品已為富貴人家和博雅君子所愛好並加以收藏。

明代象牙來自廣西、雲南以及交趾、安南和西亞、東南亞諸國進貢和貿易，因進貢和輸入的象牙價高量少，主要用在朝廷高官以及富有人士之間。朝廷用象首先是皇帝所乘五輅中的象輅，百官印信以銀銅印、條記，亦偶用特賜牙雕關防者，以及高官所用的笏板，據《明史》載，郡王長子、一品至五品的官吏均用牙笏。符牌中設有牙牌，永樂六年（一四〇八年）駕幸北京扈從官俱帶牙牌。凡郊廟祭陪祀，供事官及執事者入壇俱領牙牌。分為圓花牌、長方牌和長素牌三種。凡駕詣陵寢，扈從官俱於尚寶司領小牙牌，分為雲花圓牌、鳥形長牌。凡文武朝參官、錦衣衛當駕官亦領牙牌，以防奸偽，其制以象牙為主，刻官職於上，不佩則門者卻之，私相借者論如律。牙牌字型大小，公、候、伯從『勳』字，駙馬都尉以『親』字，文官以『文』字，武官以『武』字，教場官以『樂』字，入內官以『官』字。正德十六年（一五二一年）禮科邢寰會，牙牌惟常朝職官得懸，與關防之具不同，用於『以示等威之辨』。嘉靖二十八年（一五四九年）尚寶司所貯舊牌數百，上有『入內府』字樣〔五二〕。偶亦用作刻期冠服、諸色闊匾絲條上的大象牙雕花環或雕刻象牙條環〔五三〕。朝廷用牙似以笏牌為主。現存故宮博物院的蟠龍筆山、荔枝螭紋方盒等皇家牙雕可能出自『御用監』，象牙雕麒麟鈕關防（圖版二九）、象牙東司房腰牌、牧馬千戶所腰牌均為朝廷或地方官員所用之關防和腰牌。

明代牙雕遺存多為傳世骨董，現收藏地點分散，鑒定標準不一，所以在年代、品格的鑒定上難求一致。象牙雕麒麟紐關防為明朝廷所製牙雕，麒麟作昂首欲起狀，右前肢已立，左前肢屈曲，口微張，露齒，眼圓睜，眼球凸出，髮立，前肢有火焰紋，鱗作龍鱗狀，坐於長方臺上，形象剛健，姿態生動，刀工細緻，拋光認真，屬朝廷牙作中的佳作，然考《明史》無麒麟紐，銅關防直紐廣寸九分五釐、長二寸九分、厚三分，九疊篆文。尺寸與此象牙麒麟紐近似，『正德時，張永征安化王，用金鑄，嘉靖中顧鼎臣居守，用牙鏤關防，皆特賜〔五四〕』，故此象牙麒麟紐即應為特賜牙鏤關防，時代亦相彷彿，可稱為『牙鏤關防』。

明朝廷對甘肅、青海、四川部分地區以及統稱烏斯藏的西藏等地採取來者輒授的對策，開展茶馬交易，而入貢者又優以茶布，鞏固了與西南廣大烏斯藏宗教領袖的政治聯繫和貢品貿易。永樂帝時益封法王及大國師、西天佛子等稱號〔五五〕。象牙灌頂淨光儲善國師西天佛印即其少見的一例。

民間牙雕流行於京都、蘇州、南京、杭州、福州、漳州、廣州等城市，多為富商文士所用。牙雕名匠有鮑天成、朱小松、王百戶、朱滸崖、袁友竹、朱龍川、方古林等，但多無牙雕作品傳世。明初民間即有多層鏤空的『鬼子球』和梳子等牙製品〔五六〕。福建雕刻工藝家對明代牙雕的發展作出了重大貢獻，據《燕閑清賞》記：『閩中牙刻人物工致纖巧。奈無置放處，不入清賞〔五七〕。』這是對福州牙刻人物藝術的公允評價。據崇禎元年（一六二八年）《漳州府志》所載，漳州人以泊來象牙雕刻仙人像賞玩，人像生動逼真，海澄所造尤為精工。此外還生產筷、杯、帶板及扇等象牙作品〔五八〕。尚可見的傳世牙雕作品有文士、老翁、仕女、壽星、八仙、魁星、嫦娥、鍾馗、彌勒、羅漢、觀音、佩、筆筒、文具、圖章、瑞獸、鐘、山子、盒等，作工尚屬精細生動。這些作品表面呈薑黃、赭、琥珀、栗皮等色，其中有的是因在室內案上陳設日久變成薑黃色，亦有的因供奉而被香煙薰燎而成赭色或琥珀等色，也不排除在古玩市場上流通時加染的人工色。象牙雕老人像（圖版二四），頭頂紮巾，眉眼外角斜上，寬鼻頭，閉口，大耳，有鬢鬚，腹鼓。身着寬袖長袍，所系條帶在腹上打結下垂。雙手相合扣於腹下。刀法遒勁，衣褶流暢，神態瀟灑，風度高雅，頗有宋元形神兼備的現實主義遺風。象牙雕魁星（圖版二八），呈琥珀色，作鬼臉回首，伸手，左腿蜷起，右腿踏於鼇頭之上，亦似錦雞獨立，似疾跑成跳躍。鼇作張口吐水狀。這件牙雕作品在明代牙雕中是動感最強的一件，十分難得，細審此像，右腿膝部以下分為三節貼粘而成，這種拼接的牙雕是很少見的。還有象牙雕人像（圖版二三）有着宋人形神兼備的遺韻，也是一件精美的明代人物牙雕。

荷蘭、葡萄牙等國的商人、傳教士也在這一時期先後來到東南沿海登陸。天主教傳教士在地方建教堂發展信徒，宣傳聖經。商人獨鐘高超的福建雕刻技藝，於十六世紀末歐洲商人提供聖母、基督、耶穌、修士等天主教聖像，由福建漳州人仿製，經馬尼拉輸往葡萄牙及歐洲其他天主教國家。目前明代天主教聖像牙雕已不易見到，於歐洲天主教國家尚有流傳。

除了故宮博物院之外，中國國家博物館、河北省文物保護中心、四川省博物館、雲南省博物館、江西省博物館、沙市博物館、黃山市博物館及婺源縣博物館等文物機構亦收藏着具有歷史、工藝、藝術等價值的犀角器，可供讀者欣賞與研究。

迄今所見傳世最早的犀角杯是明代的，犀角的形狀適於做酒杯，又如犀角醫藥功效很早已為先民所認識，見於《神農本草經》『主百毒蟲注……久服輕身』，『范子計然云，犀角出南郡，上價八千，中三千，下一千[五九]。』李時珍云：『犀角能解一切諸毒[六〇]。』可知其藥效甚明，價格極高。犀角杯亦可解毒，至明便大興，盛行於富貴人家。因其藥物功能顯著，有不少犀角杯等犀角所製的器物亦被用作藥材而銷毀，這是犀牛杯的厄運和災難，所以流傳至今的明清犀角杯已寥寥無幾，顯得尤為珍貴。

犀角雕刻工藝的歷史也是比較久遠的，古文獻不乏記載，關於獻犀之事見於商代紂王，周代孝、夷兩王亦有進獲犀牛的記載，西漢文帝『賜南粵王佗獻犀角十、紫貝五百，以吠勒國貢文犀……織以為簟，如錦綺之文』。這是見諸文獻最早的以犀角篾絲編織的物品。安帝賜馮魴駁犀具劍佩刀（注：以斑犀飾劍也）。唐虞世南以犀如意爬癢。唐張易之為其母做犀簟。唐敬宗以南昌國獻夜明犀解為腰帶。文宗賜李訓避暑犀如意。唐代貢犀的郡有山南道、澧陽郡等十四郡，唐玄宗御玩雲鶴通天離水犀帶遺在西川。五代吳越王錢俶乾德元年（九一九年）貢犀牙各十株，又貢犀角象牙二百株。宋太宗即位，繫通天犀帶，犀角象牙三十塊。金國主所繫日月犀帶，宋代韓琦繫鹿銜花紋犀帶，宋孝宗繫南極老壽星像犀帶等[六一]。說明我國犀角雕刻編綴工藝至遲始於西漢，經歷唐宋不斷發展，至明進入了盛期。明代晚期至清康雍乾時期這二百年間可稱是中國犀角雕刻的黃金時代，創造大量精美的犀角雕刻藝術品，為我國雕刻工藝史譜寫了光彩的篇章。

古人對犀角文化基因的認識，除了前述之『南方之美』外，還有『兕出九德』、『犀出九德』、『犀之精靈所聚，足陽明藥也』等等，這些都是先人的經驗總結。古人對犀的產地、品種以及犀角的質色及其美的認識也很精到，古人云：『犀出永昌峪及益州，今出南海者為上，黔蜀次之。』成都藥市商人云：『來自黎雅諸蕃及西和宕昌，亦諸蕃寶貨所聚處，五芊、桂莞桐城亦有之，往往皆來自蕃船。又有所謂河北山犀，紋粗而不光，要之數處皆非所出乃所聚耳』。對其形象、外形亦有所描述，犀角有一、二、三之分，『田犀有二角，一在額上為兕犀，一在鼻上為胡帽犀。牯犀亦有二角，皆為毛犀。而今人多傳一角之説 ，向在蜀見畫圖犀之形，角在鼻上，未審孰是』。明清時對犀的瞭解較宋有所前進，但也是不甚具體，不夠確切。關於犀名羅列甚多，上述田犀、兕犀、胡帽犀、牯犀、通犀、通天犀（又名離水犀）、牸犀（稱斑犀）、黑犀（生犀）、黑骨犀、赭黃犀、山犀、水犀、黔犀、鬼犀（以上為《游宦紀聞》所載）、文犀、駭雞之犀、沙犀、川犀、南犀、毛犀、獨角犀、通犀、夜明犀、白犀、避寒犀、避暑犀、避塵犀、蠲忿犀、生犀、奴犀、孿子犀、元犀等三十個犀名，均非實地調查所識，皆系探聽商賈的傳聞，但這些名稱在朝廷、雕刻界、醫藥界已通行兩三千年之久，在相關部門、地區或行業內約定俗成，行之有效，若與現代動物學上的犀名即標準名稱對應，則有不少是難以吻合的。

關於犀的功能，有肉食、皮甲、藥物以及鑒賞等四種，隨着社會發展，肉食、皮甲功能先後退出歷史舞臺，藥物功能生命力最強，從《黃帝內經》始延續至今。而對犀的鑒賞功能則晚於其藥物功能，始於東漢或西漢，《兕贊》云：『皮充武備，角助文德』。在這兩千餘年裏人們對犀角的認識逐漸提高，趨於完善，形成了獨具特色的犀角美感，即其美學觀，這對我們研究明清兩代的犀角是大有裨益的。

從文獻記載可知人們經歷了數千年的長期實踐，並漸趨具體準確。遠古時期犀牛生存區域較廣，從我國的北部到南部都有其蹤跡。至唐宋時犀牛僅出於永昌、益州等地，以及黔、蜀、滇等省西南一隅。文獻記載對國產犀角少有提及，而對外國輸入者頗多品評。宋、元、明、清四代犀角需求日增，川、蜀、滇產出鋭減，犀角的需求基本上依靠從非洲、西亞、南亞及東南亞進口，現存的明清犀角器大多用外來犀角雕刻而成。人們對外來犀角的形狀、光澤、色彩、紋理特點等品評基本一致，前後承傳的思路、觀點及應用極其明顯地有着一貫性和繼承性。有的還做過市場調查進行比較，經過對比作出判斷，除有關兕犀產地、犀角形成條件及『精靈』等專業用辭難免有些望文生義或人云亦云之嫌之外，對其形、質、色、紋的解釋和看法，雖不能與現存犀角雕刻的狀況完全吻合，但也有不少借鑒和參考的價值。

對犀牛的生物學解釋是：犀科，奇蹄目的一種。共有四屬五種，體肥笨拙，體長二・二至四・五米，肩高一・二至二米，體重二千八百至三千千克，皮厚粗糙，頭部有實心的獨角或雙角（有雌性無角）起源於真皮，角脫落仍能複生。棲息於低地或海拔二千多米的高地。夜間活動，獨居或結成小群。生活區域從不脫離水源。犀牛類在第三紀甚繁盛，遍及歐亞和美洲，爾後大部分種類滅絕。至第四紀更新世，中國境內仍有犀牛生存，如華北的板齒犀，東北和華北的披毛犀以及廣泛分佈於南方的中國犀等。現在中國境內未發現犀牛的蹤跡。

印度犀：是亞洲最大的獨角犀，分佈於印度、尼泊爾和孟加拉。

爪哇犀：身體略小，僅雄性具獨角，生活於馬來半島、蘇門答臘、爪哇、緬甸南部。

蘇門答臘犀：個體最小，雌雄兩性均具雙角，產於蘇門達臘、印度、緬甸、泰國。

黑犀：前角長達七十至九十釐米，後角少於四十釐米，常見於非洲東部和中部。

白犀：是最大的一種犀牛，體長達四米多。兩性均具雙角，雌性角長於雄性，產於非洲東南部〔六二〕。

犀牛是非常珍貴的動物，亞洲出產的犀牛角更是世界馳名的珍貴藥材。由於大量捕殺，數量急劇下降，分佈範圍不斷縮減，《瀕危野生動植物種國際貿易公約》已把全部犀科種類列為受法律保護的動物〔六三〕。

中國傳統文化中有將『德』的理念和行為加以規範貫注於不同的物質材料中，如玉德即是家喻戶曉的例證，作為『南方之美』的犀，也不能除外。劉歆《交州記》曰『犀出九德』。『玉有九德』也好，『犀出九德』也好，其實除了有文化理念的含義之外，還反映了物質質地優越的另一面，也就是其質地有着潤澤溫亮、黑黃輝映等美感。有些文人藏家以欣賞犀角質色紋理之天然美為宗旨，對犀角杯的加工上儘量保持原形及質色紋理，如米芾款犀角杯（圖版一四九）與犀角光素杯等四件器物即屬此一類型。天然形光素杯加工過程：鏟下表皮露出有用牙，再截斷角尖，修整底沿，挖空內膛，施極單純的溝壑或癭瘤紋即可，米芾款犀角杯三行二十二字銘文，末題『米芾』下刻『南宮』章，質潤細膩，光澤柔和，色似琥珀，器形自然。犀角靈芝形杯，不僅質細溫和，黑金兩絲細如毫髮，遍體癭瘤頗似一株巨柏之老根。『墨林』款犀角洗，色如蜜臘，侈口，淺腹，圈足，似一淺腹小盆，底中尚存黑色角心，這種黃裹黑的犀角器極為少見，此犀洗故宮博物院定為明代，但從底之凸凹起伏及其圓度極為規範來看，很有可能已遲至康熙年所製，由此可知犀角年代鑒定之難、模糊度之大，是迄今難以解決的學術問題〔六四〕。

常見的犀角杯多依其角形設計，雕鐫各種圖案，鏤雕作柄，內膛、背部亦可雕飾圖案，角底仰為器口，前面作柄，背面作口。依犀角產地不同，有的近圓形，前有圓口，後有柄，也有的口前端伸長似流，有長身和矮身兩種杯形，足有凹足、蟠枝足、底彎曲呈吸管足、圈足、三足、四足等。杯口隨角形作橢圓口，或取葵葉、玉蘭、芙蓉、荷葉、靈芝、桃等花形、葉形以及鼎彝形等多種形式，所飾圖案有松、柏、山水、牧馬、泛舟、花果、五龍、鐘鼎等。作工有陰線、陽線、隱起、鏤空、起突等多種技法，以隱起、鏤空、起突為長，這是犀角雕刻的一個重要特點。刀法剛柔巧拙咸備，各得其宜，精粗簡繁兼而有之，但以精而繁為主，這是犀角雕刻上的另一特點。犀角表面色大多呈深琥珀色，有着一層柔美的琥珀光澤，透明性亦佳，富有靈氣。這是犀角獨有的質感，其他物質材料所不能取代的。

在經過長期的發展過程後，明代的犀角雕刻在紋飾與刀工上都有着整體的藝術美。唐宋犀角雕刻是何種模樣我們已無法回味和探索，但明代犀角雕刻我們可以找到其例證，犀角花果紋洗（圖版一五二）、犀角玉蘭杯（圖版一五四）、犀角玉蘭花果紋杯（圖版一五五）、犀角鏤雕玉蘭花紋杯（圖版一五九、一六〇）、犀角秋葵紋杯（圖版一五八）、犀角芙蓉秋蟲紋杯（圖版一六一）、犀角荷葉杯（圖版一九〇）、犀角竹芝紋杯（圖版一八九）、犀角獸面紋杯（圖版一六八）、犀角雕螭龍紋杯（圖版一六五）、犀角雕高足杯（圖版一六九、一七〇）犀角雕茶花紋杯（圖版一七一）、犀角雕花三足杯（圖版一九三）、犀角雕折枝荷葉吸管杯（圖版一七三）等，器物雖有一定的區別，但刀工、形式的簡拙韵味正合明中期雕工和藝術風趣。最為典型的一件就是清宮舊藏犀角花果紋洗（圖版一五二），從角底向上不長處鋸斷，從口掏膛，作橢圓形淺腹碗，外壁飾隱起桃、玉蘭、竹等圖案，從其枝幹蟠屈成一環作器底，空白處鏤空，孔隙雖不明顯，但靈透之感業已彰顯，其圖案形狀、佈局、作工雖不夠圓渾、流暢，但頗有簡樸生拙的藝術韻味。器表呈琥珀黃色，未經染色，純屬其角本色，歷經三四百年的流傳過程，受到手掌油汗漬染、空氣腐蝕，本色變深，並非染色所致。此洗進宮的時間很可能在乾隆朝，可能為蘇、浙、皖、贛等南方諸省督撫或織造、鹽政、稅關監督等內廷外派官員貢進的犀角器，並非明廷內造。以此為標準器，可以找到類似的約十件，除其中一件為郭守有先生所贈之外，其他六件均為香港收藏家葉義先所捐贈，關於年代，均定為明末，沒有任何分歧，可以將犀角花果洗做為明代或明末犀角杯的鑒定標準器。

犀角吸管杯，清宮舊藏僅有一件（圖版一七三）。黃身黑管，黃黑映照對比極為醒目，杯身為荷葉形，外飾隱起或起突的荷花、螃蟹、蓼及水藻紋，下底以蘆葦荷莖紋鏤空製成。管以犀角之黑尖折上過杯口，管亦鑽通可用。飲酒人以口吮管，可從容不迫地嗜酒。犀角長度約四十釐米，尖細長，頗似非洲犀牛之鼻角。這種犀角尖折上成管的技術是靠加溫使角變軟，折屈向上之後加固冷卻，便不再變形[六五]。

犀角三足器，清宮舊藏中也可找到一件。犀角雕花三足杯（圖版一九三），杯身為秋葵，外飾多種花卉，枝幹向下劈開分為三足，足尖外撇，站立甚穩，三足為鏤空束蓮、秋葵、荔枝紋。其圖案佈局、刀工與明中期犀角器相似。

明代仿古彝之風盛行並貫穿於各個工藝領域，不可避免地也波及到犀角雕刻。本冊收集的有犀角加官進祿三足爵杯（圖版一七五）、犀角蟠螭雙耳四足鼎（圖版二三七）、犀角獸面紋四扁足爐（圖版一七九）等。

但有一批犀角杯與上述的作工不同，如犀角富貴萬代杯（圖版一八一）、犀角松樹紋杯（圖版一八二）、犀角玉蘭花荷葉形杯（圖版一五一）、犀角松柏山水紋杯（圖版一八三）、犀角柳蔭放馬圖杯（圖版一八四）、犀角松舟人物杯（圖版一八五）。這些犀杯雖其形飾各有特色，且無一雷同者，但是與明中晚期犀杯相比還是有很大區別的，如犀角杯顏色都較深濃，顯得為久經流傳所致，裝飾圖案多隨形佈滿周身且疏密有致，刀工深峻犀利，在藝術上已超出單純裝飾性圖案。反映了犀角雕刻的匠師們都掌握一定水準的繪畫功力，能以刀代筆，在犀角上隨意揮灑，儼然就是一幅圖畫。

明代著名雕刻家，有夏白眼、鮑天成、朱小松、王百戶、許滸崖、袁友竹、朱龍川、方古林，皆能雕琢犀象、香料、紫檀、圖匣、香盒、扇墜、簪鈕之類，種種奇巧，迥邁前人〔六六〕。其中夏白眼擅長核雕，其餘巧匠，只有鮑天成一人留下犀角作品。最具代表性的是犀角雙螭耳仿古螭虎紋執壺（圖版一八〇）。器物以犀角尖作蓋，蓋形如盔，鈕為淺黃色，三層，飾鋸齒紋，後嵌入蓋頂為飾。壺有流與柄，身飾四帶紋，流口稍突出，雙螭對攀至流與身間，柄與身之間兩面各有兩隻螭虎蟠繞嬉戲。六隻蟠螭體魄健壯，動勢敏捷，頗有漢代滾螭之生動氣韻。鮑天成系明代江蘇吳縣人，世稱吳中絕技之一，流傳至今的鮑天成款犀角器有鹿杯、螭虎龍杯、張騫乘槎、刻字羽觴杯等，作品頗有巧思，秀麗纖巧，工藝精絕，古雅可愛〔六七〕。

犀角雕刻製品在明代前後兩期有不同作工，並逐步由簡而草向繁而精的方向發展，達到了工藝精美的高度，出現了屈指可數的名工巧匠，製作了一批犀角杯等雕刻器物供帝王貴胄、豪紳富賈使用並欣賞，成為富貴人家飲酒作樂的古雅玩器。

八　清代皇家與民間兩股象犀雕刻流派的繁榮與衰落

清代犀象雕刻工藝，可以說在康乾時期遍及全社會以及各工商貿易、經濟發達的城市，產地有北京、蘇州、江寧、杭州和廣州等地。清內廷對犀象工藝的需求狀況并不平衡。可能清代帝王均不嗜酒，對犀角杯的興趣索然，不屑光顧，但對象牙則大力提倡，投入了較多的技術力量，雕製了一大批象牙雕刻作品，在《養心殿造辦處各作成做活計清檔》（簡稱《清檔》）記載了一些有關象牙雕刻的生產和各地牙雕高手的名字與作品。牙雕工藝得到皇室的扶植，有了巨大發展。

從廣州海關的進口象牙，由廣州海關監督、兩廣總督、廣東巡撫、廣州將軍等貢進內廷，還有雲貴總督和暹羅、越南等地貢進象牙供皇家使用，所以清代皇家象牙材料充足，用之不盡，清帝遜位時還留下了近百枝象牙。養心殿造辦處從南方召募雕刻名工進入牙作遵旨雕刻象牙製品，供帝后玩賞使用。清代皇家牙雕記於《清檔》，較為詳明，另有遺留下的數百件實物可供研究，根據記載和文物可將清皇家牙雕分為順康雍、乾隆、嘉道以及咸同光宣等四期。

（一）順治、康熙、雍正三朝皇家牙雕嶄露光采（一六四四至一七三五年）

順治朝、康熙朝如何管理養心殿造辦處，未見檔案記載，情況不明，故這七十九年有關牙雕的事宜只可查《清檔》之外的其他文字記載。雍正元年（一七二三年）始建《清檔》，根據《清檔》的某些記事可以直接追溯到康熙晚期，所以此期牙雕之事的重點在於康熙晚期到雍正的二十餘年，可以梳理出其一個粗略的輪廓，之前的六十年仍是一片空白。據文獻和《清檔》記載，我們大體上可知康熙年間嘉定封錫祿、封錫璋兄弟二人〔六八〕、南匠吳衍〔六九〕、顧繼臣〔七〇〕、杭州牙匠朱栻〔七一〕等江南雕刻名匠已先後進入內廷於養心殿造辦處效力。雍正朝應召進入養心殿造辦處的有封錫祿之高足施天章〔七二〕、封氏嫡傳封始岐、封始鎬兄弟〔七三〕等嘉定派竹刻傳人之外，尚有蘇甯杭等地南匠葉鼎新、陸曙明、孫盛宇等三人〔七四〕。雍正七年（一七二九年），年希堯推薦南方牙匠屠魁勝、關仲如、楊還等三人〔七五〕進內廷行走。所知雍正朝牙刻匠人先後共十二人，在養心殿造辦處牙作行走，他們都是長江流域的蘇、嘉、甯、杭等地的名家，形成了皇家牙雕的主力軍。雍正七年（一七二九年），牙作不僅得到擴大和充實，與之同時，廣東牙匠陳祖章也進入養心殿造辦處牙作效力〔七六〕。此時陳祖章已年邁，技藝正從他的黃金期向下滑落，這位老年牙雕名手從廣州到北京進入養心殿造辦處與老練的蘇浙的雕刻家共事顯然勢薄力單，所以在雍正七年（一七二九年）至十三年（一七三五年），再不見有關陳祖章的記事。他在雍正朝內廷牙作的地位與處境可能是十分困難的，難以發揮其技術優勢，故其作品也未流傳下來。

皇家牙雕雖由江浙南匠雕作，但是他們必須尊從皇帝旨意行事，絕不敢自己隨意製造。這就是『外造之氣』，而不是『恭造之式』，這八個字是雍正帝在雍正五年（一七二七年）向造辦處所有匠人提出的嚴格要求。由於康熙晚年身體不佳，疏於造辦處的管理，對其製品要求不高，造辦處藝術品質量有所下降，所以胤禛登上皇帝寶座之後立即整頓了造辦處，精減機構，裁減官員，充實工匠，增加設施，加強管理，責罰分明。雍正五年（一七二七年）便明確地指出近年所造器物有些『外造之氣』，不合他的口味，今後要按康熙朝『恭造式樣』的原則製造上用之物，其具體標準即為『精、細、雅、秀』〔七七〕。雍正九年（一七三一年）胤禛獎賞造辦處的洋漆、洋金、彩漆、漆、牙、玉、硯、廣木等匠人不同等次的賞銀和官用銀，以表彰在製作具有『恭造之式』的欽定作品過程中所取得的成就。僅以牙匠來説，即有六人受賞，如施天章、屠魁勝、葉鼎新、顧繼臣四人，每人得賞銀十兩，封岐、陸曙明二人每人得賞銀五兩〔七八〕。這批受賞的優秀工匠都是來自蘇、甯、杭的南匠，可想他們的基本功是來自蘇州、南京、杭州等三地傳統的精巧工藝，與皇帝要求還是有着一定的距離，但為了滿足皇帝的藝術口味就必須調整，並掌握他們過去所不知道的製造恭造式樣的技巧。當然得到皇帝獎賞，也就標誌着製造恭造式樣貢品的成功。今天我們可以這樣解釋：清代的皇家牙器貢品，在製作中是以南匠作工為基礎，照皇帝的口味，按欽定圖樣雕造其作品，最終成為沒有外造之氣的上用之物。

清宮遺留及流傳於世的象牙雕刻數量較少，康雍兩朝者尤少，可定為康雍朝的更少。在此遴選六件，以供讀者參考。牙雕海水雲龍火鐮套（圖版三九），器物呈荷包形，分為蓋與身兩部分，內附打火鋼刀、火石和引火絨紙及其絲繡包。黃絲扁條繫帶，上下繫一茜綠半珠形結子，垂以寶藍絲線綮結的二穗，龍紋每面正龍各一，下施母子龍各一，共六龍，龍頭似壽星頂，卵形眼，下頜長，魚鱗，尾有五刺，是康熙朝的宋龍，其刀法精絕，雲龍氣韻生動，故可定為康熙朝晚期內廷所製〔七九〕。其黃絲扁條帶磨損，可知其可能是康熙帝生前所用火鏈包。與其相近或稍晚的牙雕火鐮套尚有兩件牙雕海水雲龍紋火鐮套（圖版

三六、三七）。象牙雕黑漆地描花筆筒（圖版四三）呈六瓣花口，器身內弧，六小矮足，飾菊竹、秋葵、梅石、芙蓉、玉蘭、牡丹等六種花卉。口、足飾拐子夔龍紋，髹洋漆，磨出花卉，細部留有黑漆地，似六幅白描花卉圖。這種髹黑漆作工始於康熙晚年，盛於雍正朝。胤禛對工藝美術的愛好非常廣泛，涉及許多行業，尤對漆工藝有所偏愛，對『洋漆』的仿製十分關注，如雍正四年（一七二六年）二月二十二日彩漆匠秦景賢所製『洋漆方盒做得甚好』，賞銀十兩。雍正七年（一七三〇年）新建仿洋漆活計用窯，以擴大洋漆生產。至雍正九年（一七三一年）在內廷創製瓷胎洋漆碗，同年賞洋漆匠李賢、洋金匠吳天章每人銀十兩，可知雍正帝對洋漆有着特殊愛好。所謂洋漆即指外來的漆和漆器，其光亮如鏡的黑漆尤得青睞〔八〇〕。此筆筒雖經長期使用，但其黑漆仍閃爍光亮，可見其昔日光可鑒人的洋漆風采。

『雍正年製』牙器僅見兩件，均為小盒，器表素、彩各一，小巧可玩，令人愛不釋手。象牙雕竹石圓盒的形制仿明餅式盒，蓋上飾隱起竹幹二枝，茁壯挺拔，後有細竹嫩葉垂下，寥寥可數。意境深遠，確似一幅墨竹畫（圖版四四）。圈足，底鐫『雍正年製』仿宋體陰款，可能由江南牙匠所製。染牙雕柿式盒（圖版四五）亦為小件，可握於掌中，小巧可愛。形作橢圓扁柿狀，附隱起枝葉，一柄靈芝穿其下置於蓋上，其根部施『卍』字，諧為『萬事如意』。茜色為赭、淺綠、淺黃三彩，赭柿，綠葉，淺黃有柄靈芝，赭色萬字，這種茜色牙器可能是由養心殿造辦處牙作雕作的壽意貢品，年節供奉雍正帝，賞賜阿哥、公主和皇室成員等人，所以宮內僅存此一件。從雕工來看可能出自廣匠之手，下鐫『雍正年製』楷書白文二豎行款。

從上述兩件清宮小型牙盒可知，分別出自江南和廣東兩地牙匠之手，但竹石隱起雕刻確是精細秀雅，又如其茜色三彩也變得溫和雅致，堪稱典型的皇家小件牙雕。

象牙席始於西漢，嗣後多有承傳。清代象牙席產於廣州。現存清宮象牙席（圖版五一）是清代康熙、雍正兩朝的廣東貢品。雍正十二年（一七三四年）降旨嚴禁廣州編製牙席進貢〔八一〕，乾隆朝沿之，所以內廷所收象牙席均為康熙、雍正朝廣東官員所進。雍正十二年

（一七三四年）禁令並未完全落實，廣州牙業編織工藝並未停止，只是用於其他小型製品，如製牙扇等工藝，至乾隆五十九年（一七九四年）仍貢進內廷〔八二〕。象牙編綴工藝的難點在於將象牙軟化之後劈成細長而薄的牙篾再編織成席、枕、座褥以及宮扇等製品。如何將堅硬而長的象牙軟化，見於《物類相感志》：『煮象牙用酢鹵煮之自軟〔八三〕』，這種象牙軟化劈為篾的工藝起於何時不明。據文獻記載，最早用於漢武帝的起神屋，『以白珠為簾箔，玳瑁押之，象牙為篾，風至則鳴珩瑀〔八四〕』。這種象牙蔑編織工藝至清代只有廣州尚存，成為它的絕活，一直存在至晚清。

清宮收藏牙雕中有一批人物牙雕，姿態生動，身材比例合理，髮髻服飾類似《康熙南巡圖》上富裕士庶人家婦女形象，過去將其時間定為晚於康熙，不遲於乾隆初年，今列入雍正朝。牙雕仕女（圖版三三），黑髻，黛眉，八字形細長目，直鼻小口，頭微低，身着對襟尖袖長衫，袖口染黑，內着長裳，右手執筆，左手持扇（已佚），似題扇前的凝思狀，其聚精會神之貌表現得惟妙惟肖。牙雕放牛教孫讀書（圖版四七）、牙雕牧羊人（圖版四八）、牙雕牽鹿人（圖版四九）、牙雕戲獸人（圖版五〇）四件象牙群雕人獸像均染墨髮眉，獸眼嵌紅寶石，作工精細，形象生動，似出自廣州牙匠之手，但已無粵海『外造之氣』。牙雕戲兔羅漢（圖版三四）表現了身着長衫、面帶笑容、身前傾、左腿翹起的左跏趺坐、右手撫摩獸頜、跣足露腿的富有變化的姿勢，刻畫了超凡脫俗拯救苦難的羅漢，給人以親切和藹和超脫練達的皈依感和淨化感。此羅漢像與上述平易近人、工整細秀的作工不同，其刀工圓潤淳厚，形象生動可親，顯然出自造辦處蘇工，也是合乎『恭造之式』的蘇式牙雕。

康雍兩朝內廷牙作是以蘇、甯、杭牙匠為主力，雍正七年（一七二九年）廣東牙雕名匠陳祖章進入牙作，勢孤力單不能左右內廷牙雕藝術，對來自蘇、甯、杭牙雕藝術群體不可能施加影響，所以此期內廷牙雕『恭造式樣』是建立在蘇、甯、杭牙雕藝術的基礎上的。

（二）乾隆朝牙雕風格的轉變及其特點（一七三六至一七九五年）

乾隆朝內廷恭造式樣牙雕的特點也要從其牙匠派系及其實力強弱及其互為影響的角度來觀察。康、雍兩朝遺留下來的蘇、甯、杭牙匠有吳珩、顧繼臣、朱栻、施天章、封始岐、封始鎬、葉鼎新、陸曙明、孫盛甯、屠魁勝、關仲如、楊遷等十二名，加上廣州牙匠陳祖章共十三人。至少其中一部分人留至乾隆朝，乾隆帝對他們亦加以使用。後施天章被罰至萬壽山鍘草，不得善終。封始岐刻剔紅樣，葉鼎新刻硯，這些人似乎從牙雕崗位離去。空下來的牙雕崗位便由廣東牙匠補充。乾隆二年（一七三七年），廣牙匠李裔唐、蕭漢振、黃振效〔八五〕、楊維占，乾隆八年（一七四三年）廣牙匠陳觀泉、司徒勝等先後入如意館、造辦處行走〔八六〕，已形成六位廣牙匠取代蘇甯杭牙匠的主流地位。新招募的寧派牙匠僅顧彭年一人，於乾隆三年（一七三八年）進入造辦處效力。可知造辦處牙匠由康雍兩朝的蘇甯杭牙匠為主力而轉為以廣東牙匠為棟樑的重大變化。這一變化表現在乾隆六年（一七四一年）『牙雕月曼清遊』的創作上，據其款識可知，製作者為陳祖章、蕭漢振、陳觀泉（以上三人為廣州牙匠）、顧彭年（江寧牙匠）、常存（家內匠）等五人，以陳祖章為領銜。說明『牙雕月曼清遊』是以廣東藝術為基礎的乾隆朝恭造式樣牙雕作品。陳祖章完成了製作『月曼清遊』之後，因眼病而被遣返故鄉養老，此後招募廣牙匠黃兆、李爵祿〔八七〕、楊有慶、楊秀進造辦處效力，江甯牙匠顧彭年於乾隆二十七年（一七六二年）離開造辦處後，形成了廣牙匠獨霸牙作、如意館的局面。

廣牙匠黃振效於乾隆二年（一七三七年）十二月二十八日，由廣東海關監督鄭伍賽差人送到內廷，乾隆九年五月十一日因病被送回廣東，共在內廷效力六年。作品有刻款漁家樂筆筒和牙雕火鏈套二件。牙雕漁家樂筆筒描寫懸崖小溪松柳蒼茂，漁夫劃舟停泊休憩，正在飲酒作樂。刀法遒勁，佈景幽深，鏤空剔透，精雕細刻，發揮了粵派牙雕特長。乾隆帝在這件牙雕作品上御題七絕，鐫刻於崖壁，在其下有『乾隆戊午長至月小匠黃振效恭製』款。戊午為乾隆三年（一七三八年），『長至月』可能是『冬至』。他用二十四個月做完此筆筒，可以推斷黃振效於乾隆二年（一七三七年）十二月二十八日進造辦處行走後試用活計。其題材很可能由乾隆帝點題並命其雕製，這也是黃振效進造辦處後的第一件欽命作品，這件作品代表了以粵派牙雕為主體的乾隆朝牙雕的內廷恭造式樣及新的標準器。類似廣匠所製筆筒尚有牙雕山水人物方筆筒二件（圖版五三、五四）和牙雕蟠螭開光山水人物圓筆筒（圖版三一）。他的第二件牙雕就是牙雕海水雲龍火鐮套（圖版三九），鐫刻『振效恭製』、『乾隆壬戌』二直行陰楷戳子填墨二款，壬戌為乾隆七年（一七四二年）是他離造辦處的前一年，這件火鐮套可能是他在造辦處的牙雕絕筆之作，紋飾均仿自康熙朝牙雕火鐮套（圖版三八），但其形硬直，龍紋由六增為二十，由溫和的隱起衍為深峻的起突刻，創造了以粤派牙雕為楷模的乾隆朝新式內廷牙雕的恭造式樣，由此可以這樣認為，廣牙匠黃振效對揚棄康雍恭造牙雕式樣，創造嶄新的乾隆朝牙雕恭造式樣中起到關鍵作用，當然，起到決策性作用的是乾隆帝。這就是皇家牙雕的總特點。此後，乾隆朝恭造牙雕式樣基本上按照黃振效的牙雕漁家樂筆筒和牙雕雲龍紋火鐮套的套路前進，並不知不覺地在漸漸蛻變。

清宮牙雕臂擱大多仿竹，廣作牙雕臂擱亦不例外，牙雕山水人物臂擱二件（圖版六〇、六二）均於一端作竹節紋。牙雕羅漢圖臂擱（圖版五九）作竹刻臂擱形，背面兩端四角各作一小回紋足。似與一般的竹臂擱形式不同，表面一端刻竹節紋，上飾隱起達摩修煉圖，背面飾起突十六應真像，騰波蹴浪，各見神態，此臂擱不大，長二九·一釐米、寬六·一釐米、厚二·四釐米，正面所刻達摩隱起薄如蟬翼，背面十六應真深峻幽遠宛如懸塑，令人神往，擴大了想像空間，可知內廷廣牙匠不僅功力深厚、刀法精絕，還掌握着嫻熟完美的藝術表現力，由工藝領域進入藝術境界。這就是乾隆朝廣牙匠在其『恭造式樣』的規範下得以發揮其技術優勢和藝術天才，而創作的曠古絕今的精微牙雕逸品。

乾隆六年（一七四一年）由廣東老牙匠陳祖章領銜，廣東牙匠蕭漢振、陳觀泉、江甯牙匠顧彭年及家內匠常存等五人分工合作完成了『牙雕月曼清遊』十二冊[八八]。此冊是左題右圖，文圖參照，合起來即成蝴蝶裝冊匣，從正月到臘月共十二冊（圖版四二），表現皇家貴族及江南富貴人家婦女的深閨生活。這種繪畫來自康熙南巡圖和雍正十二后妃像，但又是專題性的連環畫冊，又與前二者有所變化和發展。御題以螺甸鏤字，字體有楷書（真、行、草）和隸篆，以佛青色地襯托，對比鮮明，十分醒目。圖中人物、建築、樹石均以象牙雕刻而成，其他文玩、傢俱以及坡坨、橋樑、溪流和小道具多用水晶、瑪瑙、玳瑁、硬木以及各種彩石製作。是以雕刻嵌牙為主的鑲嵌工藝作品，可以推想牙雕嵌色可能由廣牙匠陳祖章及其子陳觀泉和簫漢振擔當雕刻，鑲嵌可能由顧彭年和常存二人負責，在其背後可能還有大批鏤雕、鑲嵌、廣木匠、裝裱等多工種的南匠、家內匠參與方可告成，絕非僅是署名的五人之功。此牙雕的設計為領銜老牙匠陳祖章，但畫稿是來自乾隆畫院畫家陳枚於乾隆三年（一七三八年）所繪『月曼清遊』圖，由畫轉化為牙雕鑲嵌在製作過程中不可能照章搬用，必有所增益，而不是單純的模仿和複製。從這件牙雕作品的署款、檔案可知此『牙雕月曼清遊』冊以廣牙匠為主體，參酌了揚州『周製』（亦名『周鑄』）百寶嵌工藝製成的，可視為乾隆初年欽定嵌色牙雕鑲嵌之精作。值得注意的是此圖婦女形象在雕刻上除了嵌牙工藝以外，幾乎很難找到廣牙的作工，牙雕中的人物身材細高，比例近西方人體，這顯然是受到了清代宮廷畫院風格的影響，早在康熙時的《耕織圖》《南巡圖》中便出現了這樣的人物形象。總之，從這件牙雕作品中可以看到陳祖章父子的牙雕技藝已完全融入皇家藝術，個人風格已消逝殆盡，這與黃振效等廣東牙匠是不同的。

內廷廣東牙匠還擅長精微雕刻工藝，並用於牙雕文具，如牙雕羅漢圖臂擱（圖版五九）的達摩、十六應真即用精微工藝完成的。在此所說的精微雕刻是指用以雕刻玩賞牙器，黃振效所雕象牙鏤空小船（圖版六四），將巨大帆船濃縮為長五·二、高一·七釐米的一隻小船，船上的倉房門窗和米粒大小的主僕，都刻畫得精妙入微，栩栩如生，僅可放在掌上貼近觀賞方可洞察其奧秘。在左舷近舵處刻『乾隆戊午年花月，小臣黃振效恭製』十四字陰楷款填墨，一字大小不及粟粒，戊午為乾隆三年（一七三八年），乾隆帝此年正值二十八歲，眼力精明，在日理萬機之餘頗有雅興，足以飽覽此牙船之精妙。黃振效一人留下三件各有特色的牙雕，十分難能可貴，由此可知黃振效在工藝上是一個全才雕刻家。另一位擅長精微雕刻的是李爵祿，他留下的唯一一件有款作品是象牙鏤空勾雲帶座小盒（圖版六五），此盒甚小，長五·七、通高二·三釐米，正好置於手心上欣賞，通身鏤空，玲瓏剔透，小巧可愛，打開蓋子盒內可見上層三排共有十一個形制不一小盒子，打開盒子還以長鏈環連在一起，互不分離，將其取出，才能看到下層的小小盒子，也都是通身鏤空之作，小盒底鐫刻『乾隆癸未季春，小臣李爵祿恭製』陰楷填墨款，字體不規範，不是翰林所書，可能是自刻款，癸未是乾隆二十八年（一七六三年）。《清檔》記，李爵祿乾隆二十三年（一七五八年）九月二十八日由粵海關監督李永標送到，進如意館行走。乾隆二十四年（一七五九年）四月傳旨：『著李爵祿照樣做象牙仙工一件。』『仙工』為何物不明。是否即指類似此象牙鏤空脱骨紋飾以及用鏈環連接的小型精微製品，當否？僅供研究探討之參考。乾隆三十八年（一七七三年）李爵祿呈請終養，返穗，在內廷效力約十五年。此件是廣東牙雕的精微作品，與此相類似是牙雕荷花橢圓小盒（圖版六六），打開盒蓋有長鏈相連，小橢圓盒雖可屬精微雕刻，但與上述李爵祿之作相比可謂小巫見大巫。

乾隆朝內廷廣東牙雕中有幾件鳥類肖生雕刻，屬鳥式盒類的有茜牙鵲式盒（圖版七二），茜牙鵪鶉式盒（圖版七一），兩個鳥形盒均作臥狀，刻畫工細，茜色逼真，形神畢肖，上身為蓋，下腹為器，打開盒子內部鏇空，可置物件。鳥形鼻煙壺有臥鶴形（圖版七三）、臥魚鷹形（圖版七四），雕刻細膩，茜色簡潔，形神逼真。均掏膛於前胸，口蓋上陰鐫篆體二直行四字填藍『乾隆年製』款，從茜雕作工、四字款識判斷，很有可能是由廣東高級官員進貢之物，經刻陰篆款並留在宮內，貢進時間可能在乾隆二十至三十年（一七五五—一七六四年）之間。

（三）江浙牙雕的獨領風騷及其儒雅格調

蘇、寧、嘉一帶是明代經濟最為發達的地區，文化上也處於領先地位。清代經過改朝換代的戰亂很快得以恢復，康熙、乾隆兩帝各下江南六次之多，其產物深受兩帝的喜愛。蘇州仍是絲織業的最重要的產地，置織造為皇家提供優質的織物，兼為辦理包括犀牙在內的其他工藝類貢物。據《蘇州府志》記載，其『象牙、犀角之屬，以製日用諸器，皆適於用〔八九〕』，可供蘇州地區富庶人家日常生活使用，至於造像、神像和陳設用牙雕的製造，也達到了相當高的工藝水準。蘇州工藝美術也是走在全國之先列，廣東工藝界流行諺語曰『蘇州樣，廣州匠』，一語道破蘇州工藝對廣州工藝的重要影响，至少廣州工藝製品款式有不少是傳自蘇州。蘇州善出『樣』，即式樣、花樣、款式，傳到廣州便照『樣』

批量生產。可以説蘇州工藝的新樣遍及南北，其創新式樣在有清一代仍受各地歡迎。嘉定為明末清初的刻竹中心，出現了朱鶴、朱纓、朱稚征，祖孫三代本擅工畫，後世業刻竹，又兼工犀象，名燥一時，遂學竹刻者眾多。『朱去今未百年，爭相摹擬，資給衣饌，遂與物產並著』，將嘉定竹刻引向商品化，刻竹人也成為刻竹匠人，藉以謀生糊口。康熙年間，封錫祿、封錫爵兄弟進入內廷效力，雍正朝封錫祿之高足施天章及封氏嫡傳封始岐、封始鎬等傑出竹刻家成為嘉定派的繼承者和突出的代表人物，至乾隆朝初年，成為康雍兩朝犀牙竹木雕刻的主力。施天章雖出自封錫祿之門，而又能突破『奇峭生新』的封氏家法，形成了他個人的『古色古香、渾厚蒼深』的藝術風格而獨立門戶〔九〇〕。

江甯即今南京，明洪武定都於此，永樂十九年（一四二一年）遷都北京。南京雖為陪都，然六部衙門依舊保留下來，行使權力。南京經濟十分發達，絲織業也很有名，清代朝廷設江甯織造於斯地，為皇家織造上用織物。南京手工業也是十分繁榮，竹木牙犀雕刻雖不如蘇州、嘉定那般人才輩出，形成流派，但也出現了大家濮仲謙（一五八二至一六四九年），《太平府志》評云：『仲謙所製一切犀玉髹竹器皿，經其手即古雅可愛，一簪一盂視為至寶〔九一〕。』

陰刻牙雕在清宮舊藏和傳世牙器中並不多。牙刻山水金裏碗（圖版三五）、牙刻山水銀裏碗，兩件牙刻碗形制一致，『宮製』陰鐫篆體方欄款完全相同，山水刀法也是一樣，可能出自一手。此『宮製』款與廣牙匠款不同，與揚州玉器上的『大清乾隆年製』款篆法相似，款識應為揚州牙匠所製。牙刻歲寒三友圖筆筒（圖版一二一），其刀法遒勁柔媚，尚有儒雅之風，亦可定為揚州牙匠製造。

杭州犀牙竹木雕刻也是非常發達的，自唐末五代至宋，杭州不斷發展，元代設局，成為元代東南沿海最重要的雕刻工藝中心，嘉興西塘剔紅、銀槎特別著名。明代以絲織業為核心，帶動了其他手工業的發展，可能受到元嘉興漆、銀、竹、木等雕刻工藝的影響，據文獻記載岳鴻慶、楊秉桂、文鼎〔九二〕等人，均系清初嘉興竹刻家。康雍年間，杭州牙匠朱栻已有名氣，杭州織造監督孫文成應召薦舉進入養心殿造辦處行走〔九三〕。

總之，蘇、寧、嘉、杭等城市手工業及犀象竹木雕刻工藝的雕刻工匠人材濟濟、名家輩出，其中少數傑出者先後被薦舉進入養心殿造辦處牙作和如意館行走。其精美牙刻得到雍乾二帝的青睞，可以説是養心殿造辦處南匠的主要來源。皇家的牙雕作品中如牙雕人物方筆筒（圖版五四）、牙雕漁樵圖筆筒（圖版五五）、牙雕松蔭高士圓筆筒（圖版五六）、牙雕九老圖臂擱（圖版六一）、染牙雕雲紋冠架（圖版四一）、茜牙人物山水花果飾葵花式盒（圖版八八），可能出自上述四地名士之手，這些牙雕作品都被清帝認可為『恭造式樣』，與蘇、寧、嘉、杭的雕刻本色必有所區別，已做了較大的調整，並非真正意義上的江浙牙雕，但我們從中仍可隱約看出其江浙牙雕本色的某些側影。

（四）粵貢牙雕數量龐大、氾濫內廷、備受青睞

廣州古稱番禺，秦漢以來即成為中外文化交流和互通有無的外貿重要港口，在進口貨物中，象牙、犀角也是其中的重要商品。隨着我國氣候變化，犀象南移，僅於雲、貴、桂尚可見少量野生象犀，不敷足用，只有依靠進口東南亞或非洲象牙，以充朝廷和民間使用。廣州是外來文化進口港，在製作上采用了外來的先進工艺，創造了與江浙文化藝術不同的嶄新樣式，製造了有着異國風趣的新產品、新花樣，所以廣州清代象牙雕刻風格獨特、獨樹一幟，備受青睞。廣州手工業在全國和內廷的地位是至關重要的。《廣東通志》曰：『香、犀、象、蜃、玳瑁、竹、木、藤、錫、諸器俱甲天下[九五]。』廣州牙匠是乾隆朝內廷牙匠的主要來源，成了雕造內廷恭造式樣牙器的主力軍。據不完全統計，從雍正至乾隆朝，至少有陳祖章、李裔唐、蕭漢振、黃振效、楊維占、陳觀泉、司徒勝、黃兆、李爵祿、楊有慶、楊秀等十一位牙匠，先後在乾隆朝內廷牙作或如意館行走，多則六名，少則二名，共同效力於內廷，形成了牙作中的集團力量。

廣州牙雕在工藝上可分為雕刻、茜色、鑲嵌和編織共四大類，雕刻工藝是最為基本的功底，主要技法是陰刻、陽刻、平鈒、隱起、鏤空、掏鏈、牙球以及圓雕等，其中獨創的技法就是象牙球工藝，據記載可能始於宋，見於明，稱為『鬼工球』，內有二重[九六]。明人所記鬼工球雖僅為三層，應為早期象牙球。鑲嵌分為象牙單一品種的鑲嵌和多種材料綜合

鑲嵌兩類。綜合多種材料鑲嵌工藝，可能是受到揚州『周製』（亦稱『周鑄』）多寶鑲嵌工藝的影響，形成以象牙雕刻為主體的多種材料的綜合鑲嵌，而有別於揚州『周製』多寶嵌。牙片工藝也頗有特色，牙片是由象牙鋸割下來的薄片，有的可達薄如紙的最薄限度，呈半透明狀，再加鏤空，玲瓏剔透，鐫刻可細如遊絲。器皿有的已用鏇床加工，蓋、身、口部可做螺絲扣，擰緊可密封，刀工尚深峻繁縟，磨工拋光均甚精到。廣州牙雕尤擅茜色，有單色、二色、三色，甚至多彩茜色，前者雅致清秀，後者繁華富貴而有工筆重彩的畫意。有些茜色牙雕吸取西方油畫的明暗法，增強了物象的立體感、運動感和真實感，茜色是廣牙的一大特色，當然它的反面影響則是以富麗鮮豔的色彩掩蓋了象牙細膩溫澤的質感和柔和淳厚天然美感。牙篾編織工藝也是廣牙的獨特工藝，清一色的牙篾工藝製品有象牙席、牙墊等，複合性牙扇工藝就是利用牙篾和其他多種材料工藝製成的，以宮扇來說，即以牙篾編綴扇面，可平織編綴，亦可加暗花編綴，扇骨以畫琺瑯作柄，加飾嵌牙花鳥牌、琥珀、玳瑁、螺鈿、水晶以及繫有珍珠、珊瑚珠的絲穗，用多種材料、多種工藝、多種裝飾組合成端莊秀麗的宮扇，堪稱廣牙的絕活。

廣州牙雕尚有茜牙荔枝（圖版七五）、茜牙苦瓜（圖版七六）。前者為茜單色，後者為茜複色，兩件茜牙水果均十分逼真，令人愛不釋手。茜牙榴開百戲（圖版一一〇）高五·三釐米、腹徑五·七釐米，正好置掌上細審精賞。石榴茜多彩花葉和蝴蝶，共分五瓣，打開之後可見樓閣戲臺旗幟飄揚，生旦淨末丑同台演出，熱鬧非凡。人物神態生動，樓閣高不過三釐米，頂瓦門窗俱全，精雕細刻，妙趣橫生，耐人玩耍，回味無窮。這是廣牙多種工藝綜合利用的成功範例。

茜牙果形盤是廣牙的著名製品，不僅可做貢品，亦可供閨秀和貴婦們享用，流傳於民間的早已成為收藏家囊中物或骨董店的精美商品，雕工精美，形象生動，實用與裝飾結合精妙，也是廣牙的特色產品。茜牙桃蝠蓋碗（圖版八六）可能是祝壽的禮品，屬精工之作，並富有士庶氣味，也是十分難得的。多彩茜色牙雕果形盒是清宮舊藏，牙色瑩潔，茜色鮮豔。茜牙花葉飾雙桃形盒以並蒂雙桃作盒，折枝花葉疏展，紅蝠飛翔，充滿喜慶壽意。

茜牙海市蜃樓（圖版一〇九）是一件桌案上的陳設。分為鏤空長方矮桌牙座、茜牙芝石松梅景、積雲托尖頂四瓣花框山水樓閣神仙乘槎圖，三部分組成一景觀，長方桌座與尖頂四凸弧形景觀未染色，突出象牙的質色美。中部石松梅和積雲托是重彩茜色，石頭茜色均為單彩暈染，有濃淡之別。用色濃郁厚重，豔麗雅致，有着工筆重彩的意趣。矮桌形座，桌面下用鏤空花紋，而尖頂四凸弧框內的景觀，用傳統的三遠法，小中見大，顯得幽遠高聳。中景為樓閣，雕工精細入微，似一幅立體的界畫，高遠之處山崖疏林，意境幽深高遠。近景為男女神仙乘槎順水而下。這種在不足十五釐米見方上表現亭臺樓閣、樹木山崖、仙人乘槎泛遊河漢的神話主題雕刻，只有廣東精微牙雕方堪當勝任，可以說此景觀集廣牙之大成，創複合牙雕工藝精絕之作，是彌足珍貴的。

（五）嘉道咸時期內廷牙雕走向衰落

嘉慶初期尚能維繫乾隆晚期牙雕水準，隨時間流逝，養心殿造辦處的規模龜縮，工匠減少，貢品生產銳減，工藝水準也在下降。嘉慶、道光兩朝內廷牙作南匠僅有廣匠楊秀和莫成紀二人[九七]。據《清檔》記載，楊秀曾做過萬年甲子象牙仙工插屏、象牙嵌色仙工石榴、象牙百子插屏、瓜瓞綿綿百子盒、透地四喜錦地花、透地五福活萬字錦花、安喜盒、象牙香囊、象牙四喜盒、香薰、象牙遊船等。莫成紀所製牙雕活計有：榴開百子盒、透地活萬字四喜錦地花、透地五福活萬字錦花、五老象牙插屏、象牙葫蘆百子盒。可知楊秀、莫成紀二匠為內廷做了不少牙活，其中莫成紀造榴開百子盒，楊秀所製象牙茜色仙工石榴，可能與留存於故宮博物院的榴開百戲相類似。

道光、咸豐兩朝有楊志、黃慶等二位廣牙匠[九八]在造辦處牙作或如意館效力，承做欽定牙活。楊志做過佛手盒子、象牙福祿壽插屏、象牙六方寶塔、葫蘆幪子、象牙龍船。黃慶所做牙活有佛手盒子、來儀舟等。關於佛手盒子是由楊志還是黃慶設計製作，或者兩人共同設計製作，《清檔》記載含糊不清[九九]。今查故宮博物院收藏清宮象牙佛手盒一件（圖版八五），佛手果未染色，僅茜綠葉和栗皮色折枝，幾片綠葉生於折枝便使得佛手生靈鮮活地顯現在人們眼前，是非常成功的作品。可以看出廣牙的本色依舊乾嘉朝，並無退步現象。

楊志功底甚厚，深得道光帝青睞。道光二十年（一八四〇年）八月二十六日做完葫蘆轆子四件，得到寶藍淺縐袍一件、石青宮綢褂料一件〔一〇〇〕。咸豐八年（一八五八年）八月初九日因做象牙龍船一件、鳳船一件，受賞藍實地紗袍料一件、石青實地紗褂料一匹、銀三十兩〔一〇一〕。由此可知道光、咸豐二帝對廣牙雕刻頗為喜歡。到了同治、光緒、宣統三朝，《清檔》記載中已無牙雕活計，但並不等於此期牙雕業完全停頓。

（六）晚清地方牙雕行業慘澹運營

上述嘉慶、道光、咸豐三朝內廷牙作，在皇帝的支持下還是做了一些牙雕活計，這也反映了廣州牙雕仍沿着乾隆晚期的情況維持生意。但使牙雕業受到毀滅性打擊的是清軍剿滅太平天國這十餘年的拉鋸式戰爭中，長江下游沿岸的蘇州、揚州、南京、鎮江等工商城市遭到徹底的破壞。清內廷派出的織造、鹽政、稅關等衙門及其作坊也被摧毀。各行匠師流亡四鄉，技藝也隨之相繼失傳。同治時期的蘇州、南京、杭州的織造，兩淮鹽政等衙門及其作坊都是在戰火廢墟上重建起來，產品品質極差，數量大大減少，終究不能恢復康乾盛世之繁華面貌。重建的蘇州、南京兩織造僅可向內廷進貢有限的品質極差的上用和官用的絲織品以及筆墨紙硯、扇、燈等手工製品。牙雕手工業也遭到徹底毀滅。唯一例外的則是廣州的牙雕業未遭破壞，還在維持生產，以滿足社會生活需求和粵海關的牙貢，故宮博物館收藏牙雕群仙祝壽龍船和群仙祝壽等大型景觀牙雕作品都是同治、光緒兩朝廣州牙匠雕製的。此時廣州牙雕業除了面向國內市場和朝廷之外，還把眼光放寬，走出國門沖進外國市場，製造了大量的適應歐美口味的新型外貿牙雕。

屬於同、光、宣三朝的廣東貢牙幾乎都是商品牙雕，象牙鏤空龍鳳花鳥筆筒（圖版一二五）即其一例，這種利用象牙原有彎度掏膛作曲身筆筒是少見的，口厚，下垂鋸齒紋，地施鏤空索狀收，上部飾起突雲龍紋，龍頭短，點睛，下飾隱起立鳳紋。可知起突與隱起兩種雕刻樣式，在表現上還有重輕之分，龍為主紋用起突，鳳紋為輔紋，所以要用隱起手法，並以花鳥點綴其間。象牙鏤空人物筆筒（圖版一二六），口厚，亦飾鋸齒紋，身之地紋為連錢紋，飾牌樓、樹石、人物等紋，下附鏤空纏枝花卉紋。從圖案構圖的稚拙、形象之變異、毫無內廷『恭造式樣』的皇家氣派，可知此時內廷已根本不能收到『恭造式樣』貢品，所有的都是商品，也就是說以廣東的高級商品充作貢物進入了內廷。

廣州在清代早、中期是唯一對外開放的口岸，英法等歐洲商船將歐洲的商品輸入廣州，同時也將歐洲文明科學技術帶進廣州，以廣州為橋頭堡再向各地轉輸。在廣州這樣中外文化交流環境之下，建立了金屬、琺瑯、玻璃、鐘錶等新興工藝，同時也吸收應用，使其融合於傳統文化之中，創立了中西融合的新型工藝。象牙鏤雕大吉葫蘆（圖版九五）形制是傳統的大吉葫蘆式，但其鏤空用的圖案卻是外來的，或者說經過一番改造後的洋花樣。從其結構來看，葫蘆、大吉是傳統佈局，但周圍花紋的組織卻是『洛可哥』式，不再作對稱處理。紋樣的文化基因也是歐洲的多岐小卷葉紋。從整體上看中西文化基因融合得十分和諧而融洽，可以說確是水乳交融、無懈可擊的，可謂中外美術交流的成功例證。

廣州牙雕商品中，還有的利用象牙下腳料雕造了戲文、傳說、民俗等多種立體人物群像，牙雕和合二仙、鍾馗、尋梅、牧童等四件，原藏養心殿，四件為一組，原為鑲嵌還是獨立的玩物，現已無法查明，其尺寸不一，最小的高僅七·四釐米，最高的也只有十·一釐米。另一組四件人物形立雕尺寸小於前者，最小的一件僅五·四釐米，作工同上，不必贅言，此類極小尺寸的象牙雕刻人物，居然能闖入宮廷，其景其情則可想而知了。

隨着廣州口岸中西貿易文化交流的興旺，除了絲茶大宗出口之外，在象牙行業內也出現了外銷牙雕，這是繼明漳州出口天主教牙雕之後的又一次清代廣州牙雕出口，促進了其外銷牙雕的發展。牙雕小櫃（圖版一四二），是仿十七、十八世紀英國巴羅克木傢俱而製的縮小了的象牙小櫃，圖案卻是清代的，雕刻精密繁縟，過於纖細瑣碎，掩蓋了象牙的質感之美。這也是晚清廣州牙雕的特色和弱點之並存現象。牙雕鏡奩（圖版一四一）、牙雕花卉圓盒（圖版一三九）也都是外貿牙雕，在作工上與牙雕小櫃同屬一類。牙雕鏤空陳設，製成扁圓盒、圓盒、多孔球和花卉纂組成多層陳設等牙器，可供裝飾欣賞之用，此類陳設很可能是按照歐洲人提供的標本製作，大部分已出口，上述三件外銷牙雕作為貢品流入內貢，保存至今。

晚清廣州牙雕中鬼工球漸為人們所關注，故宮博物院收藏象牙雕福壽寶相花套球（圖版一三一）系清宮舊藏，也是迄今所見最早的一件多層牙球，可能是同治、光緒時廣州產品。此期牙球名匠是翁彤與其子翁昭，他們已能雕刻二十八層的牙球，翁昭雕刻的二十六層牙球已在一九一五年巴拿馬博覽會上獲獎〔一〇三〕。

這一時期民間也出現了一批牙雕匠人〔一〇四〕。有王彬、崔華軒、胡鳳山及耿潤等，其中牙雕大師王彬，生於同治十三年（一八七四年），卒年不詳。他以雕造佛像、人物著稱，其手法簡練，並富有裝飾性，還善於借鑒明代牙雕作工，雕刻老年人物形象，以風格古樸見長〔一〇五〕。除了供北京及其他城市需要之外，也做了一些外銷牙雕，還接受內廷和大吏的訂貨，現存於故宮博物院的觀音三鋪像和現存於頤和園的牙雕機動水法白猿獻壽等重要牙雕作品，均為北京民間牙雕作坊所製，由王公大臣進貢的。清宮舊藏牙雕觀音坐像（圖版一四三），面似卵形，眉清目秀，表情安詳，身着長袍，披天衣，跣足，跪坐於仰伏蓮座上，右手持珠，左手持佛珠置於腿上。此像黃簽書『前出使義國大臣黃誥跪』，黃誥於光緒三十一年（一九〇五年）八月出使義國（按：即義大利）大臣，光緒三十四年（一九〇八年）二月免職，這是清宮舊藏牙雕中最晚的一件。

九　清代犀角雕刻繁榮於江南並盛行於新興的富有民間群體

清代犀角雕刻工藝在明晚期犀角工藝的堅實基礎上，在康雍乾盛世的條件下有了新的發展。可是文獻之中幾乎找不到直接或相關的犀角雕刻的文字記載，《清檔》中也很少記載有關犀角雕刻的欽定活計。但是從清代流傳下來的犀角上，便可知康乾盛世這百年之中犀角雕刻工藝確實得到了空前的發展。

所刊清代犀角器大部分為杯匜等酒器。酒器主要是杯，分為截尖平底可立的犀角杯、尖底長柄杯和吸管杯、槎形杯、果形杯等五大類。均依勢造形，因材施藝，個別的也有橫切作器的。素杯甚少，大多雕鐫簡繁不等的圖案。有作流口或作柄的。足為平底、圈足為主，亦有三足或四足者。杯口有隨圓形，亦有花口或蓮葉形的。圖案有人物、山水、樓閣、花木、禽鳥、蟲蝶、魚蝦、蟹螺等，也偶有歷史故實和神仙傳說、戲曲等題材。

小件犀角杯一般在高十釐米以下，屬杯中小品之作，有的還有作者名款，很有研究價值。犀角光素杯（圖版二七四）以角根作口，至九釐米處截斷作底，從角口掏膛，刮除角皮，依形製杯，打磨光滑不作雕飾，染琥珀色。此杯年代不晚於乾隆，這是清代犀角杯最簡古的一類。犀角岩壑紋杯、犀角樹皮紋杯、犀角雕瘿瘤紋杯（圖版二三八）等三件犀角杯之成形方法同上，但在器口略加雕飾，如仿下垂之岩壑、枯老樹皮以及古木上的瘿瘤等作紋飾，有着回歸自然的造化之趣。犀角雕水草紋杯（圖版二三九）在足和口下等處飾水草，顯露出大片地子，頗有空疏超脱之感。犀角鏤雕嬰戲攀桂紋杯（圖版二四二）、犀角鏤空松蔭高士杯（圖版二四一）二杯鏤空圖案於陽面，其他地子作樹石或下垂岩壑紋，圖案位於一邊，簡括突出，疏朗的地紋溫潤似琥珀，十分可愛。

帶有工匠名款的犀角杯有『尚卿』款犀角雕海水雲龍紋杯（圖版二〇八），成『正透』之黑中透黄，通牙鐫刻海水雲龍紋，口內刻隱起二龍戲珠，在口部海浪崖石上陰鐫篆書『尚卿』二字，這種隱藏石裏的款識見於唐宋書畫上。尚卿身世不明，從款識上判斷，可能是十五世紀早期之作，可供今後研究之參考。『方弘齋』款犀角鏤雕太白醉酒杯（圖版一九七），呈深醬色，陽面鏤空古松一株，岩壑之內太白横臥注視前方的酒壇，其酒興未盡之態躍然杯上。口內鏤空起突之螭虎，底心陰鐫疊篆『方弘齋』直行款。據考，方弘齋是明末清初時燕人，出家為僧，擅於雕刻犀角，刀法神妙，細入毫髮（一〇六）。尤侃傳世作品有小杯、大杯、吸管杯等，屬於小杯的犀角鏤空山水人物杯（圖版一九八），深醬色，口內黑色，魚子紋甚清晰，鏤空古松過枝於口內，杯身山崖流水，數人游於其中，陰鐫『直生』、『尤侃』圓方篆體款，這種款識常見於杯上。犀角鏤空松蔭高士杯（圖版二四一），琥珀色，陽面鏤空巨松，一面刻起突之高士賞畫，陽篆『尤侃』方印。屬於略高之杯有犀角鏤雕山水人物杯（圖版二〇〇），色呈琥珀，取小底、闊口，突兀峭拔，獨具一格，陽面鏤空松懸崖峭壁，古木參天，高士遊弋其中。陰鐫『直生』、『尤侃』圓方二篆印款。刀鋒淋漓，剛勁幽秀。犀、紋、印三全其美，殊為難得。據考，尤侃為江蘇無錫人，是清初最著名的雕刻家，康熙中葉入宮廷犀角雕作坊〔一〇七〕。亦有明人之説〔一〇八〕。如按康熙中葉入值內廷，很有可能生於明末，説其生於明尚可，但其從藝於康熙初而成名於康熙中葉，可能是事實。其作品尤其上述成熟的作品應出於康熙中葉的估計是比較符合事理常情的。

犀角鏤雕竹石紋杯（圖版二四三），陽面鏤空竹石為柄，內壁刻石紋，陰面俱刻岩壑崖壁，底心為黑色。竹葉茂盛，環岩石而生長，刀法犀利流暢，刻畫竹林生機勃勃，富有畫意。犀角雕蘭花水魚紋荷葉形杯（圖版二〇七）、犀角雕螭水紋荷葉杯（圖版二四四），外黃內黑透明不足，似木竹器。以水浪紋為足，置荷葉於其上，陽面刻一伏螭，荷葉刻陽紋葉筋，這種水浮荷葉的構思亦甚奇妙。與此類似的還有犀角鏤雕雙螭耳螭紋荷葉杯（圖版二一二），呈琥珀色，透明性尚好，陽面鏤空雙螭柄，海水為足，上有雙螭相戲。荷葉張開，口沿反轉倚側，頗有生氣。

犀角福海紋杯（圖版二四五），香黃本色，局部透黑，有一裂痕約二·五釐米，口部有受潮的痕跡，稍有蟲蝕殘缺，邊呈黑色。通身刻水波和浪花，口部有流雲，陰面有骨朵雲。故稱福海紋，寓意攸福吉祥。刀工細膩精緻，以陰線和隱起作工為主，在犀角雕刻中極為少見，這是一種在特殊要求下使用的特殊手法，不適用於其他犀角雕刻。此物原藏延慶殿，其製作年代可能在康熙、雍正二朝。

犀角鏤雕松山人物故事杯（圖版二一六）、犀角鏤雕山水人物杯（圖版二一七）、犀角鏤雕山林雅集杯（圖版二四八），這幾件犀角杯體型高大，圖案滿布器身，疏密有致，主題突出，刀法淩厲，剛柔相濟，確系精工之作。其中即有清宮舊藏又有新收的，兩相比較差別甚微，很難區別內外之差，疑其均為蘇、寧、嘉、杭等地作坊製造的高級商品，年代也都在康乾盛世期間。

花木飾類犀角杯，如犀角鏤雕松梅海棠花杯（圖版二四九）、犀角鏤空花蝶杯（圖版二五〇），口徑長於高度，均為琥珀色，質地細緻，鏤空樹杈柄，構圖飽滿。其中一件被貢進內廷存於古董房，另一件流傳於京城，上世紀五十年代入藏故宮博物院。

以整枝犀角稍加修飾、杯口下作鏤空柄等長尖杯，也是犀角杯的一種。犀角雕松梅紋杯（圖版二五一），此杯甚小，高十·七釐米、口徑為十二釐米，從外形來看表皮刮除之後未作改形，也就是仍可見其正、背、口、尖組成的原形，僅僅修去一至二釐米的角尖，將其磨成圓尖。這件器物可能是迄今所見最小的犀角杯之一，它是供敬酒或罰酒時用的，亦可稱作罰杯。犀角雙葉瓜形杯（圖版二五二）也是一個小犀角杯，高僅六釐米，口徑十三·三釐米，也是接近原形的，從其雕刻可知其陰陽面、口、尖，但形式不太明顯，已不易分辨其原形。尖部已作處理，可立，圖案也較單純，僅以樹葉紋包裹犀角杯的外壁，這種圖案處理手法在清代犀角杯中也是一個孤例。此件原藏古董房。犀角鏤空螭虎紋杯高二十釐米、口徑十四釐米，是一件大犀牛角，整角利用。杯外鏤空呈起突的螭虎，螭虎形象身細尾長，動作靈巧。還有的罰酒杯雖非整角，但截去一段，仍保留了細長原形，以口作花朵或荷葉，下尖細長作鏤空長柄（或稱長腳），便於把握，不能站立。這種長柄罰杯多用非洲犀牛之角，依其細長之形而製的。犀角鏤空荷葉杯（圖版二五五），高十七釐米，口徑十六·三釐米，可能是亞州犀牛的大角，荷葉做侈口淺腹碗式，下有一莖，與周圍枝繁葉茂的莖梗聚攏於荷葉之下。周莖枝這種花朵杯或荷葉杯給人以玲瓏剔透、清爽淡雅的感覺。犀角鏤雕蓮紋杯（圖版二五六），高二〇釐米，花杯細長作三弧，口徑不過八·二釐米，似一折沿杯形，莖周有蓮蓬、荷葉、水仙、蓼等折枝花草，用莖捆束，類似『把蓮』。犀角鏤空折枝葵花尖柄形杯（圖版二五七），與把蓮式花朵杯不同，很像一折枝長莖的秋葵花杯，即其長朵下之莖甚粗壯，生出若干小枝杈，併攏於花朵杯下，莖下為斜割尖痕，黃花黑枝似俏色作品。此花朵杯高三九·七釐米，花口徑十四·六釐米，顯然是非洲犀牛角，此杯原為清宮之物藏於古董房，應屬廣州製造貢進內廷，流傳至今。犀角雕蘭亭修楔圖杯，高三七·四釐米、口徑十七·八釐米，也是非洲犀牛之鼻上角，整角依形雕造。從尖端向上鏤空高遠山巒疊嶂，攀旋而上，至杯外，作起突亭臺樓閣、文人逸士，悠然自得，杯口陽面一巨株古松過枝於口沿，其一側起突螭虎，邊沿陽線雲紋，此器亦屬清宮舊藏，系蘇寧仿古之作，也是一件貢品，置於內廷古董房。

吸管杯有犀角鏤空荷葉形吸管杯二件（圖版二〇三、二〇四），俱為荷葉形杯，周身雕花草，因其吸管的方向、形狀略有不同，給人的感覺亦有所差別。犀角鏤空荷葉形吸管杯，荷葉舒張。吸管斜上便於吸吮，周身雕蓮蓬、荷花、荷葉、蒲草，精雕細刻，生機盎然，確為成功之作。

花形屈枝圜形足杯也是犀角杯的一種特殊造型。為酒杯落地穩當特將其莖枝蟠曲作足。犀角鏤空花形杯（圖版二五九）花形似梨，杯外鏤空枝杈和隱起樹葉，足由枝幹蟠曲而成。此杯原藏清宮古董房。犀角鏤空螭柄葡萄紋杯（圖版二六〇），以葡萄葉作杯，耳作螭虎，杯外飾隱起葡萄及莖、蔓、鬚、葉，以藤蔓卷成環作足，此杯也是清宮舊藏。犀角鏤空芙蓉形杯以盛開的芙蓉花為杯，以兩枝嬌嬈的壽菊枝葉蟠屈成環作足，枝幹柄過枝至口內，一杈花蕾垂至杯底，兩隻小燕攀嬉於枝頭。犀角鏤空佛手紋杯（圖版二六一），杯形似不規則的多角形，似果似花難以言狀，柄為樹幹枝葉，蟠曲一環形足，有三隻佛手點飾其間，寓意多福。

犀角杯造型、款式較為豐富，分為圓杯、橢圓杯、花形杯、八角杯、尊形杯，均有耳，均經染色，多流傳於民間，其中一部分為故宮博物院以及各省市博物館收藏。犀角雕如意紋柄仿古蟬夔紋杯（圖版二一八），粘鋬，頂飾如意雲紋，敞口，下收外撇環足，身飾陰線夔紋，足飾蕉葉紋。這種圓形杯極其少見。犀角鏤空雙螭耳獸面紋杯（圖版二一九）、犀角鏤空梅枝柄仿古獸面紋杯（圖版二二〇）均為精工之作，也是不可多得的。犀角鏤空梅枝柄有流高圈足杯（圖版二二一），鐫『升甫』款，題蘇東坡七言詩『羅浮山下西湖上，獨佔江南第一鄉』，此句疑釋梅花。從圖案仿古彝的獸面紋、夔龍紋及腹出三脊判斷，此杯可能是仿銅尊加流口。犀角鏤空雙螭柄仿古獸面螭紋杯（圖版二二六）亦為仿古彝形杯，身足有脊，均飾獸面紋，陰面飾鏤空子母螭紋環形。上述二件角杯都是在仿古思潮氾濫時以犀角形狀吸收青銅彝器的形紋以及漢代『滾螭』加以損益而成的。犀角鏤空花蝶杯（圖版二五〇）花形從其細長瓣判斷可能是菊花，身下束腰，外凸橢圓形足，將菊、蘭、梅、石拼湊在一起，完全取決於犀角形狀及其工匠長年雕造犀角杯時形成的審美習慣，這一作工已成為部分犀角器的加工手法。犀角鏤空雙螭耳獸面紋八角高足杯（圖版二二五）、犀角獸面紋八角高足杯（圖版二二七）等均為高足犀角杯，只要身足高度適當，便呈現挺拔秀麗之美，但犀角獸面紋八角高足杯為八角形杯中足最高者，約占全身之近一半，因比例失調，其穩定感不足。仿古彝較為忠實青銅彝器的有犀角鏤空仿古螭紋觚式杯（圖版二二八），器身作方尊，口為長方形，身、足近方，莊嚴古雅，紋飾仿古，群螭蟠於耳和身部。足底刻胡允中款和壬午年款，胡允中生卒不明，壬午年為康熙四十一年（一七〇二年）或乾隆二十七年（一七六二年），從螭虎形態來判斷，似以後者為宜，即乾隆二十七年（一七六二年）之作。

匜形器也是犀角杯中的重要器型，犀角口是橢圓形，適於作流，上述角杯已見到不少帶流的杯，這都是按照角口之形稍加雕琢而成，只能稱流形口或有流口而不是匜，所謂匜均是半個舌形口伸出器外。杯是飲器而匜本為盛水澆手的器皿，也可以用於盛酒漿，也可強作飲器。匜形似瓢，只是加鋬或加足、加蓋而成，其制有三足、四足、無足、圈足之別，其時代皆在西周後期以後[二〇九]。所謂匜是一種帶流的杯，是對杯口的應機處理，只能說是杯口的一種形式，不是一種器型。在犀角器中確有匜或匜形器可作酌酒之用，有的則可代杯用之。屬於匜式杯的有犀角鏤空饕餮蕉葉紋梅枝耳觚式杯（圖版二六五），器體仿銅尊，口加流附梅枝耳。犀角鏤空螭耳匜式杯（圖版二六六），原藏清內廷古董房。犀角鏤空蟠螭耳匜式杯（圖版二六八）、『陳賢佐』篆方印款犀角雕獸面耳匜式杯（圖版二六七），器形新穎，作工精美，均為乾隆年蘇、寧、嘉、杭之作。堪稱為匜者僅有三件，犀角仿古雕活環光素匜（圖版二六九），流肥大而高昂，口下鏤空半環連一活環，後作橢圓形耳，底橢圓圈足，顯得流重耳輕，酌酒時要倍加小心。在用料上取縱剖，流為角口，耳為角尖，在犀角器皿中較為罕見。犀角雕螭耳鳳紋三足匜（圖版二七〇），口邊內卷，身作碗形，平底三乳釘足，附雙螭耳，在造型上屬於流與碗的複合形器。爵式杯也是犀角杯中一種杯型，數量不多。商殷銅爵有流口、尖尾、二柱、三足。犀角爵杯多仿其形，又有所增益。犀角獸面紋爵杯（圖版二三一），其形接近殷爵，其紋飾卻面目皆非，這種造型逼真、紋飾新穎的作法則是犀角爵的一大特點。仿古而不泥古、又絕不復古是可取的。犀角雕仿古螭紋爵式杯（圖版二三二），爵形尚可識，在二柱各蟠曲一螭，則是犀角匠人之發揮。犀角鏤空螭虎飾爵（圖版二七二），鏤空螭虎攀於柱身、三足外撇，都是犀角雕刻工匠獨出心裁的創意。犀角勾蓮爵式杯（圖版二七一），無柱，無鋬，鋬處飾以隱起勾蓮，深腹，矮三尖足，姑名爵式杯。清宮原藏如意館，底鐫『永春珍玩』陰篆款，永春為藏家，身世不明。犀角鏤雕獸面紋合巹杯（圖版二七三），是用於婚禮儀式中的連體杯，明清時期用金、銀、銅、玉等材製造，而用犀角雕造的合巹杯則極少見，殊為珍貴。作工精巧，裝飾華麗，頗有新意。

犀角光素杯（圖版二七四），侈口，直腹，圈足，胎薄，琥珀色，底有拉丁文款，可知此杯可能由外國傳教士所製。底有『奉天×××號』紙簽，此器原存瀋陽盛京宮殿或東陵、北陵，一九一四年由古物陳列所運入故宮前廷保存，一九四七年古物陳列所併入故宮博物院之後典藏至今。與此相類的素器尚有犀角雕花瓣口形杯（圖版二三三），與宋官均窯花盆相似，六瓣花口，每瓣中間內凹，呈二凸一凹的三波折，增添了受光面和犀角本色呈現的變幻奇妙的光彩。還有一件減工素器犀角鬲（圖版二三四），器形與商殷青銅鬲甚為接近。袋足中間的四個圜形圖案，似良渚文化獸面紋的眼睛，頗有新意，但難以釋讀，鐫『子子孫孫永寶用之』款，原屬清宮舊藏，可能是由養心殿造辦處所製。以上三件素器均為本色不加染色，很可能都是宮廷犀角器皿。

爐瓶盒三式是清代宮廷室內必備之器，用以燃香，驅逐毒蟲和潮濕之氣，香味彌漫，芬芳撲鼻。三式用玉、金、琺瑯、漆、瓷等材料製之，需求量龐大。瓷與琺瑯的三式為主，遺物也甚多，但犀角製三式卻很少。犀角饕餮紋小方瓶（圖版二三五）即三式中的一件，銅壓灰板、箸等熏香用小工具均置其中。小方盒是放香料的，爐是燃香用的。犀角雕獸面紋扁瓶（圖版二七六），清宮舊藏，很可能也是三式之一的瓶，似已失群，無法恢復其原有配伍關係。

犀角文具亦極少，犀角鏤空松鹿筆山（圖版二七七）是一小件筆山，在巨石之上橫臥一古松，其下伏臥鹿。從岩石、古松的刻法來看，可能出自內廷寧浙刻家之手。原藏承乾宮東配殿，可能是后妃使用之文具。

扳指，本為清朝軍隊使用的控制弓弦的用具，戴於右手拇指上，以扼勒弓弦，免受連續射弓時給膚肌帶來傷害。形制簡單，呈短管狀，多用石、鐵、銅等材料製作。除了軍人實用之外，京城及大都市富人、文士仿扳指形制以金、玉、翡翠、犀角、象牙等貴重材料製成戴在拇指上，以顯示其顯赫地位及其高貴身份。犀角嵌金銀絲夔紋扳指（圖版二七八），『乾隆年製』款。由養心殿造辦處遵旨所製之犀角扳指，置於紫檀菱花嵌金銀夔龍紋海棠花式盒及二層套盒內，說明乾隆帝非常珍視此八件犀角扳指，確是他心愛之物，現存七件。

宗教犀角製器亦很少，現刊兩件宗教犀角製器為故宮博物院新收藏品，均來自已故香港收藏家葉義醫生的捐贈。一件是犀角雕桃花座觀音（圖版二七九），另一件是犀角雕彌勒佛（圖版二八〇）。觀音坐像手執如意，面相慈祥，可稱如意觀音。大肚彌勒身靠布袋與小兒嬉戲，一小兒掏其耳穴，使其哈哈大笑，均帶有濃郁的民俗色彩。這兩件造像均呈頭胸為黑色，腹足墊座為褐色，為二色造像，觀瞻異常，不符佛教民俗造像的常規作工，疑其必經鑾裝與開光，今已無遺痕可尋。犀角雕蓮瓣式佛法器，器作蓮瓣形，上闊下尖，內凹底平，周飾索紋、瓔珞紋。闊處雕四臂觀音倚坐於蓮瓣佛窩之中，通身有尖蓮瓣狀身光，下繫圜形蓮花，垂一長尖法螺，其外邊飾起突金剛及護法神十尊。此法器雕工精密、刀法細緻，造像形象與內傳佛像大相徑庭，疑其為外傳佛教之法器，即由寺院雕刻喇嘛所製。外傳佛教寺院犀角造像法器極為罕見，值得珍視。

犀角鏤空鹿形杯（圖版二七五），犀角呈琥珀色，質潤色美，以角尖雕鹿首，雙角依材向後攏，口銜折枝花，縮頸、胸突、肌肉豐滿，前肢雙蹄伏於胸前，後肢與尾省略。從正面觀察欣賞可概其全，倒置頭頂雙角即成杯足，站立穩定，可充飲酒用杯。杯口近圓，徑為九·八釐米，可雕刻工匠大膽地捨棄後身、臀尾以及後二肢，解決了圓口犀角材料製作鹿形杯之困難，並圓滿地製成一頗為傳神的鹿形杯。

槎形器盛行於元、明、清三代，用玉、犀、象、木、竹等材料製作。明代犀角槎形器業已可見，清人承傳不乏其作。犀角鏤空仙人乘槎即其一例。

犀角除了整用成器或犀象配合共同組成一件複合製品之外，有時還用作某些小件常用器物上作配用材料，兩件刀具即用犀角作配件以提高其身價。犀角雕雲龍紋嵌松石珊瑚鞘牛角柄小刀（圖版二三六），鞘用黑色犀角，鞘口與平底均施鍍金帶，嵌松石、珊瑚、青金石等寶石。犀角鞘的雲龍紋與造辦處設計的宋龍有着相當大的距離，尤其鱗紋亦非魚鱗紋，而以粟粒紋代之。很可能是蒙藏兩地藏傳佛教所用的龍紋。從金屬鑲嵌、犀角刀鞘、圖案作工判斷，可能是西藏地方僧俗官員所進之貢品。

在康雍乾盛世這百餘年間基本上保持興旺繁榮的勢頭，工藝上精工細作，在藝術上文雅典麗，創造了一個犀角杯藝術的黃金時代，在清代犀角雕刻史上譜寫了光輝篇章。

綜觀象牙、犀角二種雕刻工藝發展線索，可知其歷史悠久、工藝精絕，聰明的工匠製造了大量的藝術品和實用品，服務於政治、文化等社會生活。在史前社會的犀象主要是社會生活的物質材料，有的也為原始宗教活動製造偶像和法器。人類進入有文字的文明社會之後，犀象被人們視為『南方之美』，由物質功能轉入文化效益。犀象為統治者所掌握、所利用，但始終不能與金玉相比，地位不高，產品亦不多。隨着我國氣候變冷，犀象由北向南遷移，唐宋時僅在西南一隅尚可存活，其牙角已不敷使用，便進口牙角以解內需之不足。明清兩代只有黔滇兩地犀象尚存，所出牙角甚少，供不應求，其牙角材料大多為海外進口和少量內外貢進者。明清兩代牙角走着各自的獨特的道路和發展途徑。

明清兩代朝廷都用象犀作朝廷用具或典章器物，以彰顯其品級高下。在民間犀象功能則不同，象牙多用作人物偶象及陳設所用之器物，在漳州還興起仿製西方聖母、耶穌、安琪兒及僧侶等象牙偶像以備出口至歐洲。犀角則以杯為主兼及其他器物，出現鮑天成、濮澄、商銘、蔣烈卿等名師[二一〇]。這些作品高雅脫俗，帶有鮮明的文人文化色彩。清代牙雕受到皇宮青睞，清初內廷依靠江浙南匠，乾隆帝轉而起用廣州牙匠，促進內廷牙雕從工匠到工藝風格均由江浙轉向廣州，基本形成了廣州牙雕一統天下的局面。清代內廷恭造牙雕與外造牙雕在品位、風格上有着明顯的差別，雍正帝提出的內廷『恭造式樣』樹立了精細秀雅的作工和風格，內廷象牙製品也要符合上述具體要求。上述清宮雕造的象牙製品可充有力例證。

總之，上述犀象雕刻工藝的盛衰及其成品流傳之量比都是歷史必然，我們通過現存象牙犀角雕刻作品窺探了它的發展歷程及其工藝的、藝術的豐碩成果以及所能達到的歷史高峰，這又反映了歷代犀象雕刻匠師對其質美有着獨特的感受——『南方之美』，因材施藝，量材賦形，發揮其創造天才與精湛技藝，雕造了大量的傑出的精美藝術作品，熠熠生輝，光彩照人，鼓舞着人們創造更多更美的雕刻精品！

二〇〇六・六・二十七草稿

二〇〇六・七・八修訂

二〇〇六・九・九定稿

二〇〇六・十・十一校核

注釋

〔一〕〔二〕 浙江省文物考古研究所：《河姆渡—新石器時代遺址考古發掘報告》，上、下冊，文物出版社，二〇〇三年。

〔三〕 山東省文物管理處、濟南市博物館：《大汶口》，文物出版社，一九九四年。

〔四〕 《大汶口》九九頁末行『象牙珠一件，標本二：十三』，一三一頁表五未列入，故缺少此件，僅有二二件。

〔五〕 尹世積：《禹貢集解・序》一頁，商務印書館，一九六〇年。

〔六〕 郭沫若：《卜辭通纂》，第二一篇，科學出版社，一九八三年。

〔七〕 呂振羽：《簡明中國通史・上冊》七九頁引文六，人民出版社，一九五五年。

〔八〕 呂振羽：《簡明中國通史・上冊》，人民出版社，一九五五年。

〔九〕 中國社會科學院考古研究所：《殷墟婦好墓》，五・骨器，文物出版社，一九八〇年。

〔一〇〕 中國社會科學院考古研究所：《殷墟婦好墓》，六・象牙器，彩版三九，圖版一八四，文物出版社，一九八〇年。

〔一一〕 楊伯達：《玉儺面考》，《中國史前玉文化論考》，上海古籍出版社，二〇〇五年。

〔一二〕 同〔九〕一四二頁，圖六七。玉器柄（一三二四）圖案與此主紋類似，但其面下有雙上肢，其下是蕉葉紋，兩側似有細長翼紋。

〔一三〕 同〔九〕二一七頁，圖版一八四。

〔一四〕 四川省文物管理委員會、四川省文物考古研究所、四川省廣漢縣文化局：《廣漢三星堆遺址一號祭祀坑發掘簡報》，《文物》，一九八八年十期。

〔一五〕 四川省文物管理委員會、四川省文物考古研究所、廣漢市文化局、廣漢市文管所：《廣漢三星堆二號祭祀坑發掘簡報》，《文物》，一九八九年五期。

〔一六〕 林尹注譯：《周禮今注今譯》，中國文獻出版社，一九八五年。

〔一七〕 盧連城、胡智生：《茹家莊墓地》，《寶雞國墓地》上冊二九三—二九四頁，《寶雞國墓地》下冊彩版一八，文物出版社，一九八八年。

〔一八〕 〔一九〕 同〔一六〕。

〔二〇〕 〔漢〕鄭玄注，唐孔穎達疏：《禮記正義》卷三十《玉藻》：『笏，天子以球玉，諸侯以象。』（《十三經注疏》下冊，中華書局，一九八〇年）。

〔二一〕 林尹注譯：《周禮今注今譯》，掌節，中國文獻出版社，一九八五年。

〔二二〕 林尹注譯：《周禮今注今譯》，角節，中國文獻出版社，一九八五年。

〔二三〕 〔漢〕鄭玄注、唐賈公彥疏：《周禮注疏》九〇冊三七頁上卷二，天官·大宰之職（《景印文淵閣四庫全書》經部八四·禮類·第九〇冊，臺灣商務印書館）。

〔二四〕 《康熙字典》八頁，午集下十畫：『磋』，中華書局，一九五八年。

〔二五〕 成都市文物考古研究所：《成都金沙遺址的發現與發掘》，《考古》，二〇〇二年七期。

〔二六〕 成都市文物考古研究所：《再現輝煌的古蜀王都》二～三頁，四川人民出版社，二〇〇五年。

〔二七〕 中國科學院考古研究所：《洛陽中州路（西工段）》九七頁，圖六四，科學出版社，一九五九年。

〔二八〕 中國科學院考古研究所：《洛陽中州路（西工段）》九八頁，圖六六，科學出版社，一九五九年。

〔二九〕 山東省考古研究所、山東省博物館、濟寧地區文物組、曲阜縣文管會：《曲阜魯國故城》一一〇頁，圖六六，齊魯書社，一九八二年。

〔三〇〕 山東省考古研究所、山東省博物館、濟寧地區文物組、曲阜縣文管會：《曲阜魯國故城》圖版伍三：一，齊魯書社，一九八二年。

〔三一〕 山東省考古研究所、山東省博物館、濟寧地區文物組、曲阜縣文管會：《曲阜魯國故城》，圖一三二·四，圖版壹壹肆左、右，齊魯書社，一九八二年。

〔三二〕 慈怡主編：《佛光大辭典》二三六九頁，六劃，如意，臺灣佛光出版社、書目文獻出版社一九八九年。

〔三三〕 〔漢〕劉安撰、高誘注：《淮南鴻列解》卷十八《人間訓》，《景印文淵閣四庫全書》，臺灣商務印書館。

〔三四〕 〔漢〕司馬遷：《史記》卷一百二十九《貨殖列傳》，中華書局。

〔三五〕 顧鐵符：《象牙造像》，《文物參考資料》，一九五五年十期。

〔三六〕 閻文儒：《談象牙造像》，《文物參考資料》，一九五五年十期。

〔三七〕 廣州市文物管理委員會、中國社會科學院考古研究所、廣東省博物館：《西漢南越王墓》一三八頁，文物出版社，一九九一年。
〔三八〕麥英豪、王文建：《嶺南之光—南越王墓考古大發現》七五—七八頁，浙江文藝出版社，二〇〇二年。
〔三九〕廣州市文物管理委員會、廣州市博物館：《廣州漢墓》，文物出版社，一九八一年。
〔四〇〕江西省博物館：《南昌東郊西漢墓》，《考古學報》，一九七六年二期。
〔四一〕安徽省亳縣博物館：《亳縣曹操宗族墓葬》，《文物》，一九七八年八期。
〔四二〕〔晉〕陸翽：《鄴中記》，《景印文淵閣四庫全書》第四六三冊史部載記類，臺灣商務印書館。
〔四三〕日本奈良國立博物館：《正倉院展》昭和五十七年·四九，昭和五十九年·三、九、一七，昭和六十一年·二、三、五、六。
〔四四〕〔明〕高濂：《遵生八箋·燕閑清賞箋》（上）論剔紅、倭漆、雕刻鑲嵌器皿，四八七、四八八頁，巴蜀書店，一九八八年。
〔四五〕Jan Chapman:《中國的犀牛角雕刻藝術》，CHRITIE 'S BOOK，1999年，倫敦。中文大學文物館館長林業強先生提供，謹致謝忱。
〔四六〕〔清〕張廷玉等撰：《明史》，卷七十六志第五十二。
〔四七〕〔清〕張廷玉等撰：《明史》，卷六十六志第四十二、四十三。
〔四八〕〔清〕張廷玉等撰：《明史》，卷六十七志第四十三。
〔四九〕〔清〕張廷玉等撰：《明史》，卷六十六志第四十二。
〔五〇〕〔清〕張廷玉等撰：《明史》，卷六十六志第四十二、四十三。
〔五一〕〔明〕高濂：《遵生八箋·燕閑清賞箋》論剔紅、倭漆、雕刻鑲嵌器皿，四八八页，巴蜀書社，一九八八年。
〔五二〕〔五三〕〔五四〕〔清〕張廷玉等撰：《明史》，卷六十八志第四十四。
〔五五〕〔清〕張廷玉等撰：《明史》，卷三百三十一列傳第二百十九。
〔五六〕楊伯達：《明清牙雕工藝概述》，香港中文大學，一九九〇年。
〔五七〕〔明〕高濂：《遵生八箋》，《象牙、鬼功球》卷六。
〔五八〕〔清〕金元鈺：《竹人錄》卷上，封賜禄、封賜璋，黃賓、鄧实編《美術叢書》。
〔五九〕〔魏〕吳普等述、清孫星、孫馮翼輯：《神農本草經》卷二。人民衛生出版社，一九六三年。
〔六〇〕〔清〕陳夢雷纂、蔣延錫校編：《古今圖書集成》，博物彙編禽蟲典，第六十八卷，犀兕部，六三六八〇页，中華書局。
〔六一〕〔清〕陳夢雷纂、蔣延錫校編：《古今圖書集成》，犀兕部紀事，六三六八三~六三六八五页，中華書局。
〔六二〕霍滿棠：《中國犀角雕刻珍賞》，香港大業公司，一九九九年。
〔六三〕《中國大百科全書》，中國大百科全書出版社，一九九二年。
〔六四〕楊伯達：《已故香港葉義博士捐贈犀角雕刻面面觀》，《香港葉義先生捐贈犀角雕刻圖錄》，紫禁城出版社，二〇〇六年。

〔六五〕 同〔六二〕。

〔六六〕 〔明〕高濂：《遵生八箋》，《論剔紅、倭漆、雕刻鑲嵌器皿》，巴蜀書社，一九八八年。

〔六七〕 同〔六二〕。

〔六八〕 楊伯達：《明清牙雕工藝概述》，香港中文大學，一九九〇年。

〔六九〕 《養心殿造辦處各作成做活計清檔》，編號三三一八九，中國第一歷史檔案館。

〔七〇〕 《養心殿造辦處各作成做活計清檔》，編號三三一九〇，中國第一歷史檔案館。

〔七一〕 《養心殿造辦處各作成做活計清檔》，編號三三三一〇，中國第一歷史檔案館。

〔七二〕 《養心殿造辦處各作成做活計清檔》，編號三三三二六，中國第一歷史檔案館。

〔七三〕 〔七四〕〔七五〕《養心殿造辦處各作成做活計清檔》，編號三三三一〇，中國第一歷史檔案館。

〔七六〕 楊伯達：《十八世紀清內廷廣匠史料紀略》，《中國文化研究所學報》，一九八九年。

〔七七〕 《養心殿造辦處各作成做活計清檔》，編號三三三一〇，中國第一歷史檔案館。

〔七八〕 《養心殿造辦處各作成做活計清檔》，編號三三四〇，中國第一歷史檔案館。

〔七九〕 長期以來對此件牙雕雲龍紋火鏈套的斷代存在不同看法，故宮博物院藏品卡片注為清，珍品檔案也注為清。作者認為清代太籠統，從龍的形態可定為康熙，或不遲于雍正朝。

〔八〇〕 楊伯達：《恭造式樣進一步發展的雍正朝美術》，《收藏》，二〇〇五年十期。

〔八一〕 〔清〕趙爾巽撰：《清史稿·本紀九世宗本紀》。

〔八二〕 楊伯達：《從清宮舊藏十八世紀廣東貢品管窺廣東工藝的特點與地位》，《清代廣東貢品》，香港中文大學，一九八七年）。

〔八三〕 〔清〕陳夢雷纂、蔣延錫校編：《古今圖書集成》博物彙編禽蟲典第六十卷。

〔八四〕 〔清〕陳夢雷纂、蔣延錫校編：《古今圖書集成》，《銷夏》。

〔八五〕 楊伯達：《十八世紀清內廷廣匠史料紀略》，《中國文化研究所學報》第十八卷，香港中文大學，一九八七年。

〔八六〕 〔八七〕 楊伯達：《十八世紀清內廷廣匠史料紀略》，《中國文化研究所學報》第十八卷，一九八七年。

〔八八〕 李久芳：《牙雕月曼清遊冊》，《紫禁城》一九八一年四期，紫禁城出版社。

〔八九〕 《蘇州府志》卷十八《物產骨角》。

〔九〇〕 〔清〕金元鈺：《竹人錄》卷下。

〔九一〕 王世襄：《竹刻總論》，《中國美術全集·工藝美術編11·竹木牙角器》，文物出版社，一九八七年。

〔九二〕 周南泉：《明清琢玉雕刻工藝美術名匠》，《故宮博物院院刊》，一九八七年四期。

〔九三〕 《養心殿造辦處各作成做活計清檔》，編號三三〇六。

〔九五〕 《廣東通志》卷九十七-九十九；《輿地略》十五、十七『器用類 錫器』條。

〔九六〕〔明〕曹昭撰、王佐補：《新增格古要論》卷六。

〔九七〕《養心殿造辦處各作成做活計清檔》，編號二八九四。

〔九八〕《養心殿造辦處各作成做活計清檔》，編號二九七八。

〔九九〕《養心殿造辦處各作成做活計清檔》，道光十一年七月十九日『內開六月初五日 牙匠楊志、黃慶畫得佛手盒一件，象牙福祿壽插屏一個，紙樣二張 呈覽准收。』編號二九七八。

〔一〇〇〕《養心殿造辦處各作成做活計清檔》，編號二九六六。

〔一〇一〕《養心殿造辦處各作成做活計清檔》，編號三二〇一。

〔一〇二〕《養心殿造辦處各作成做活計清檔》，編號二九一六。

〔一〇三〕〔一〇四〕〔一〇五〕《當代中國工藝美術》，中國社會科學出版社，一九八四年。

〔一〇六〕趙爾巽：《清史稿》。

〔一〇七〕同〔六二〕。

〔一〇八〕《中國美術全集·工藝美術編·竹木牙角器》，文物出版社，一九八七年。

〔一〇九〕容庚、張維持：《殷周青銅器通論》，科學出版社，一九五八年。

〔一一〇〕同〔六二〕。

圖版

一 骨雕人頭像 新石器時代早期

二 骨雕鷹頭 新石器時代

三　骨帶鉤　漢

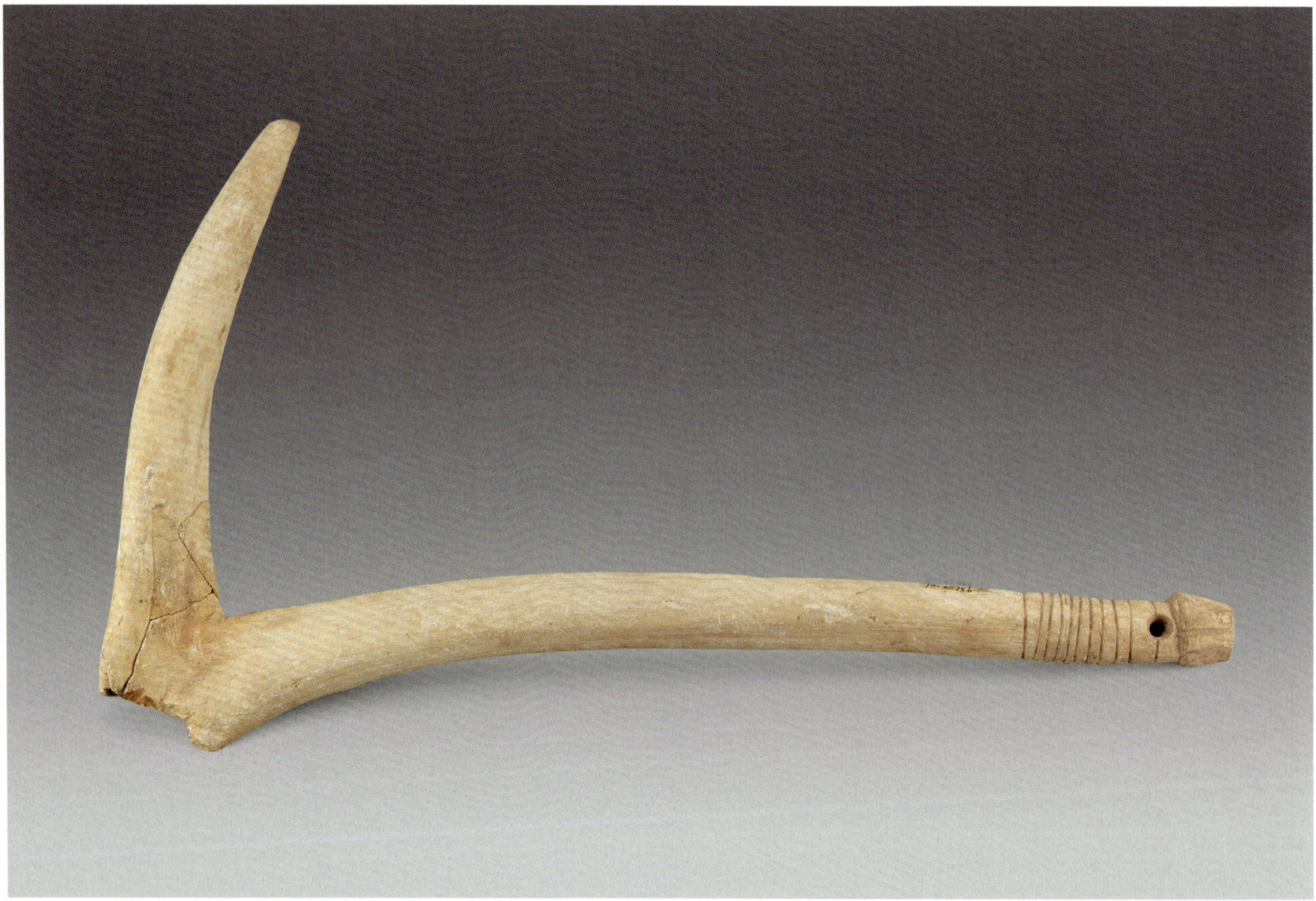

四　角鐮　新石器時代

五　角梳　西漢

六　象牙雕雙鳥朝陽紋蝶形器　新石器時代

七　象牙雕太陽紋蝶形器　新石器時代

八　象牙雕匕形器　新石器時代

九　象牙雕匕形器　新石器時代

一〇　象牙雕蠶紋盅形器　新石器時代

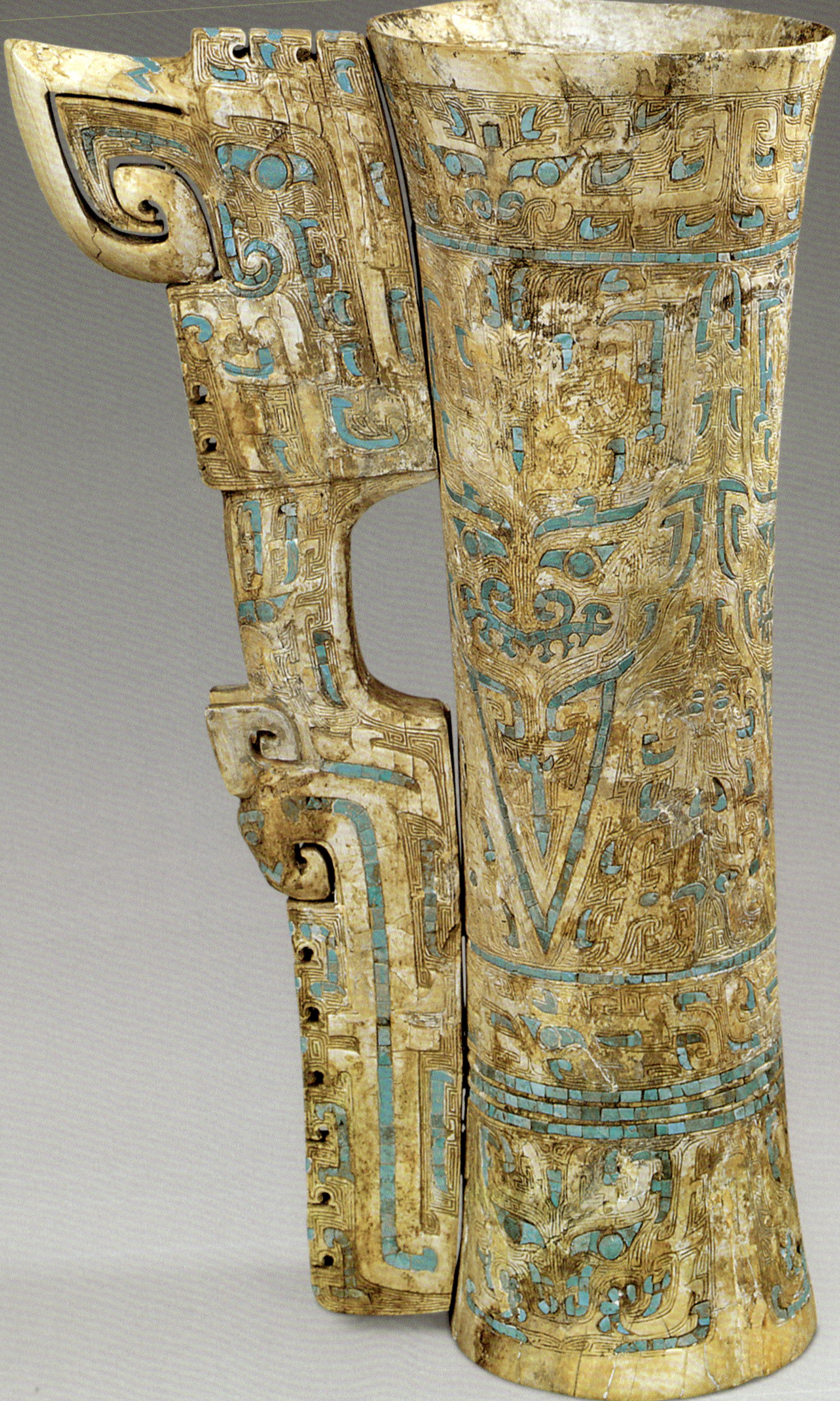

一二　象牙尺　西晉後期

一一　象牙雕夔鋬杯　商

一四　象牙飾件　元

一三　象牙撥鏤鳥獸花卉紋尺　唐

一五　象牙雕荔枝紋方盒　明

一六　象牙染紅雕花卉雙陸　明

一七 象牙雕蹴鞠圖筆筒 明

一八　象牙雕訪賢圖案筆筒　明

一九　象牙雕松山問道圖筆筒　明

二〇 象牙鏤雕仙人松蓬船 明

二一　象牙雕桃式杯　明

二二　象牙雕玉蘭花杯　明

二四　象牙雕老人像　明

二三　象牙雕人像　明

二五　象牙雕塗金仕女立像　明

二六　象牙雕抱子女士像　明

二七　象牙雕觀音送子坐像　明

二八　象牙雕魁星　明晚期

二九　象牙雕麒麟鈕關防　明晚期

三〇　象牙雕鳳凰牡丹圖筆筒　明晚期

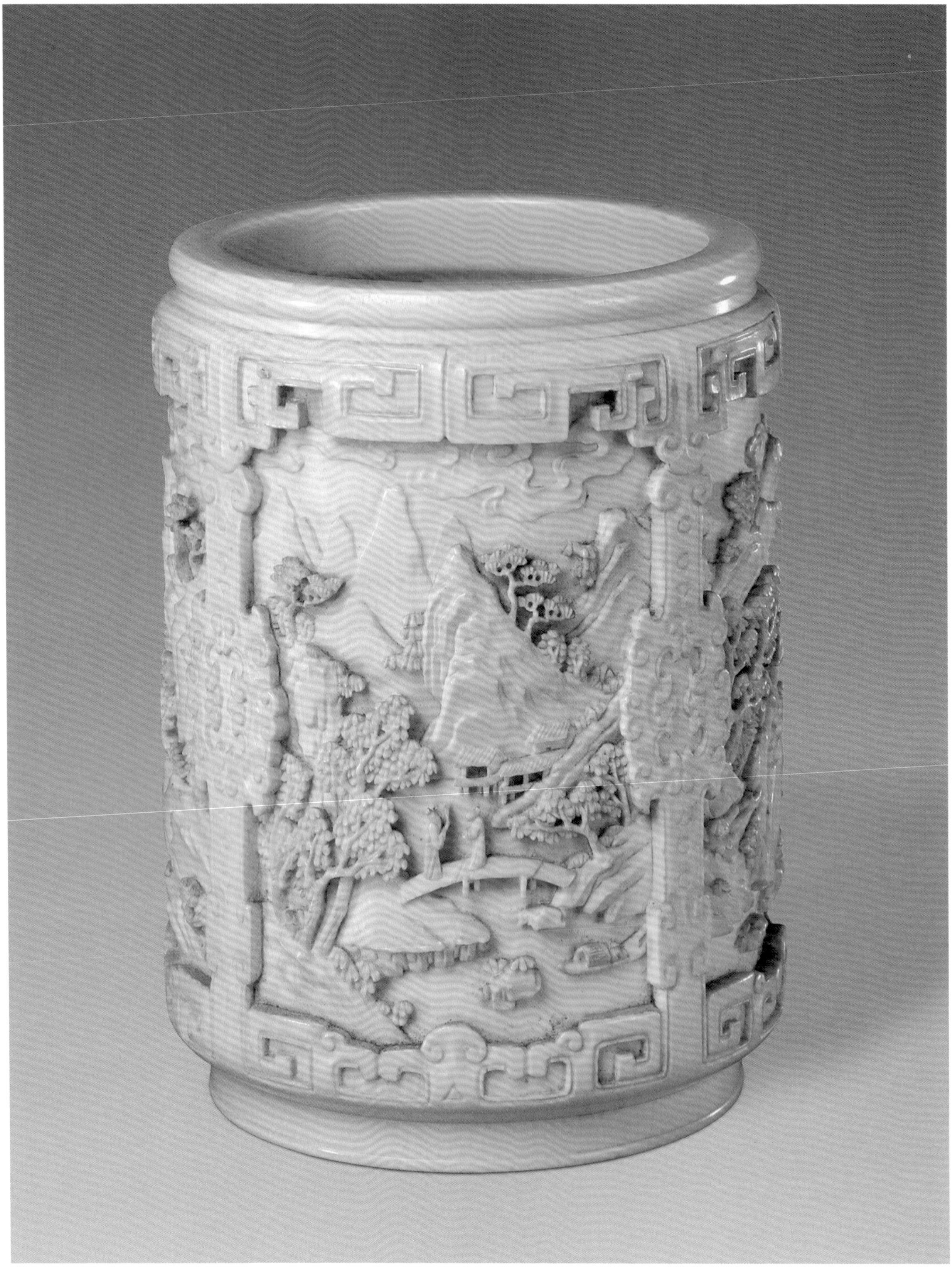

三一　象牙雕蟠螭開光山水人物筆筒　清早期

三二　象牙雕花卉方筆筒　清早期

三三　象牙雕仕女　清早期

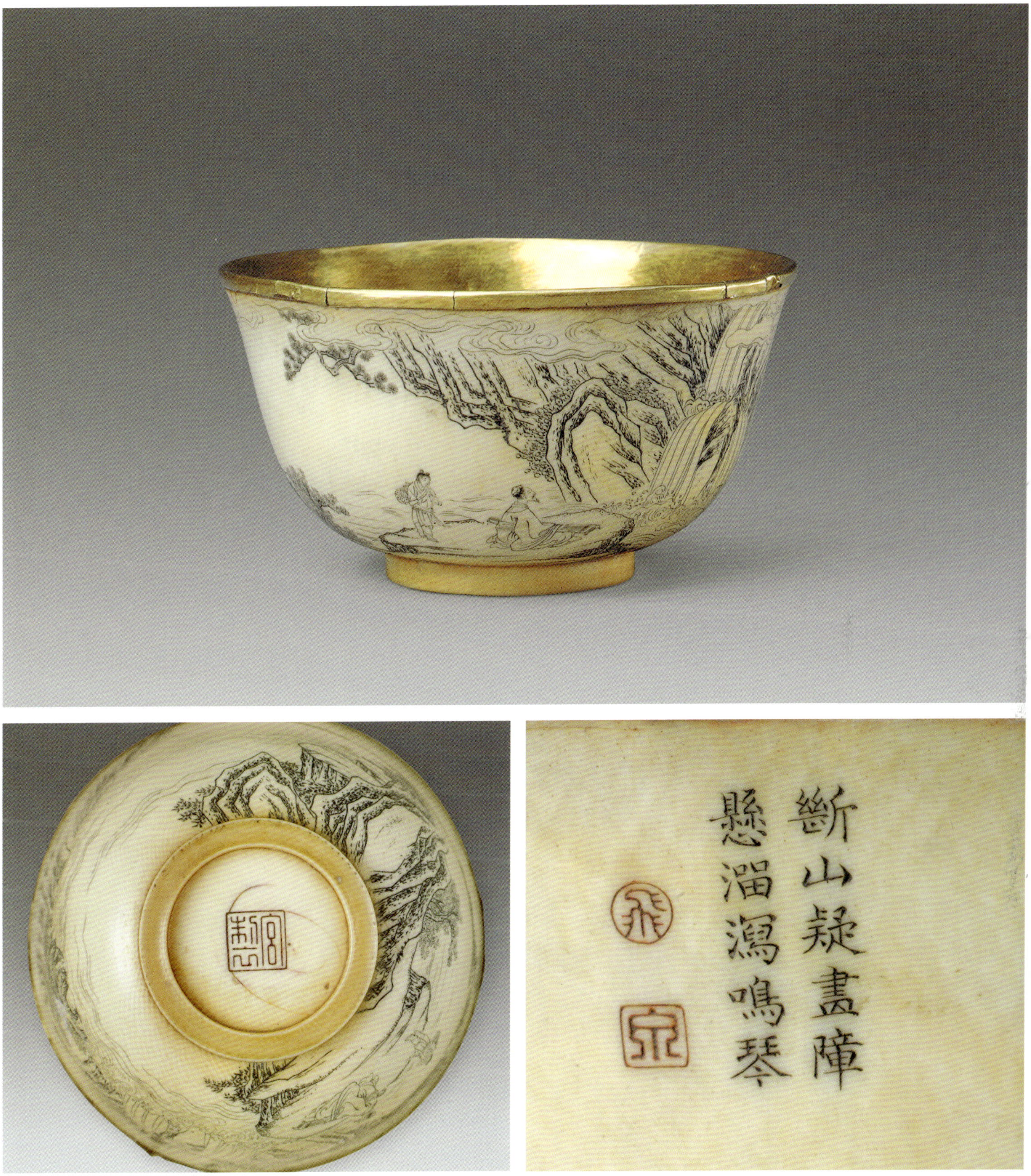

三五　象牙雕山水金裏碗　清早期

三四　象牙雕戲兔羅漢　清早期

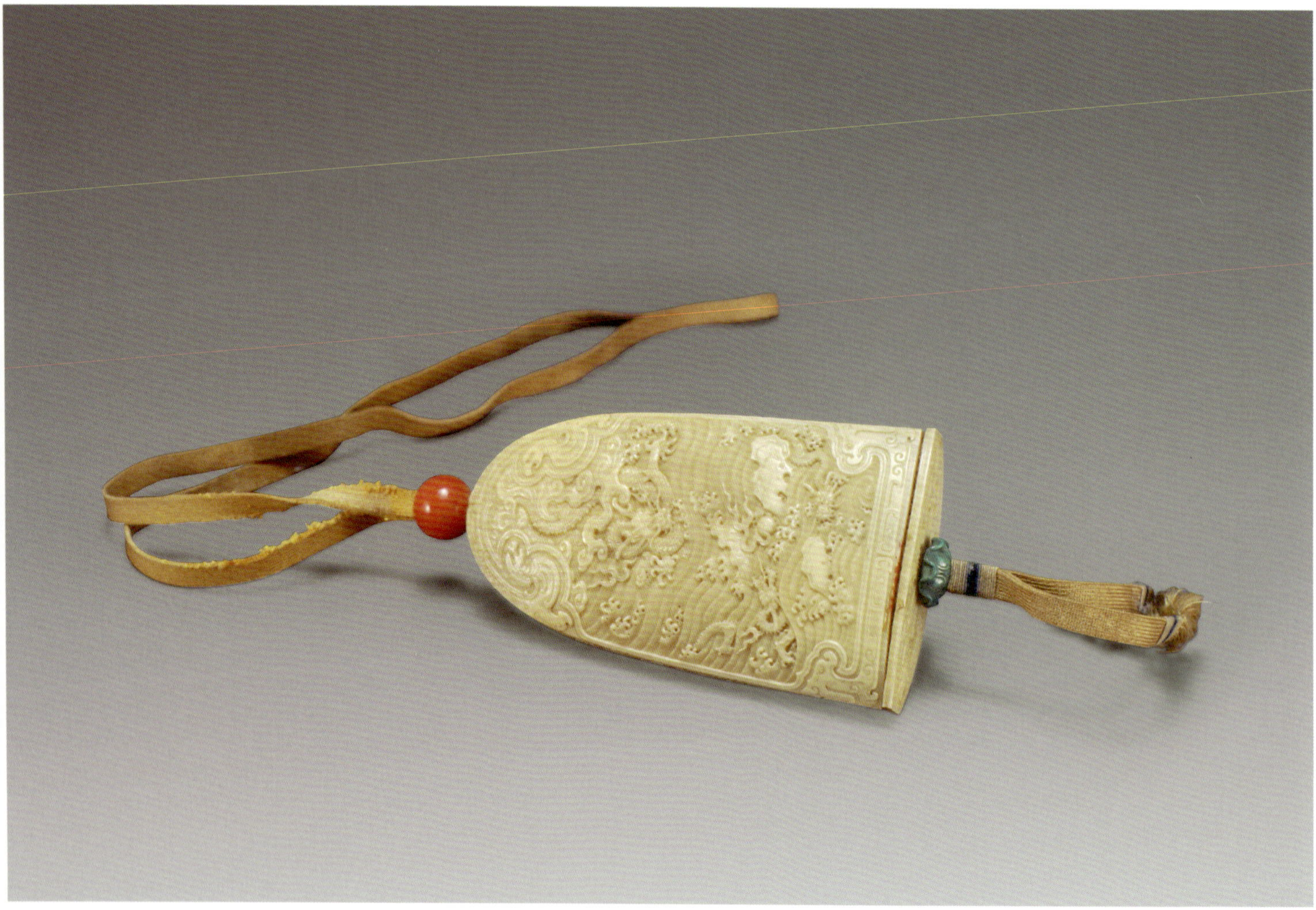

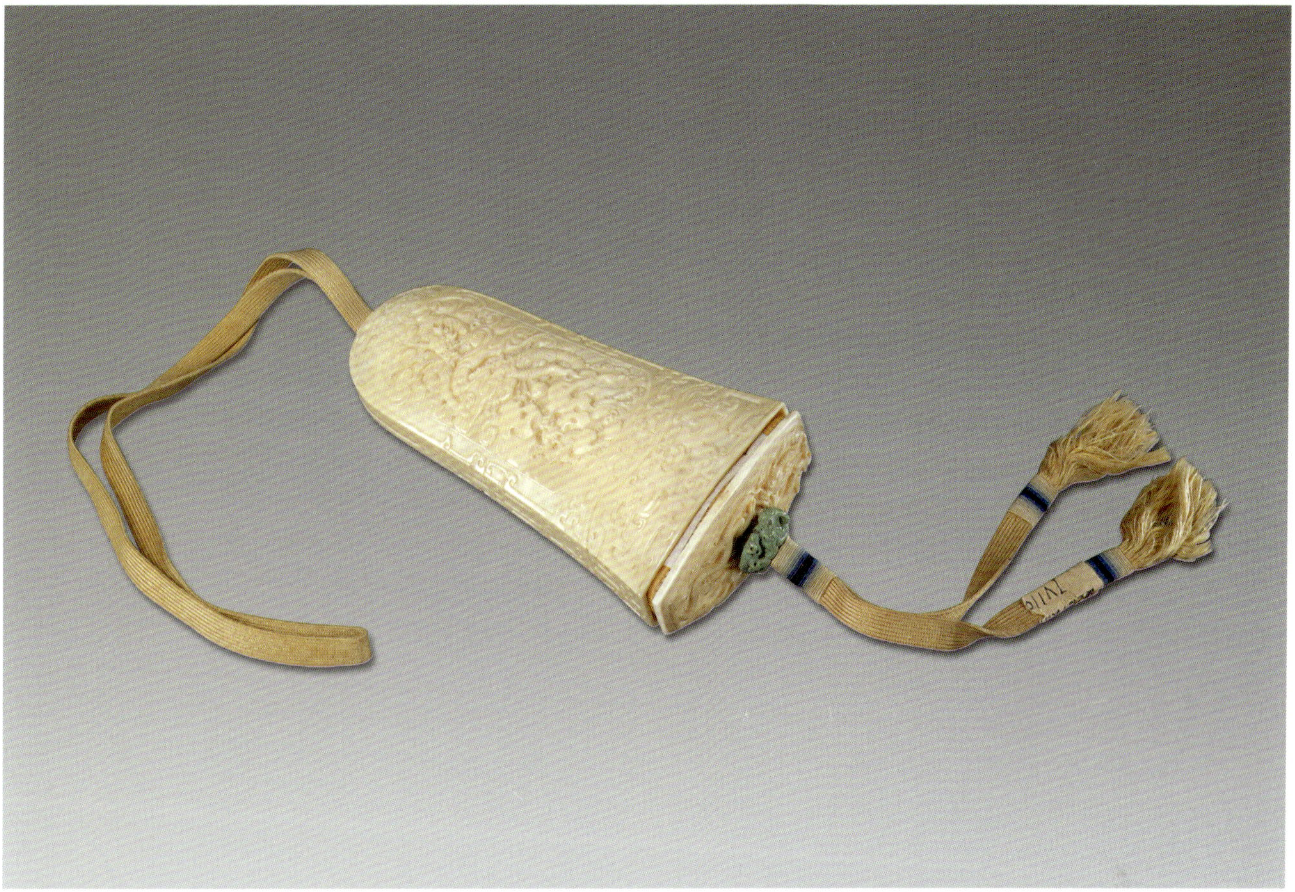

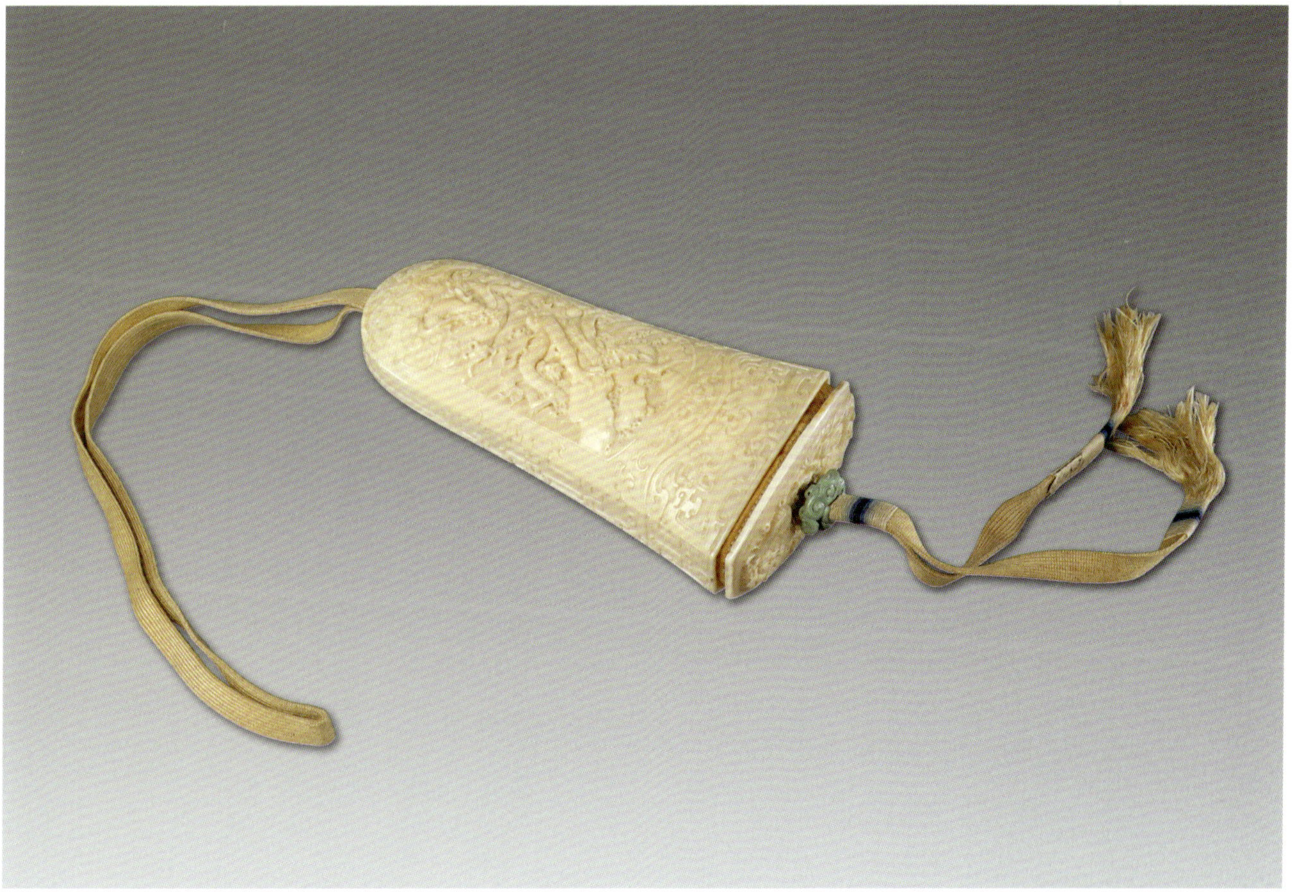

三七　象牙雕海水雲龍火鐮套　清雍正

三六　象牙雕海水雲龍火鐮套　清雍正

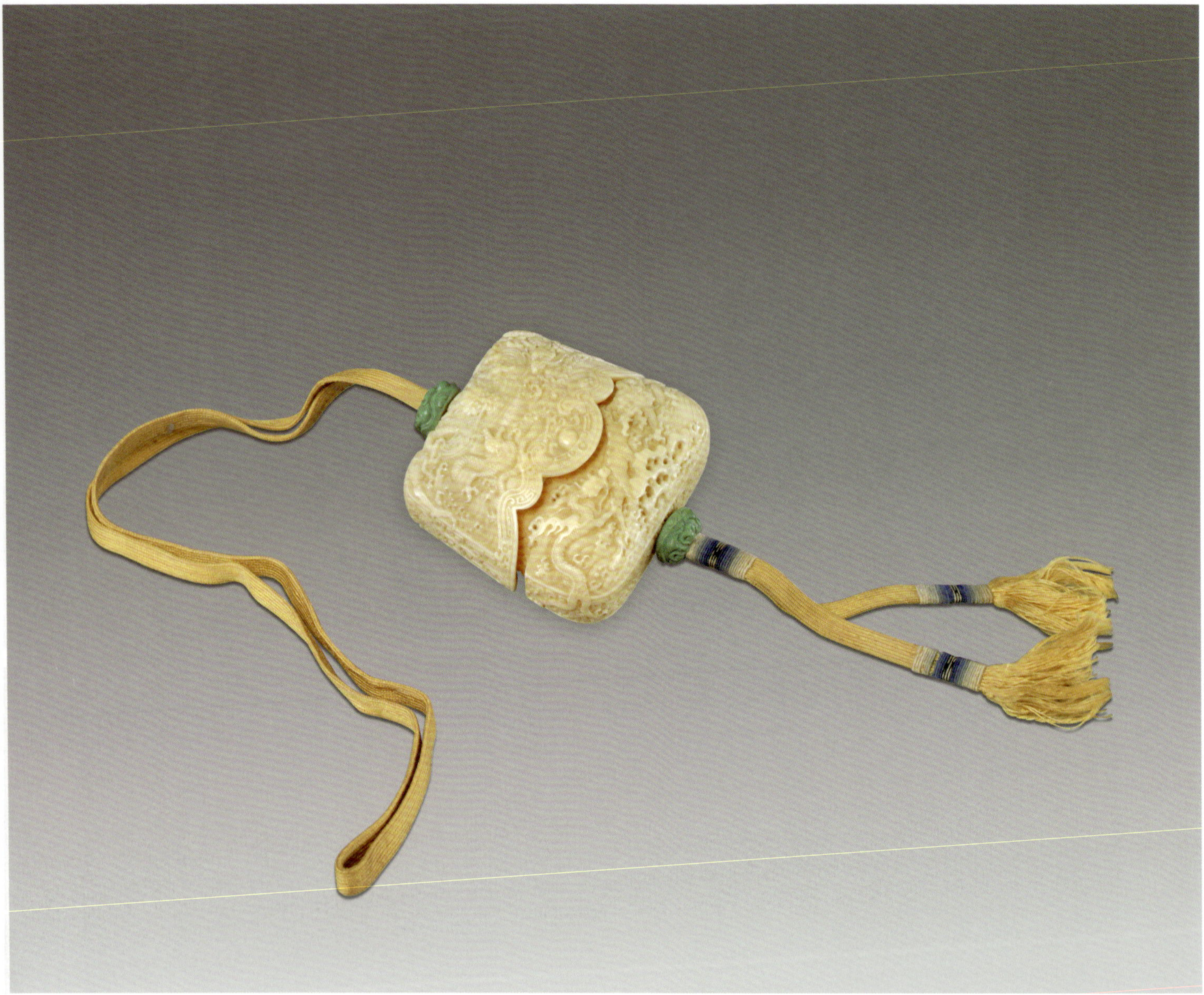

三八　象牙雕海水雲龍火鐮套　清中期

三九　象牙雕海水雲龍火鐮套　清中期

四〇　象牙鏤雕夔紋亭式花薰　清雍正

四一　染牙雕雲紋冠架　清乾隆

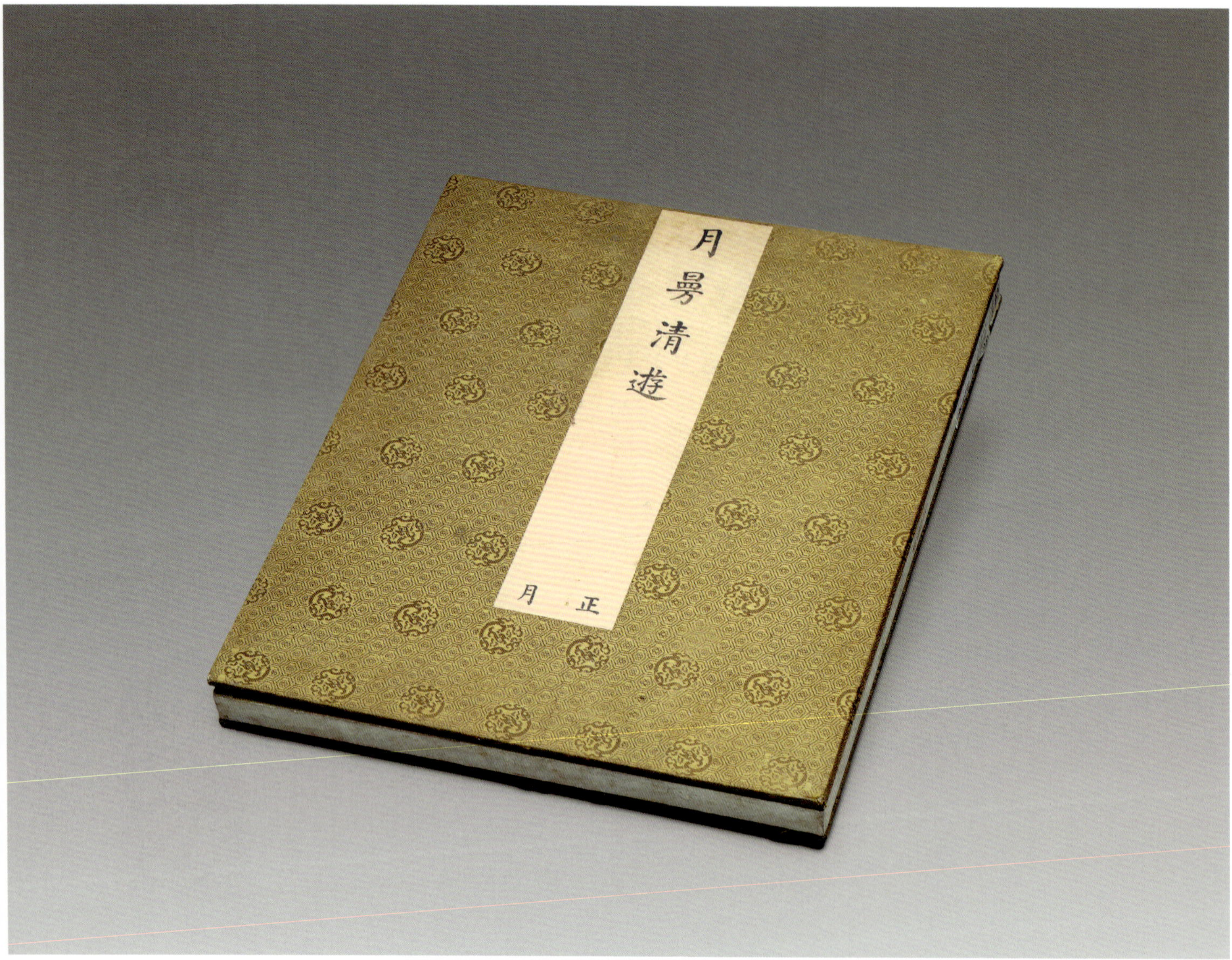

（之一）

四二 象牙雕月曼清遊冊 清乾隆

（之二）

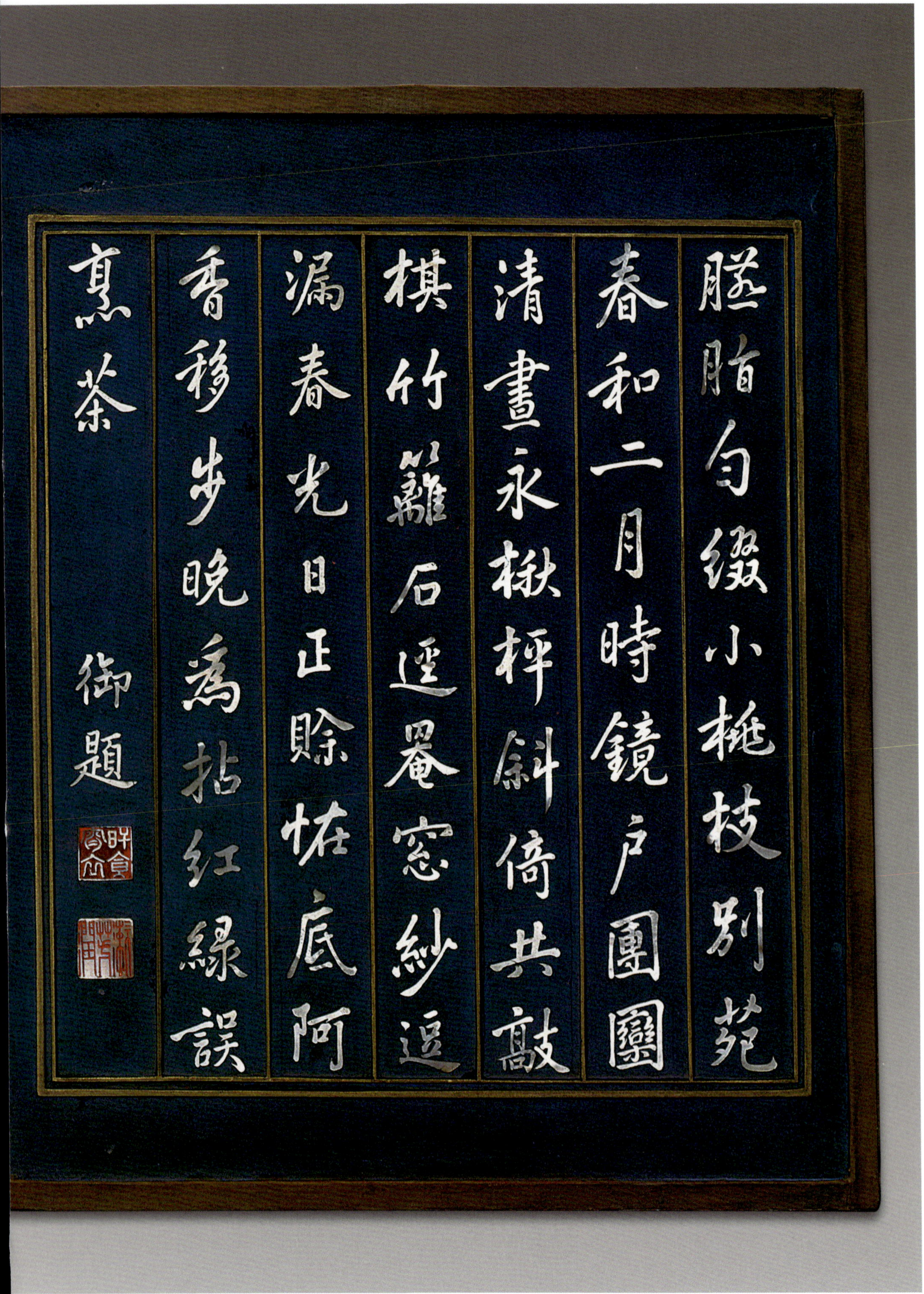
臙脂勻綴小桃枝別苑
春和二月時鏡戶團圞
清晝永楸枰斜倚共敲
棋竹籬石逕罨窗紗逗
漏春光日正賒恠底阿
香移步晚為拈紅綠誤
烹茶
御題

（之三）

清明時節杏花天岸柳
輕垂漠漠烟寂是春閨
識風景翠翹紅袖蹴秋
千曲池風靜鏡澄波絲
柳青輸兩髩螺未許人
間輕比似壺中游戲半
仙娥 御題

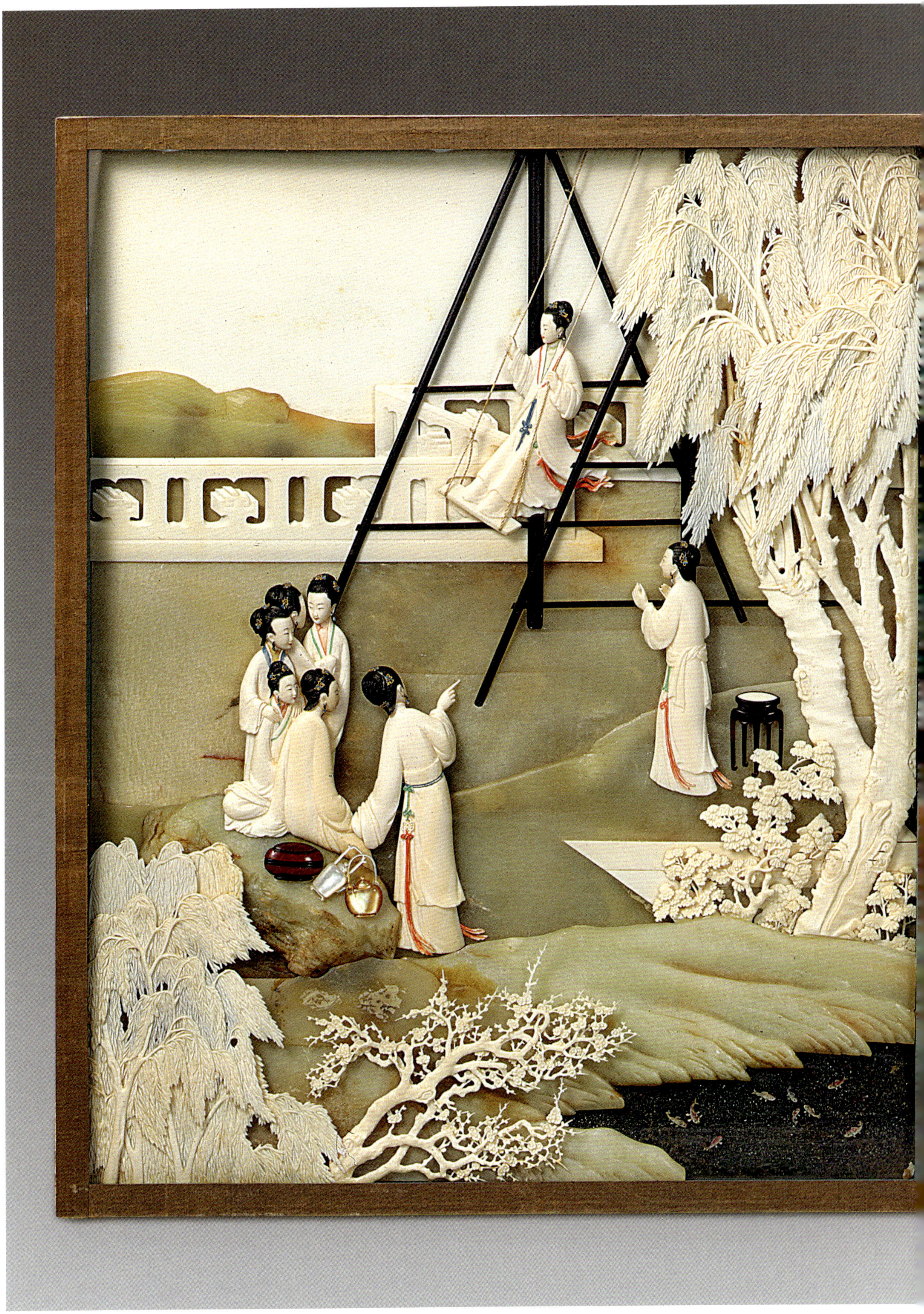

（之四）

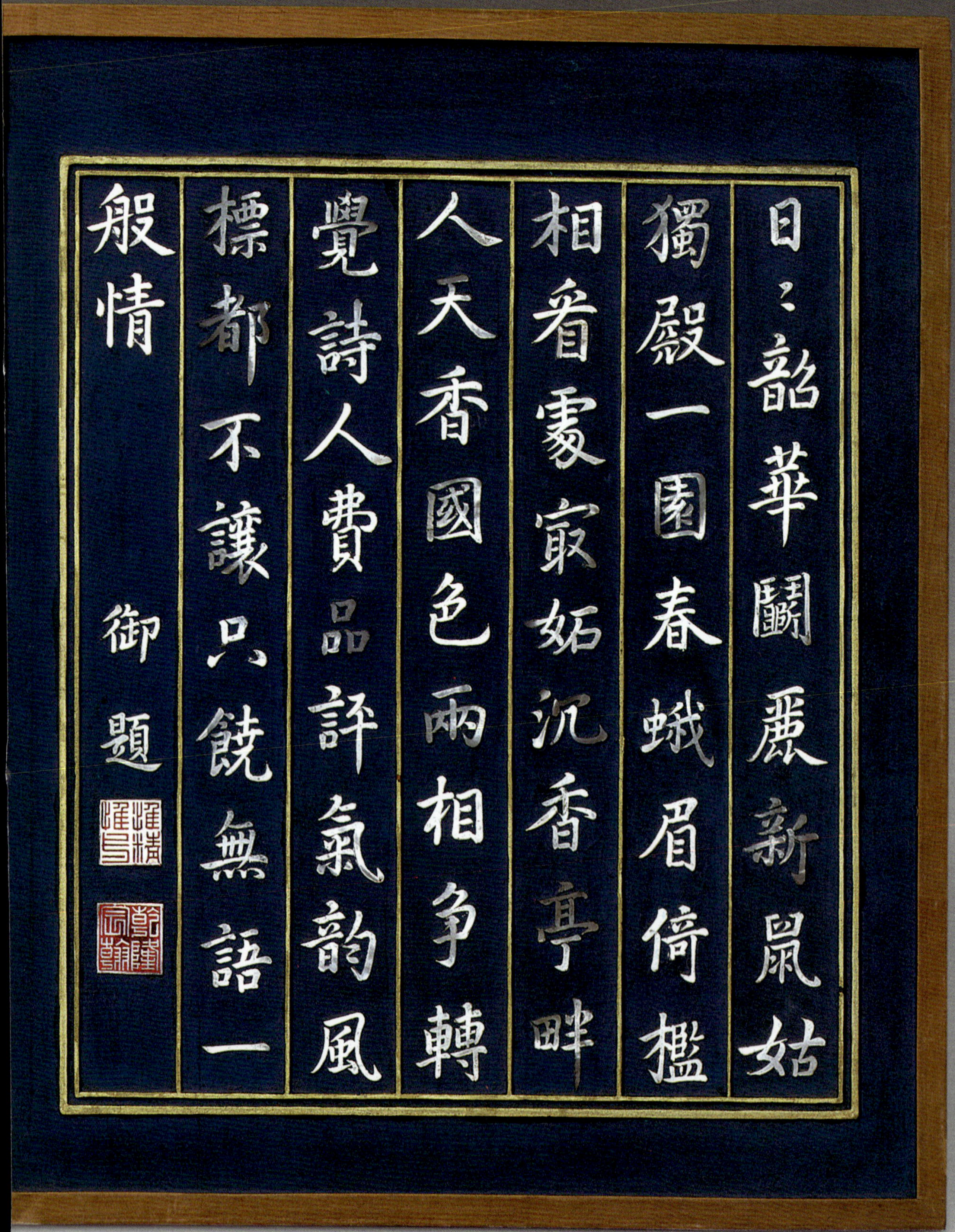
日日韶華鬭麗新鼠姑
獨殿一園春蛾眉倚檻
相看處寂妬沉香亭畔
人天香國色兩相爭轉
覺詩人費品評氣韻風
標都不讓只饒無語一
般情
御題
惟精惟一
乾隆宸翰

（之五）

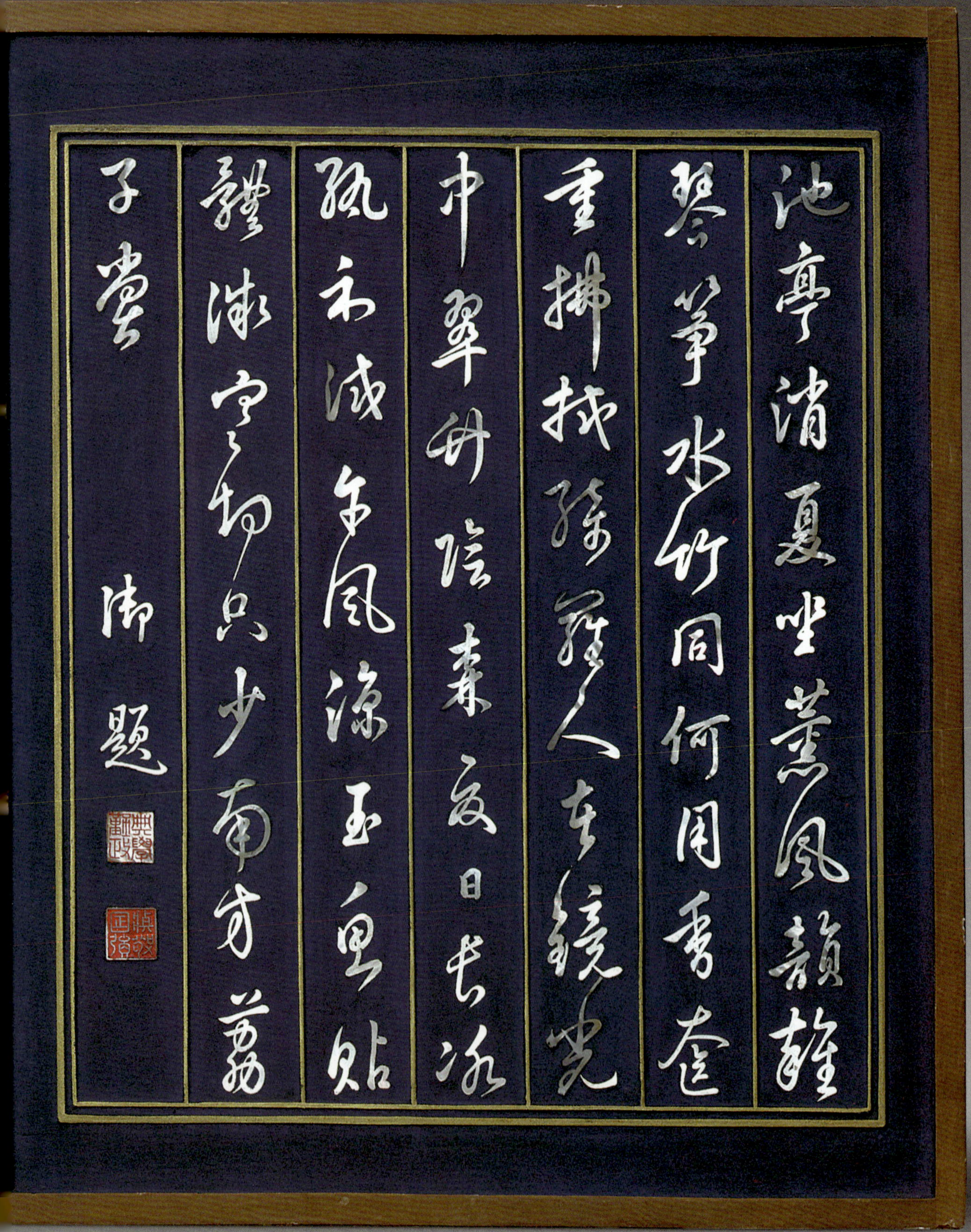
池亭消夏坐薰風韻雜
琴箏水竹同何用香奩
御題

（之六）

（之七）

桐軒畫靜緜鍼物繡倚
紅傳笑語支自是乾
工之巧桃州文筆漫相
嚼新魏庭院足清暇緣
蘚脩格弍兩株步屧溪
橋桧於霖幼娉綎紅惠倩
入桥

御題

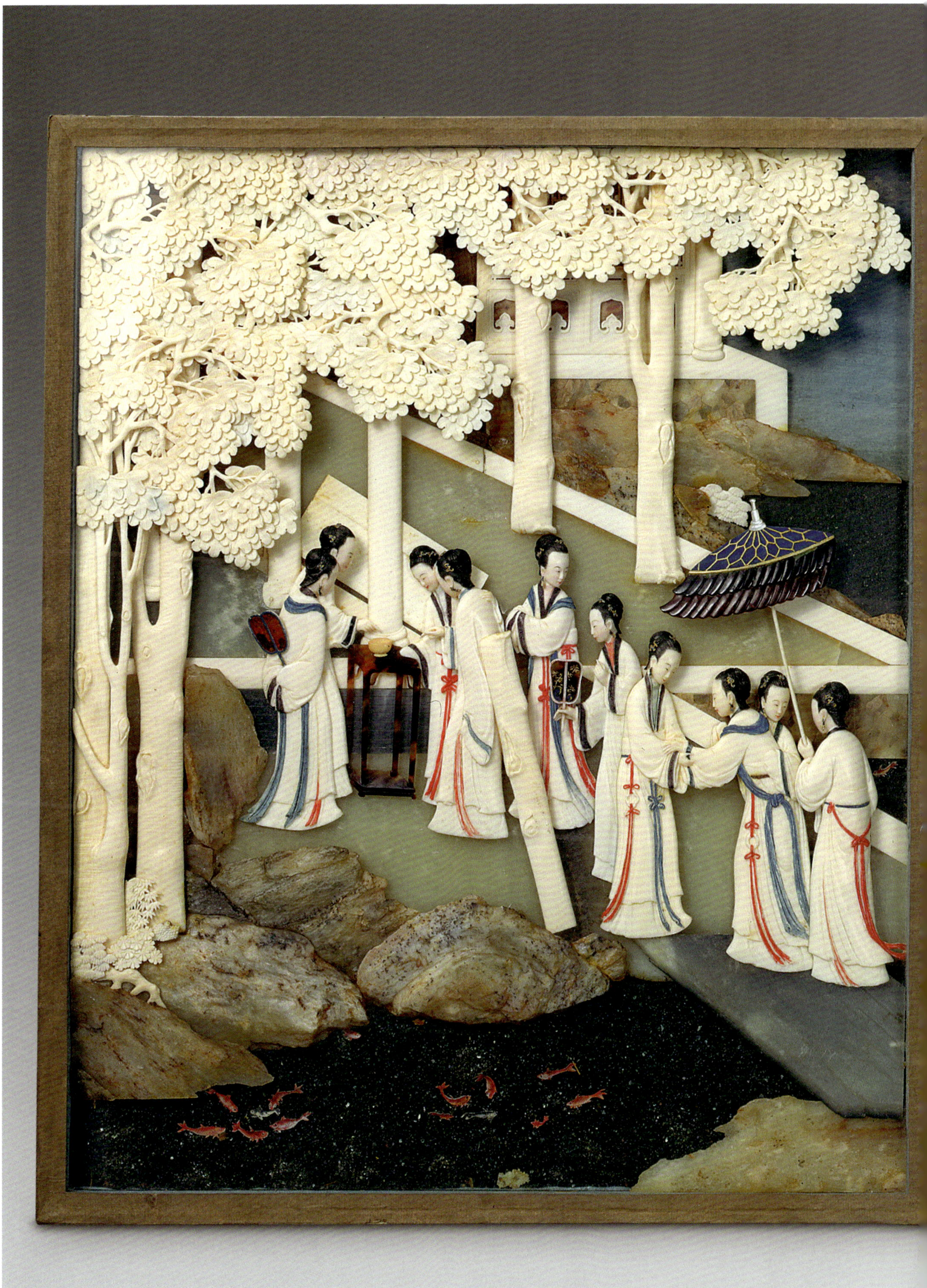

（之八）

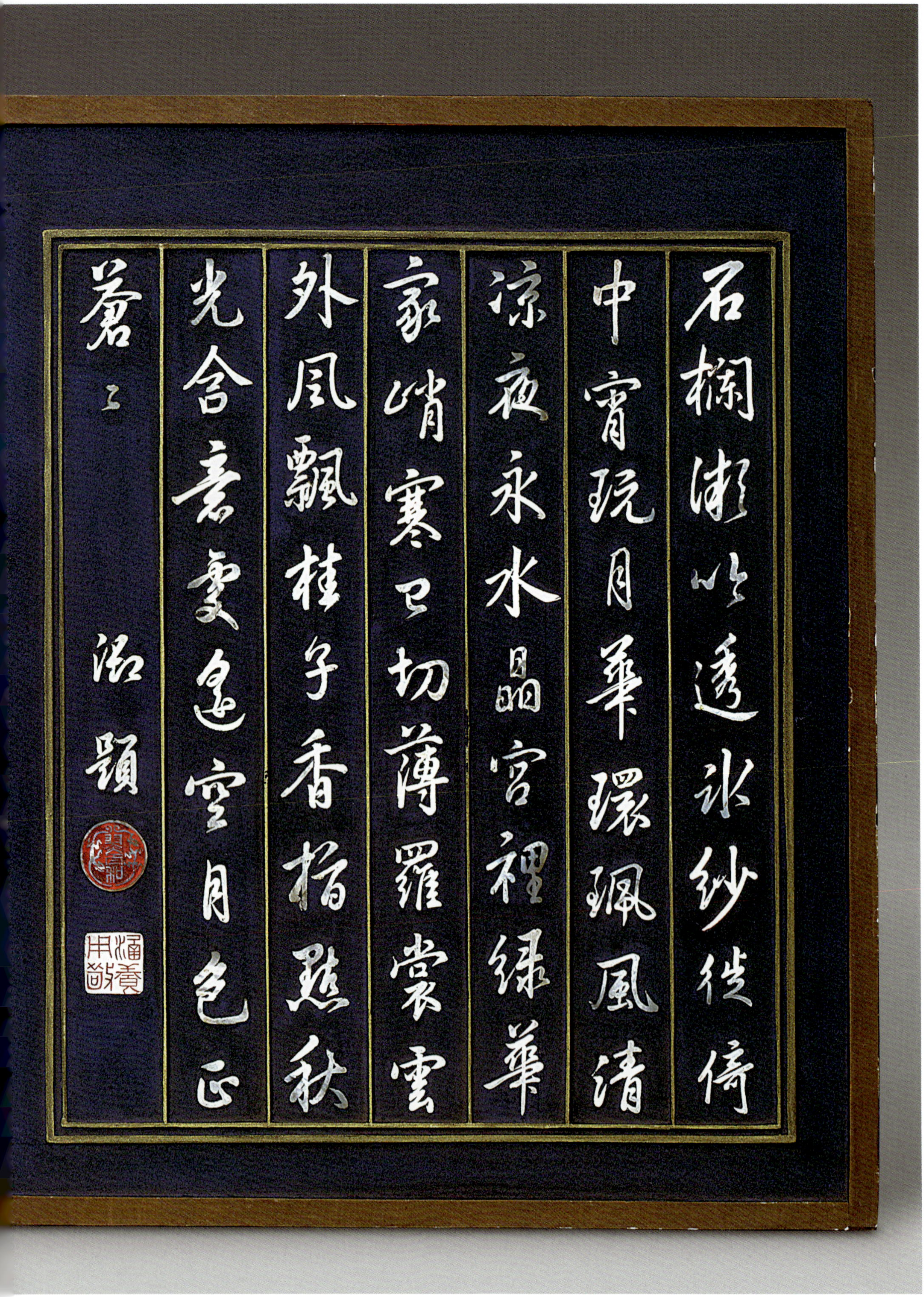

石欄湘竹透冰紗徙倚
中宵玩月華環珮風清
涼夜永水晶宮裡綠華
家峭寒已切薄羅裳雲
外風飄桂子香指點秋
光含意象遠空月色正
蒼蒼
泓題
涵養用敬

（之九）

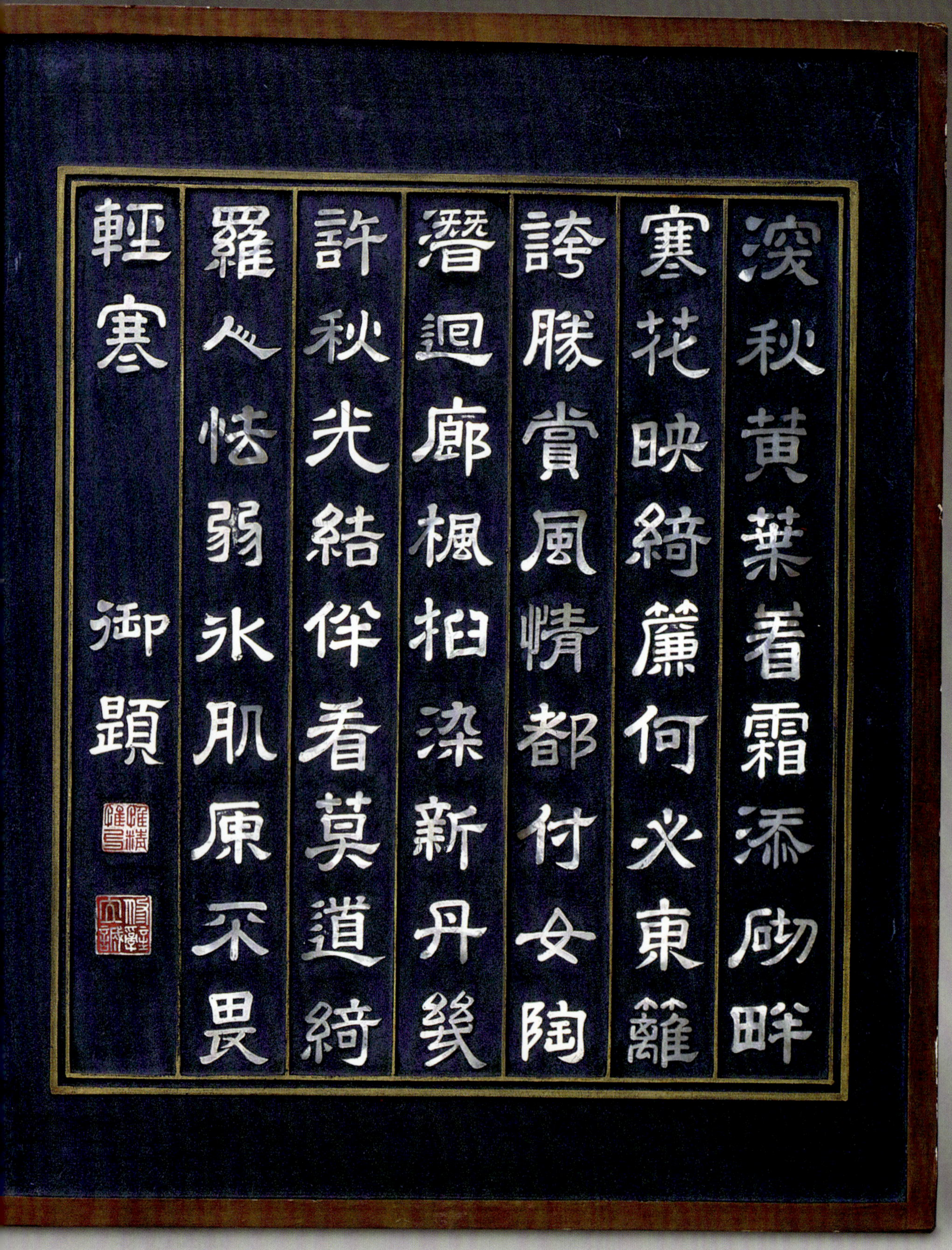
深秋黃葉看霜添砌畔
寒花映綺簾何必東籬
誇勝賞風情都付女陶
潛迴廊楓桕染新丹幾
許秋光結伴看莫道綺
羅人怯弱冰肌原不畏
輕寒
御題

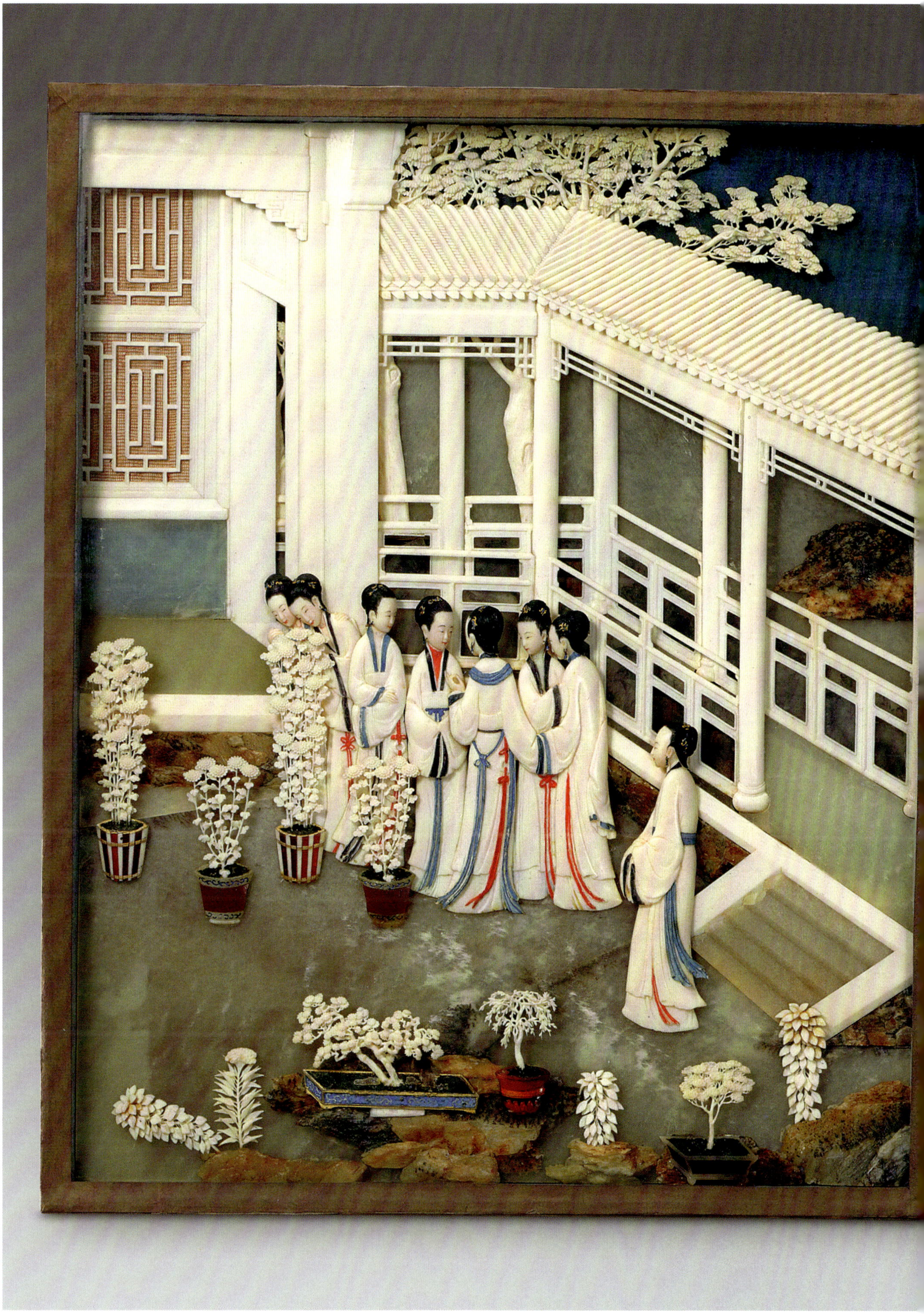

（之一〇）

（之一一）

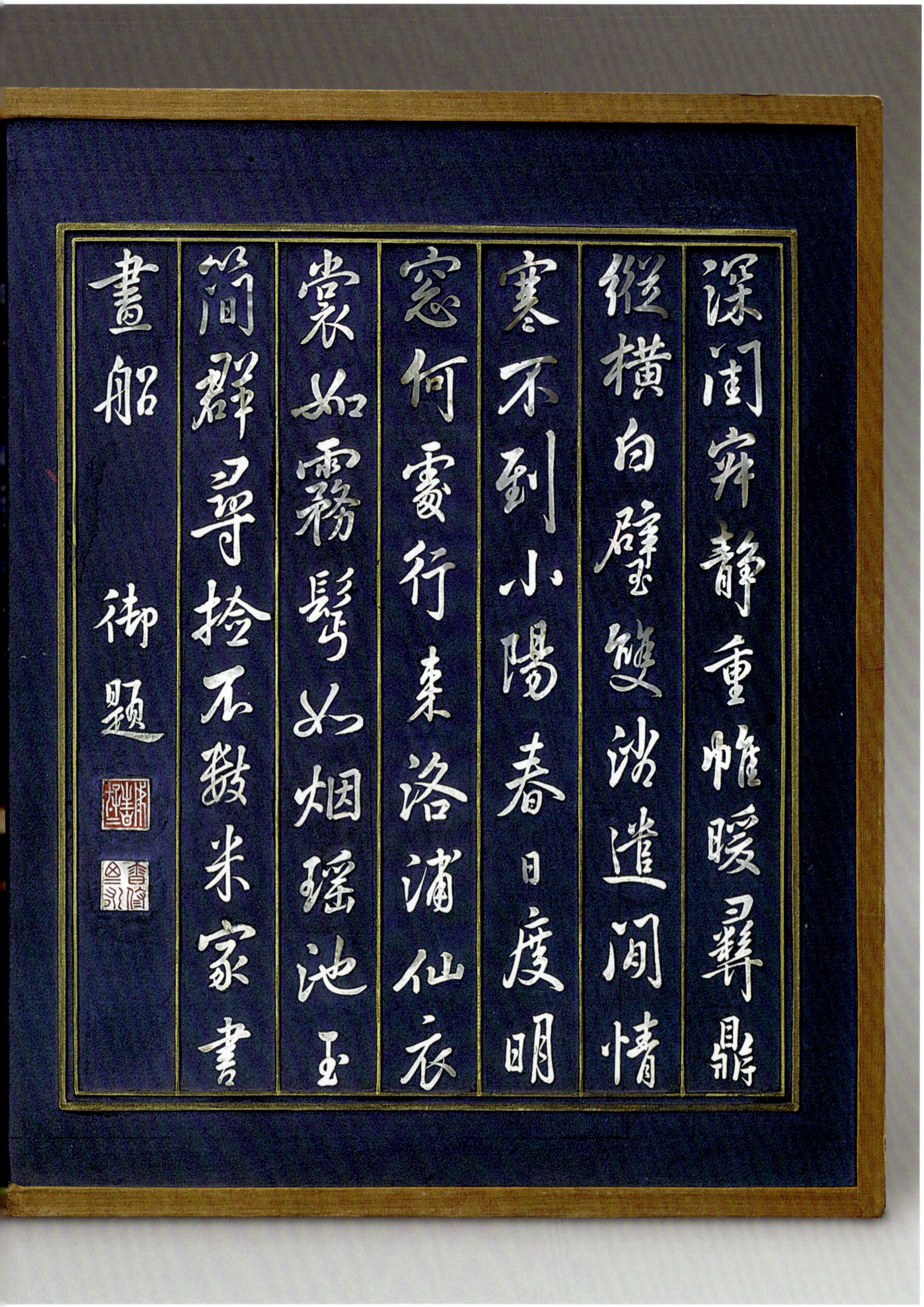
深閨寂靜重帷暖彝鼎
縱横白璧雙消遣閒情
寒不到小陽春日度明
窗何處行來洛浦仙衣
裳如霧鬢如烟瑤池玉
簡群尋捨不數米家書
畫船
御題

（之一二）

溫室重闈暖氣自皇家

炎日是三吉壽宜宣雲

觀座本漫傲銷金帳裏

飛貼上貂茸橋緗幰步

來貂鳳巳彎二粉牆庭

畫重門鏁欄花青心弋

往還　御題

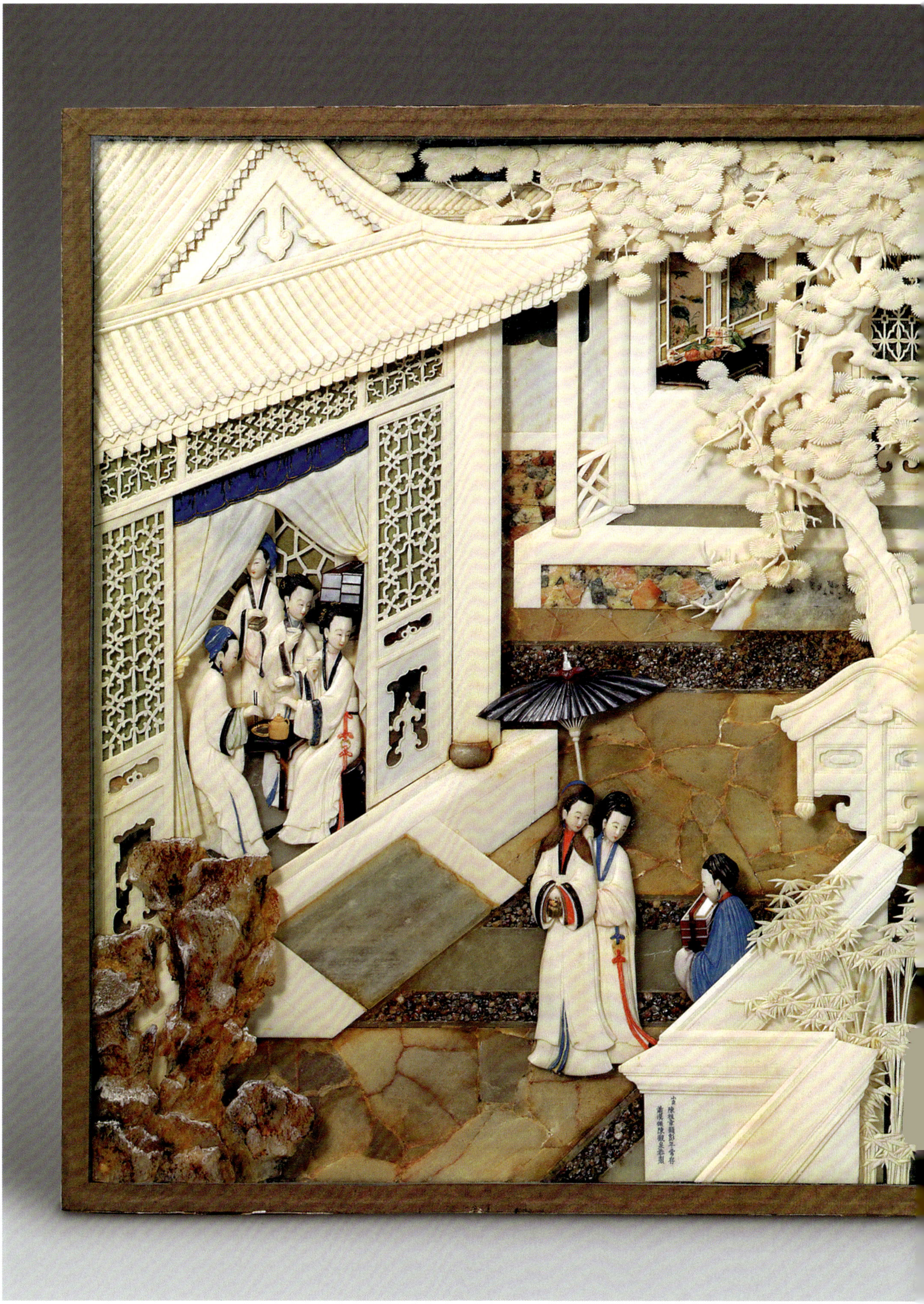

（之一三）

四三　象牙雕黑漆地描花筆筒　清中期

四四　象牙雕竹石圓盒　清中期

四五　染牙雕柿式盒　清中期

四七　象牙雕放牛教孫讀書　清中期

四八　象牙雕牧羊人　清中期

四六　象牙鏤雕活動榫提梁卣　清中期

四九　象牙雕牽鹿人　清中期

五〇　象牙雕戲獸人　清中期

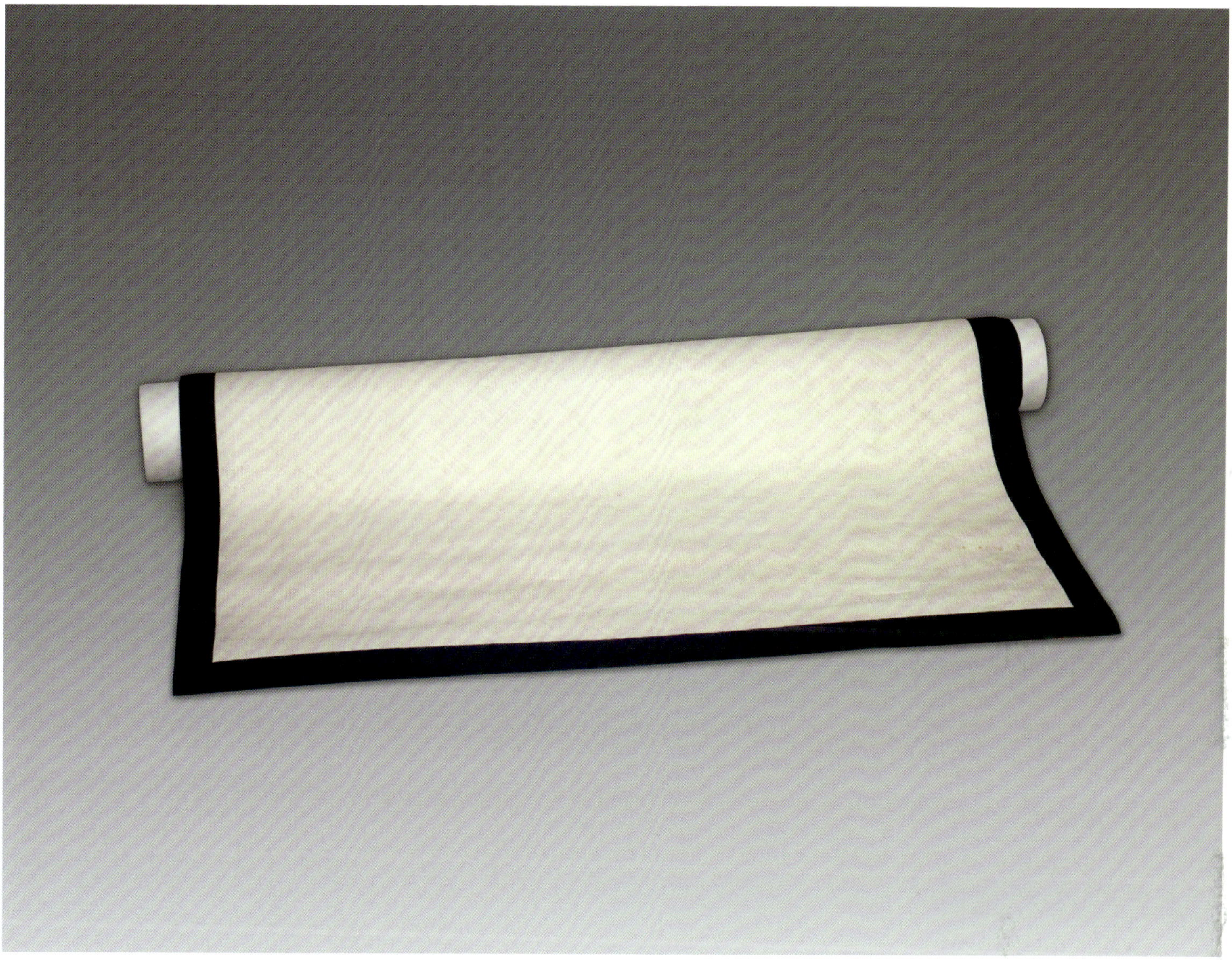

五一　象牙席　清雍正

五二　黃振效款象牙雕漁家樂圖筆筒　清中期

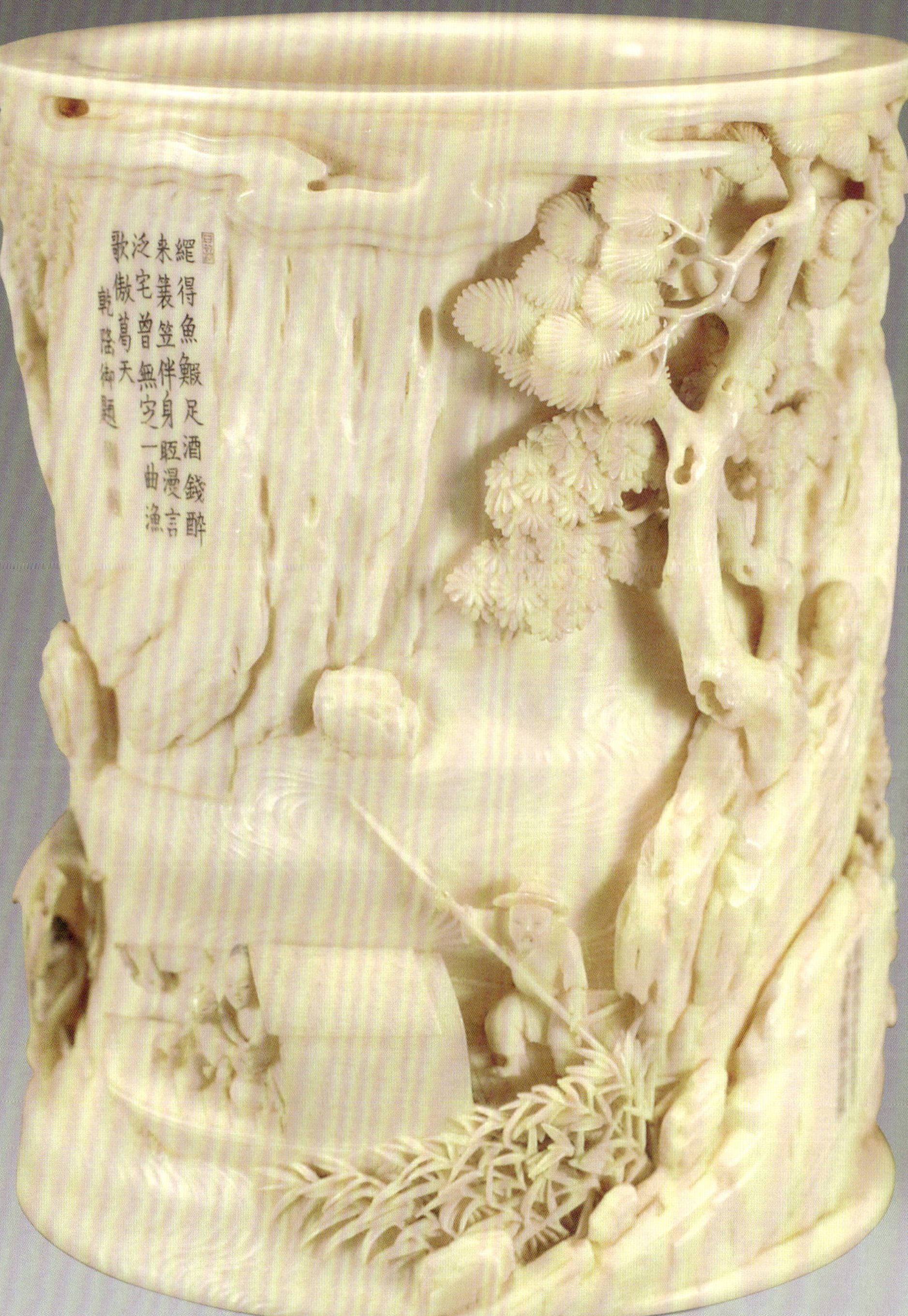
緡得魚鰕足酒錢醉
來蓑笠伴身眠漫言
泛宅曾無定一曲漁
歌傲葛天
乾隆御題

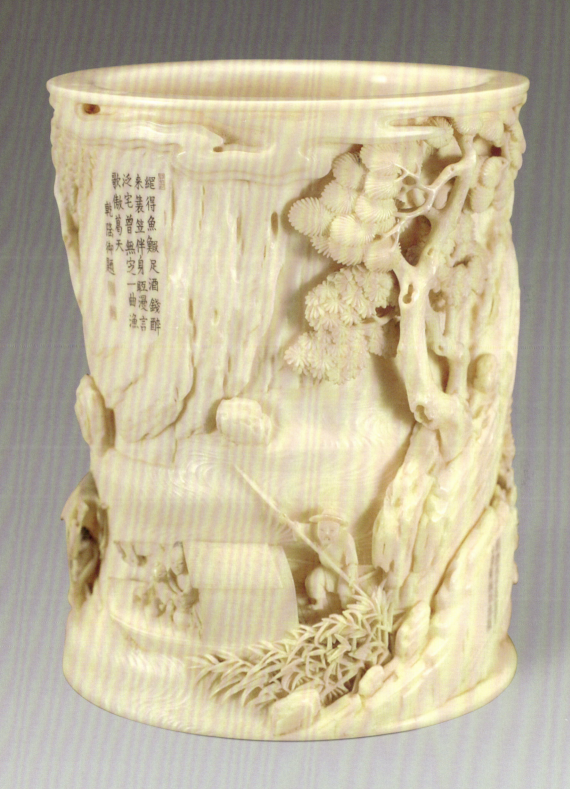

五三　象牙雕山水圖方筆筒
清中期

五四　象牙雕人物方筆筒　清中期

五五　象牙雕漁樵圖
筆筒　清中期

五六　象牙雕松蔭高士圖筆筒　清中期

五八　象牙雕松蔭策杖筆筒　清

五七　象牙雕開光山水轉
芯式筆筒　清中期

五九　象牙雕十八羅漢圖臂擱
清中期

六〇　象牙雕古木寒雀圖臂擱　清

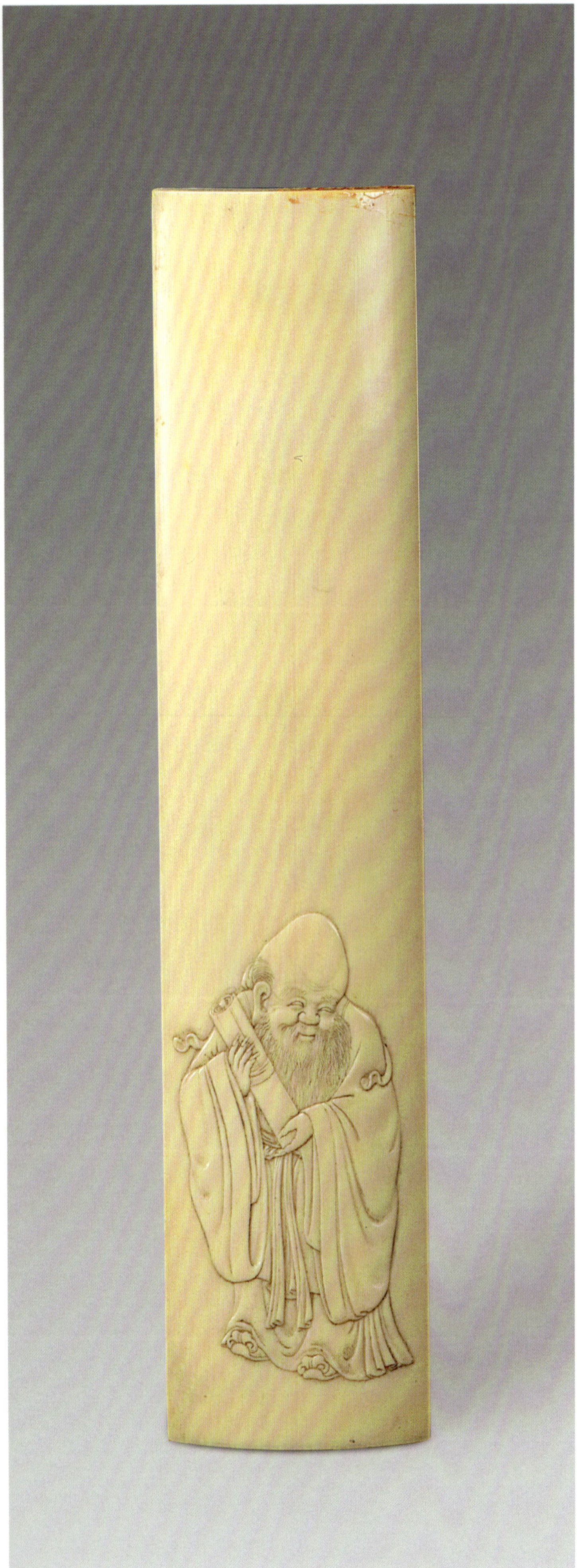

六一　象牙雕九老圖臂擱　清中期

六二　象牙雕松蔭雅集圖臂擱　清中期

六三　象牙刻字墨床　清

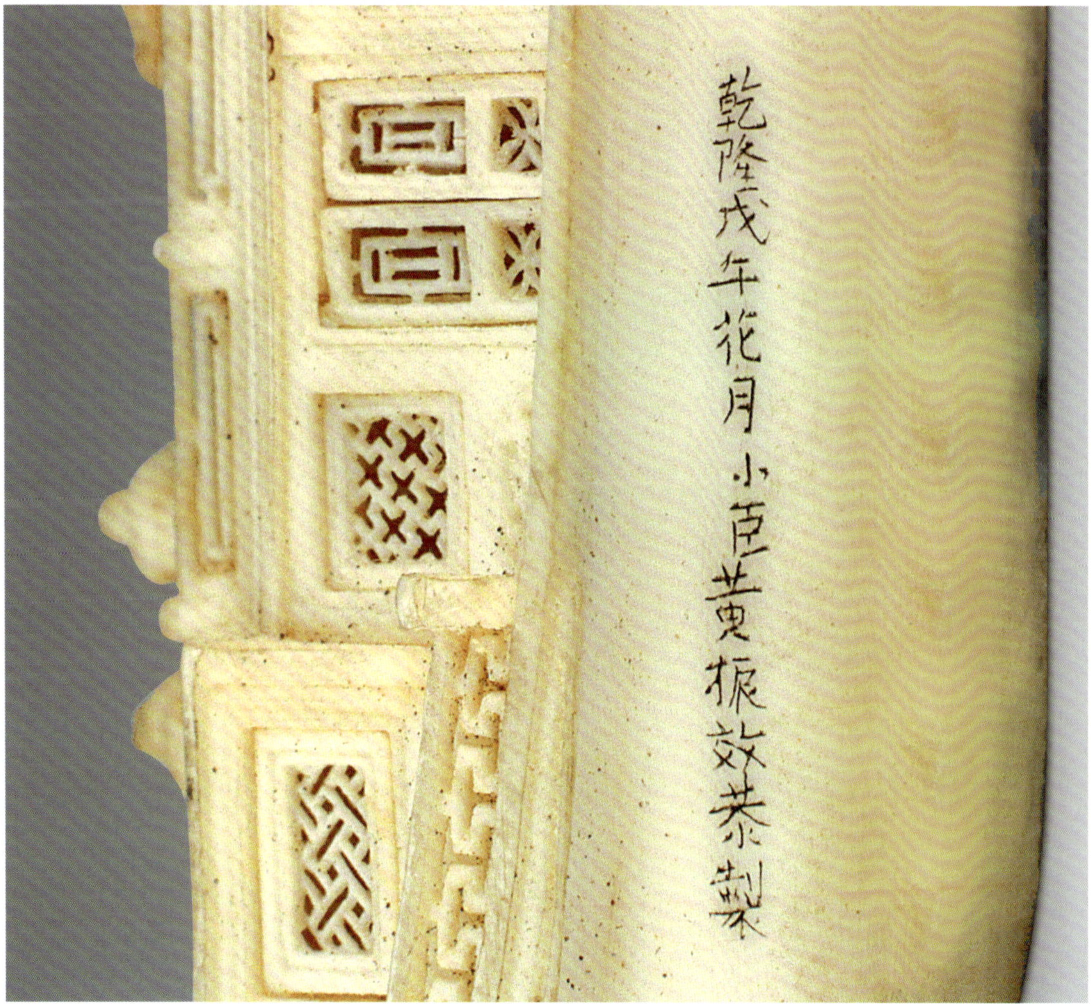

六四　象牙鏤雕小船
清中期

六五　李爵祿款象牙鏤空勾雲帶座小盒　清乾隆

六六　象牙雕荷花橢圓小盒　清中期

六七　染牙刻人物小盒　清

六八　象牙雕松樹鎮紙　清

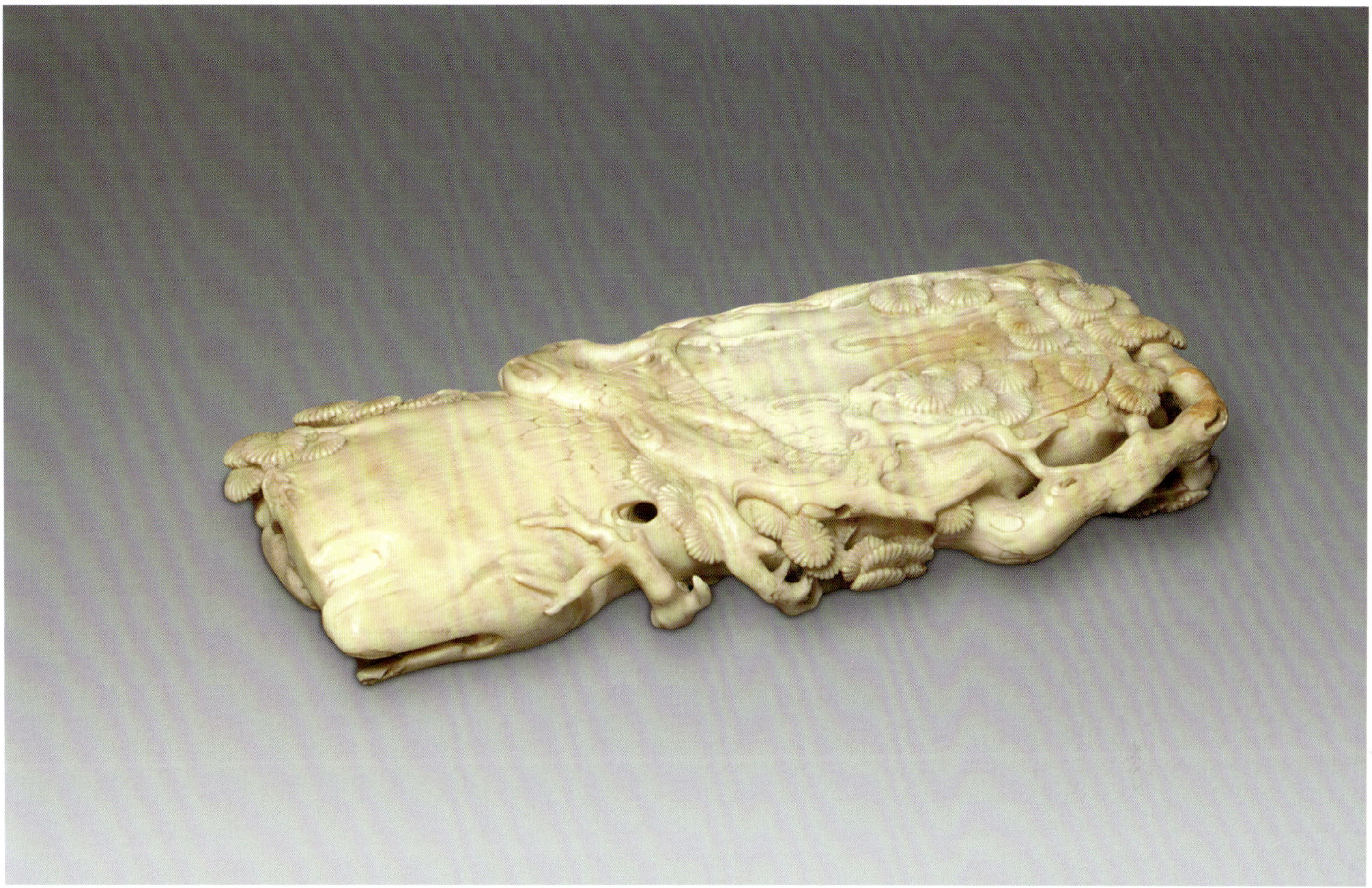

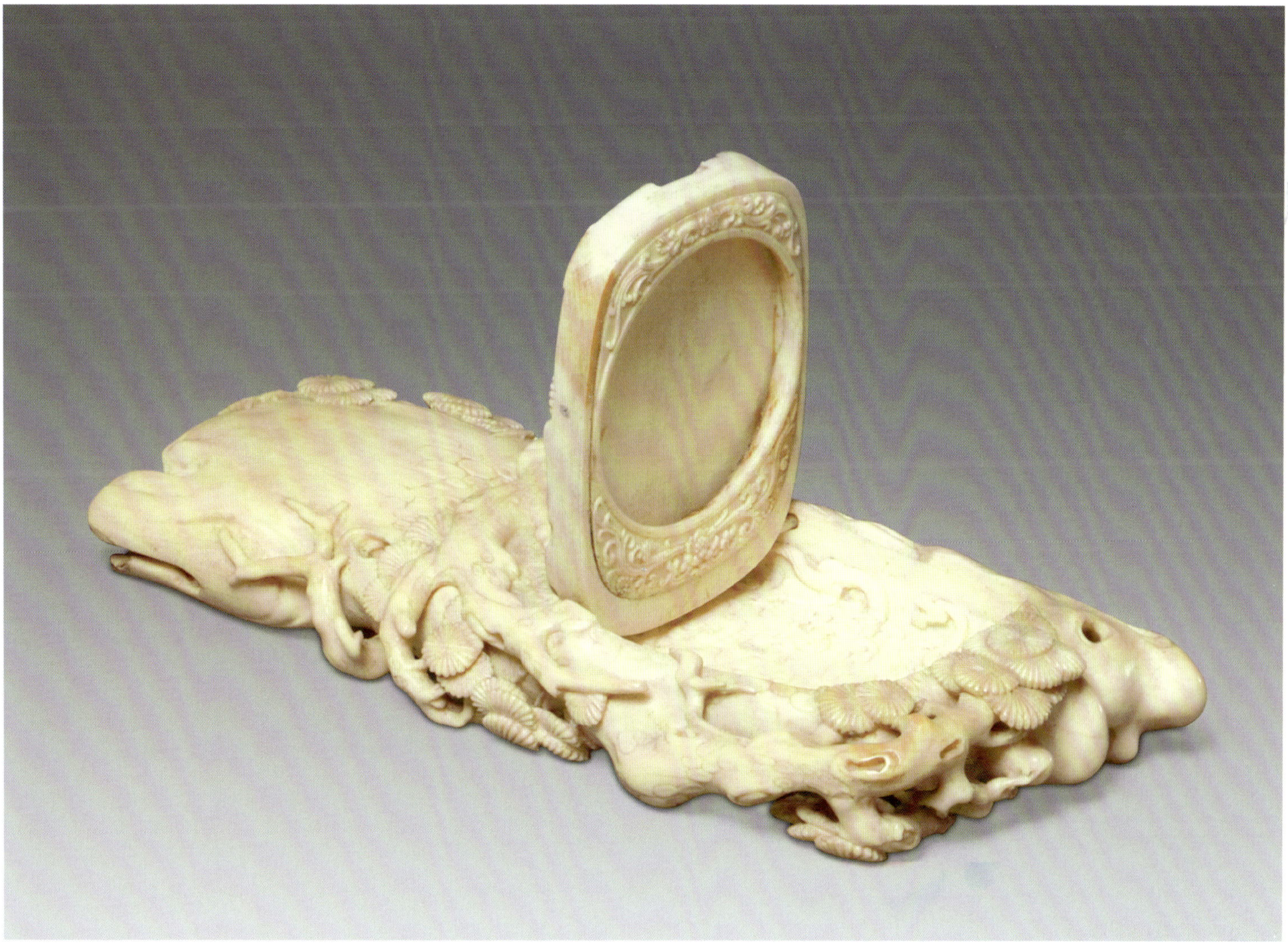

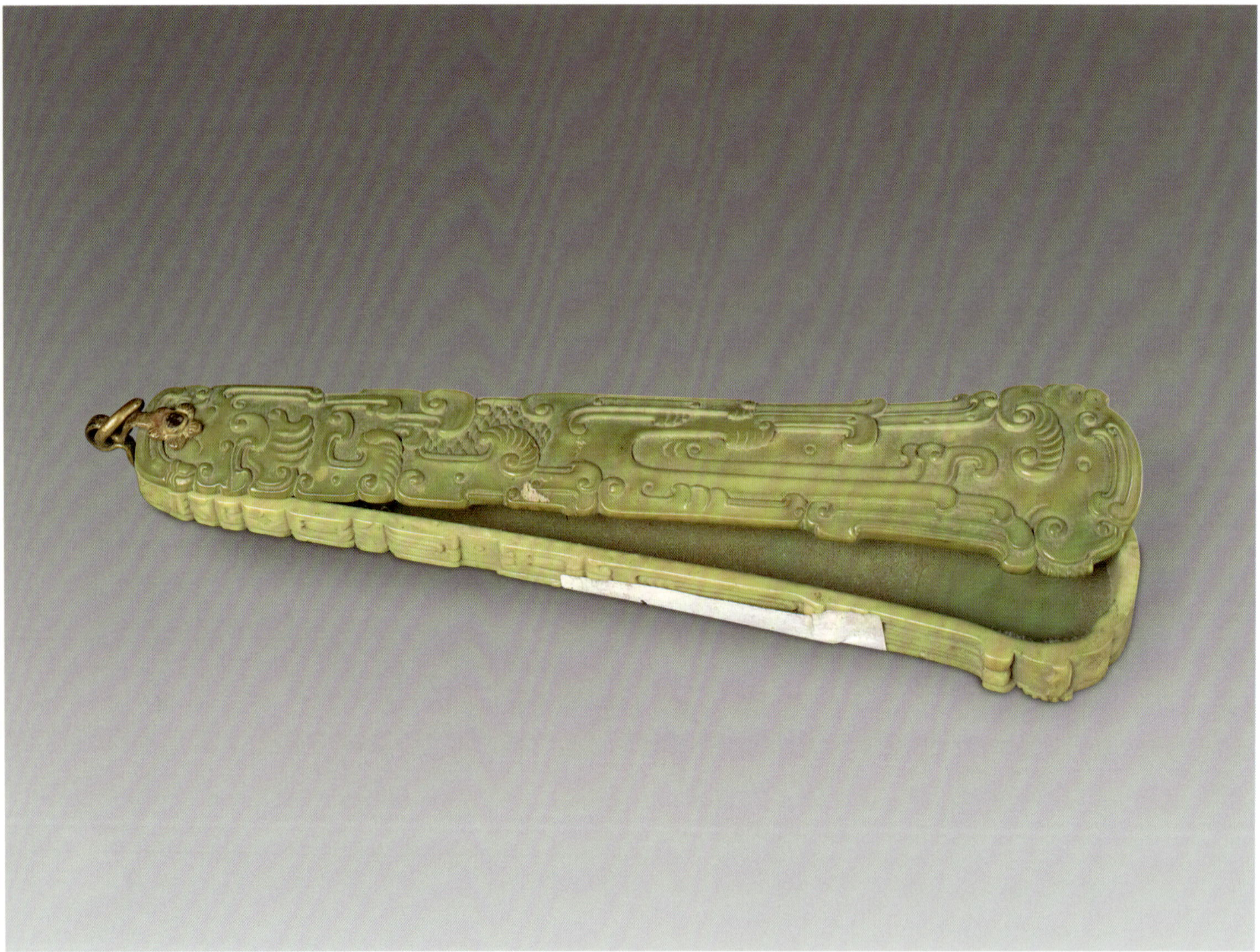

六九 染牙盒 清

七〇　象牙雕荔枝如意雙聯盒　清

七一　茜牙鹌鹑式盒　清

七二　茜牙鹊式盒　清中期

七三　茜牙鶴形鼻煙壺　清乾隆

七四　茜牙魚鷹形鼻煙壺　清乾隆

七五　茜牙荔枝　清中期

七六　茜牙苦瓜　清中期

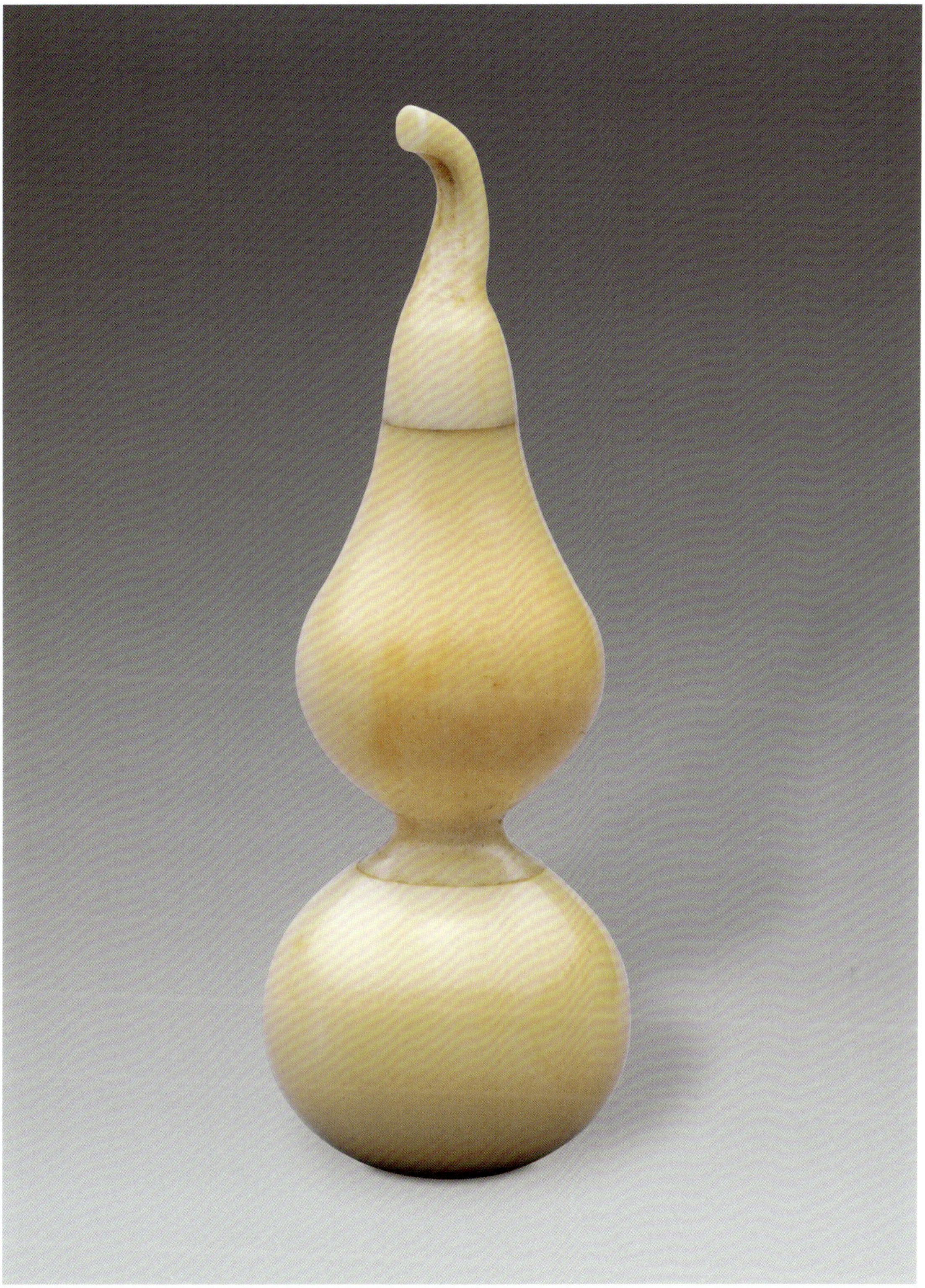

七七　象牙雕小葫蘆　清中期

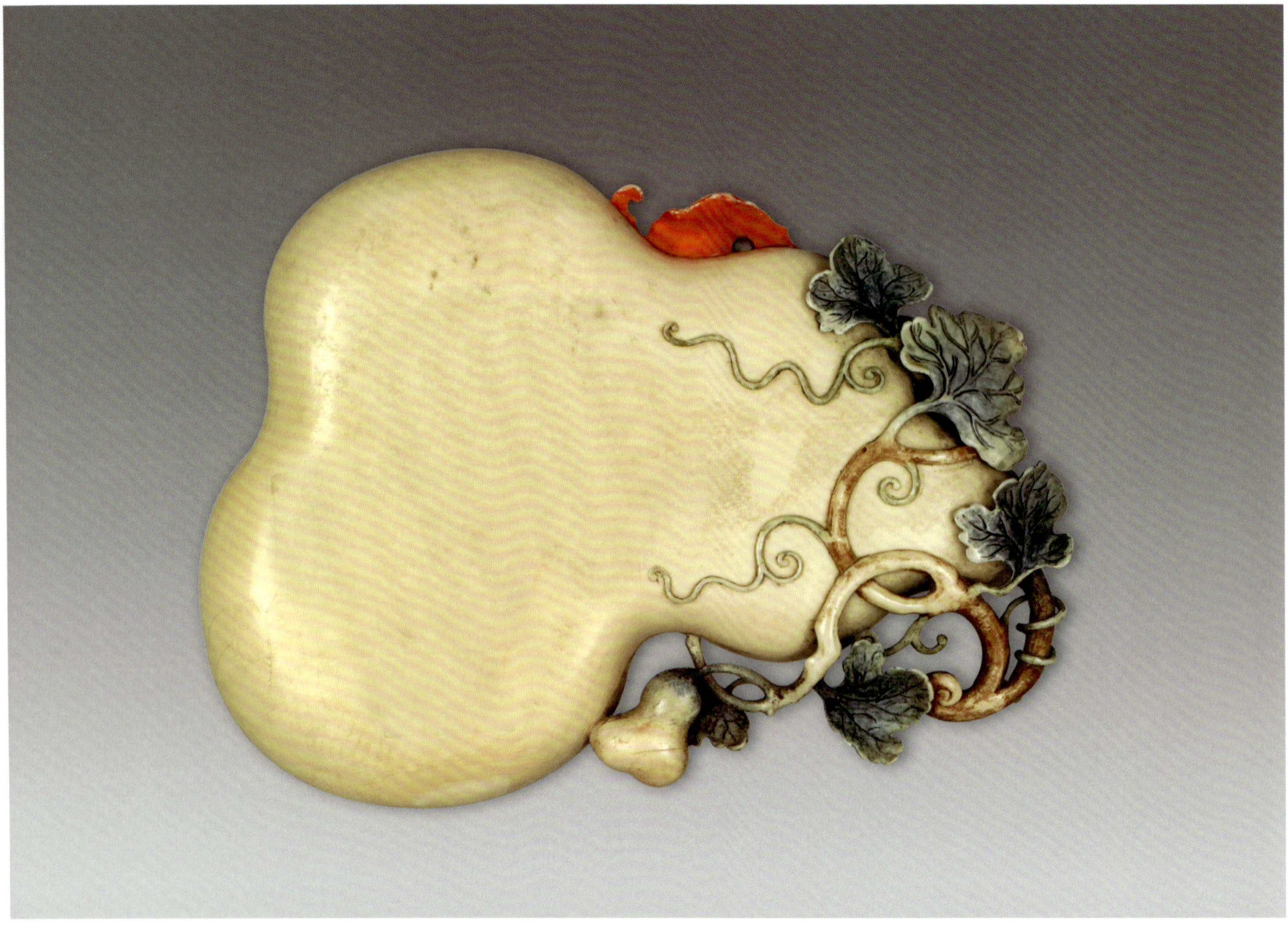

七九　茜牙石榴盤　清

七八　茜牙紅蝠葫蘆形盤　清

八〇 茜牙海棠式盤 清

八一 象牙雕松鼠葡萄洗 清中期

八三　象牙雕花卉蟲魚筆掭　清

八二　象牙雕荷葉盤　清

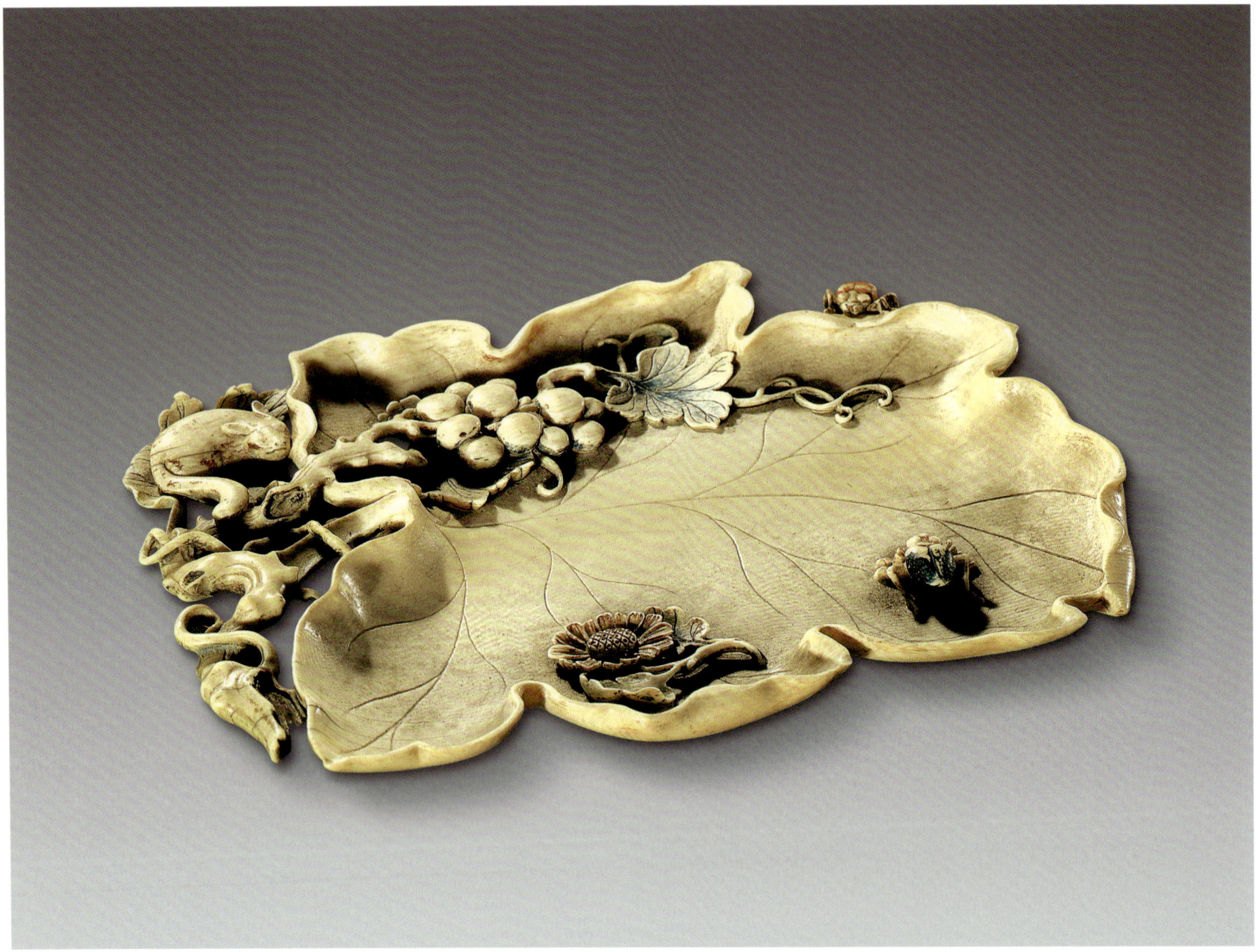

八四　象牙雕葡萄草蟲碟　清

八五　染牙佛手式盒　清中期

八六 染牙桃蝠蓋碗 清中期

八七　茜牙蝴蝶花卉石榴形盒　清

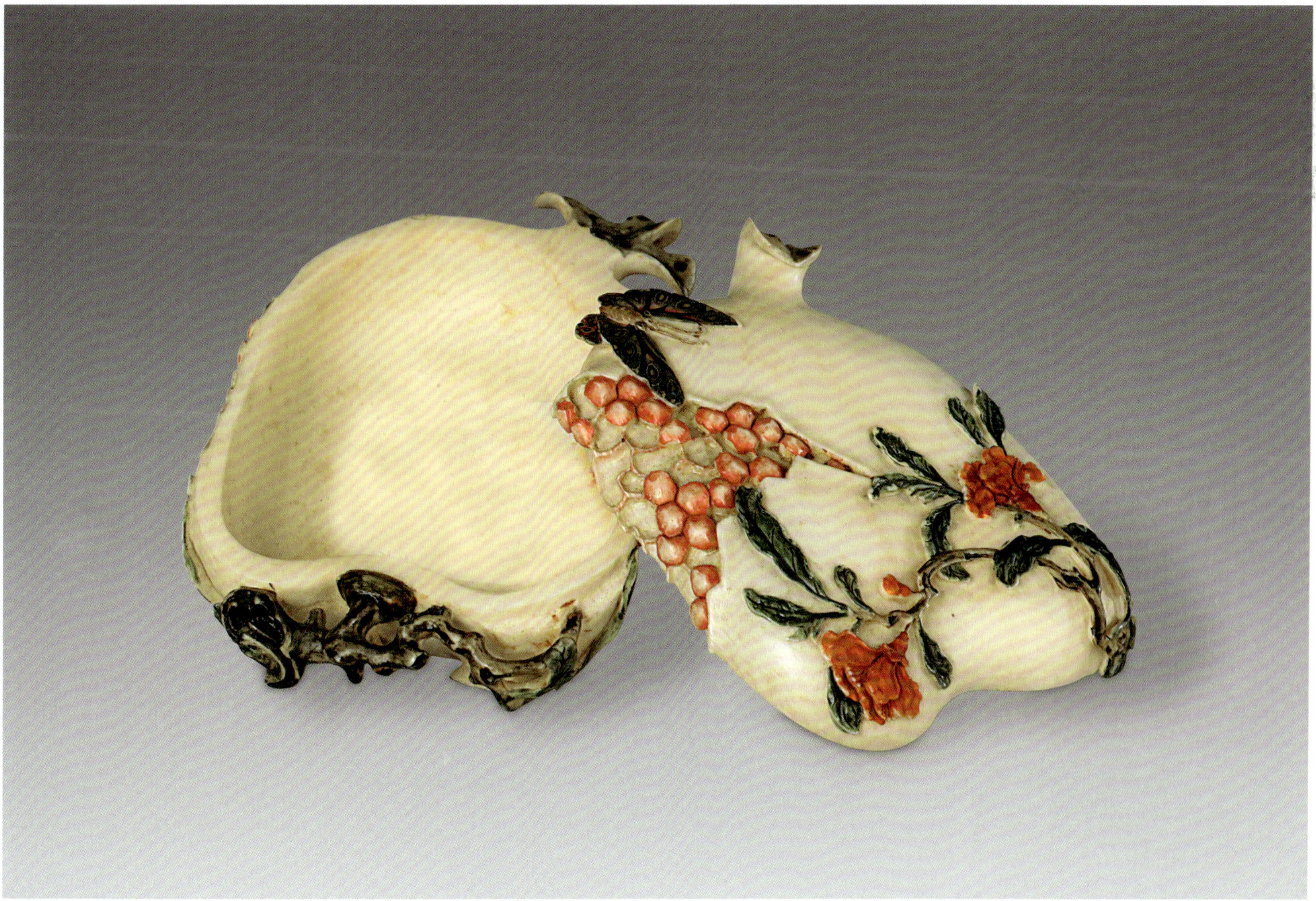

八八　茜牙人物山水花果飾葵花式盒　清

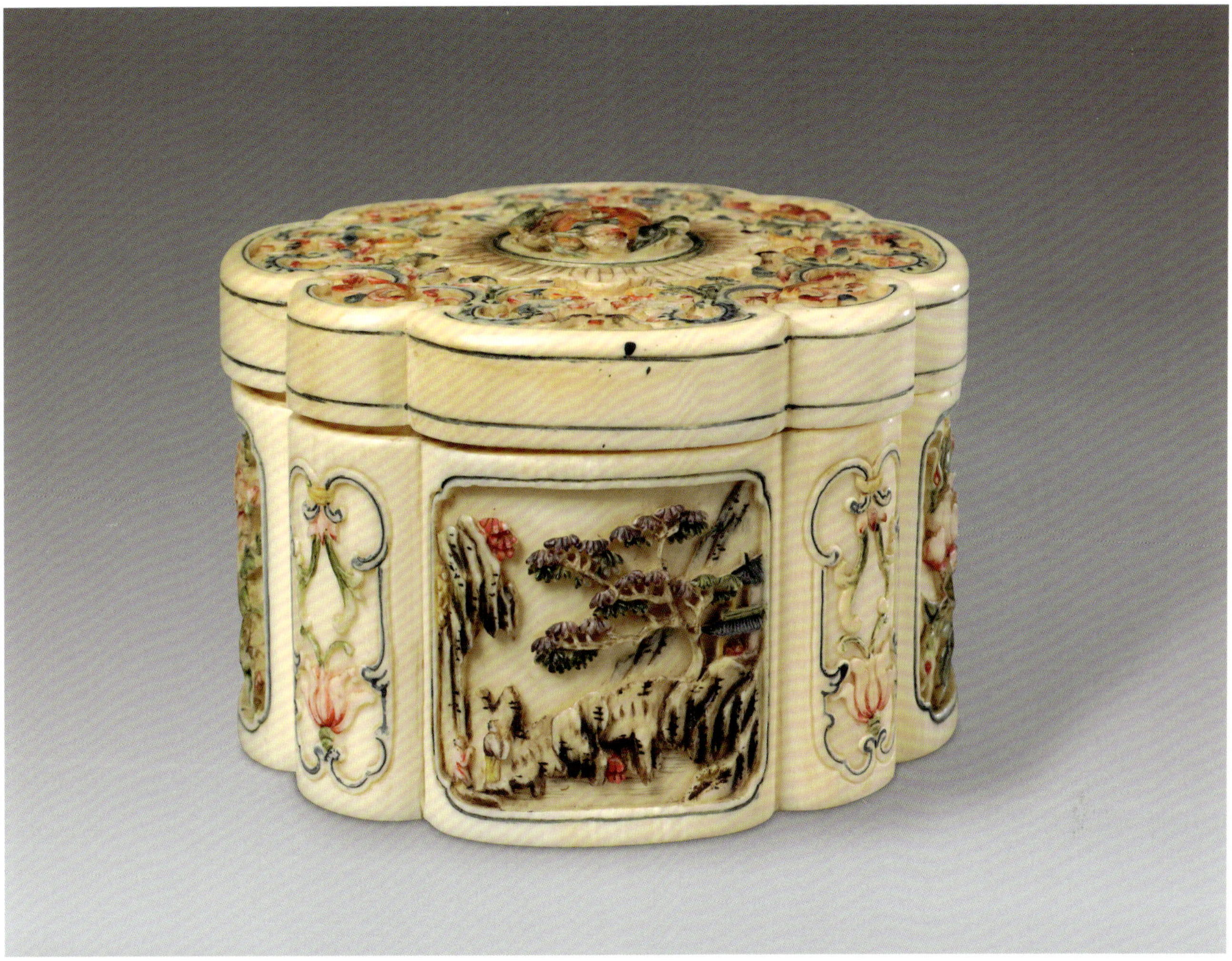

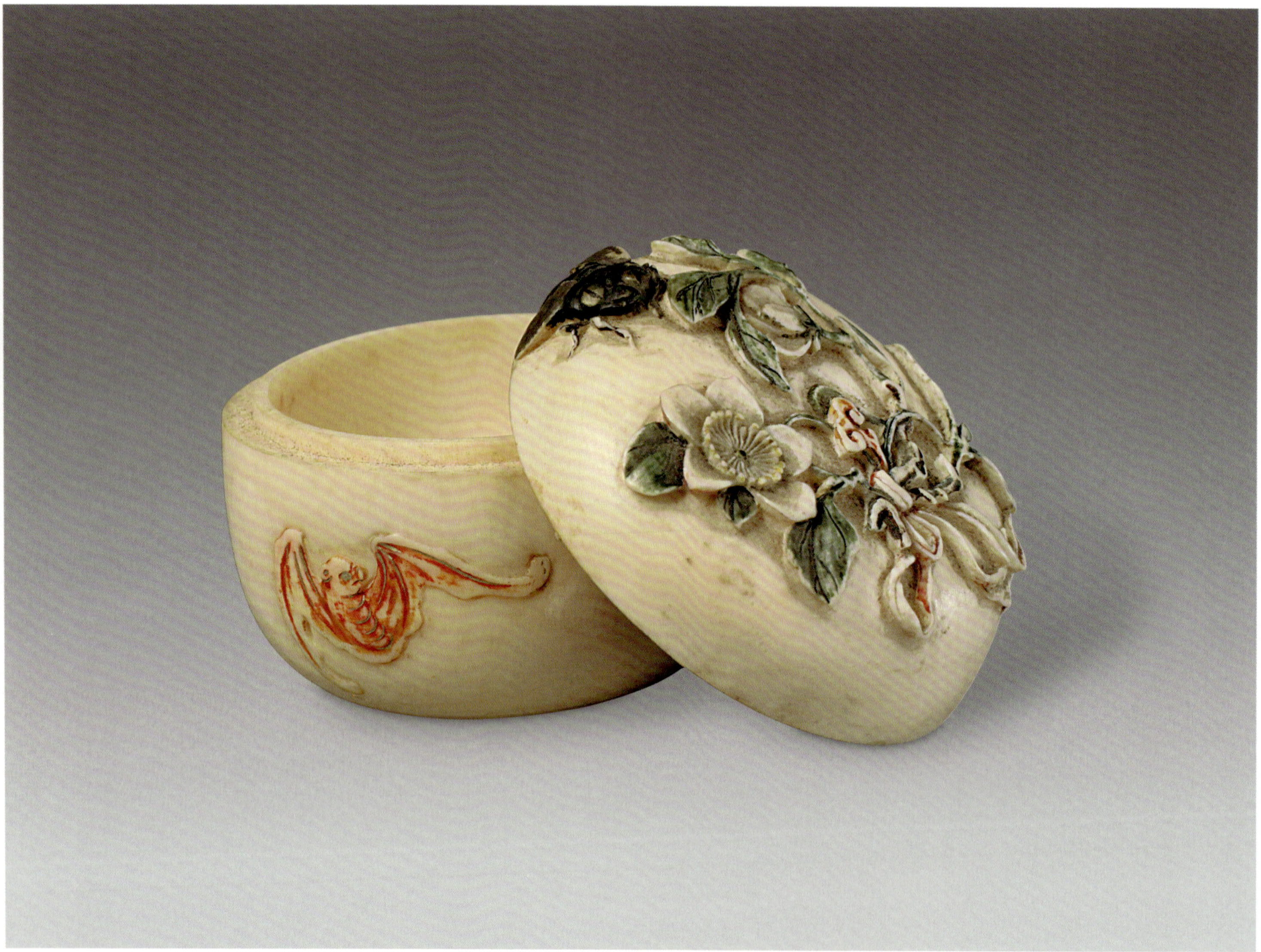

八九　茜牙紅蝠花卉果式盒　清

九〇 象牙雕鏤空山水八瓣式盒 清中期

九一　象牙雕鏤空花卉委角長方盒　清中期

九二　茜牙鏤空花卉長方折角盒　清

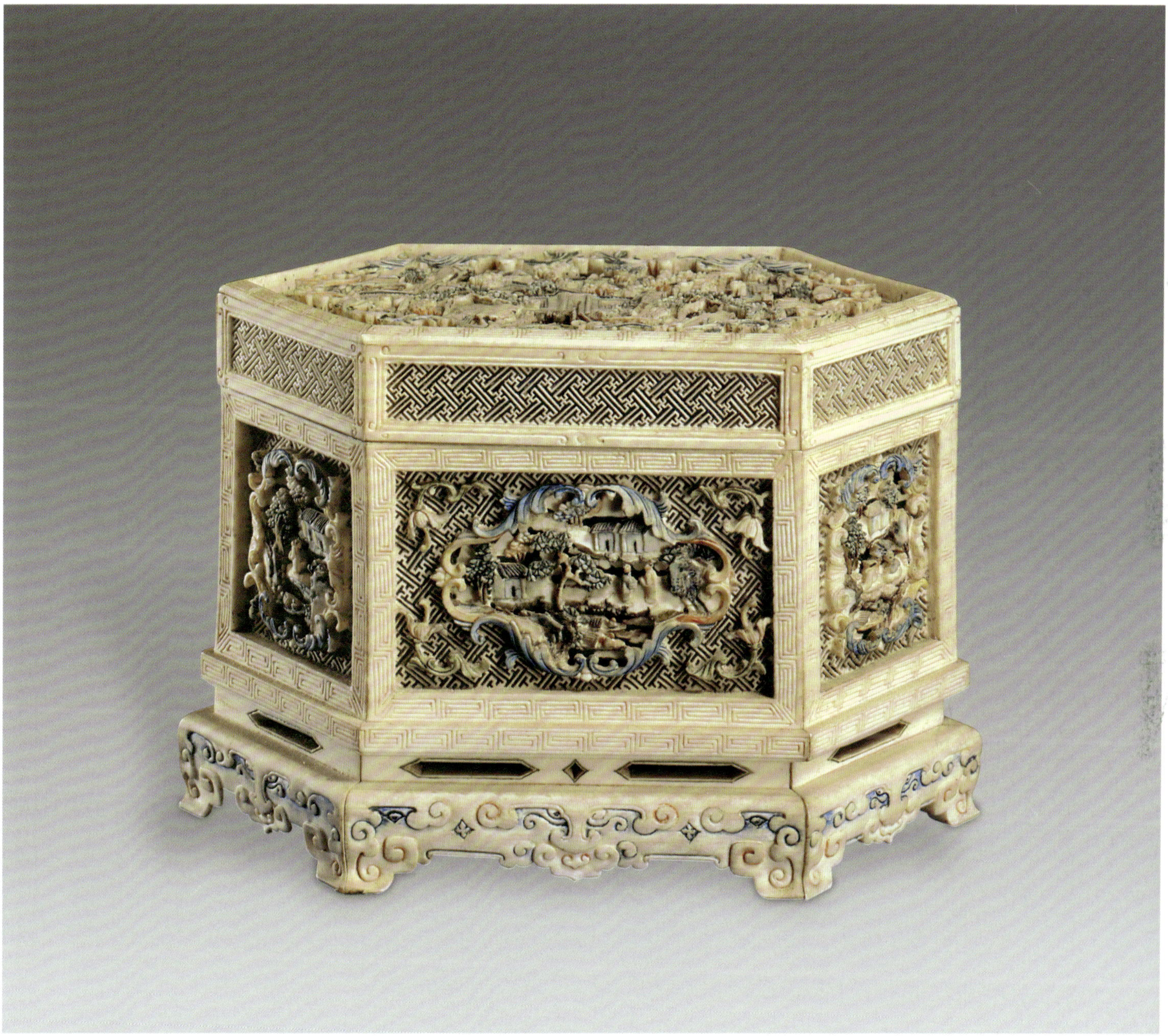

九三　茜牙鏤空山水六方盒　清

九四　染牙鏤空瓜式盒　清中期

九五　象牙鏤雕大吉葫蘆　清乾隆

（之一）

（之二）

（之三）

九六　象牙鏤雕回紋葫蘆　清中期

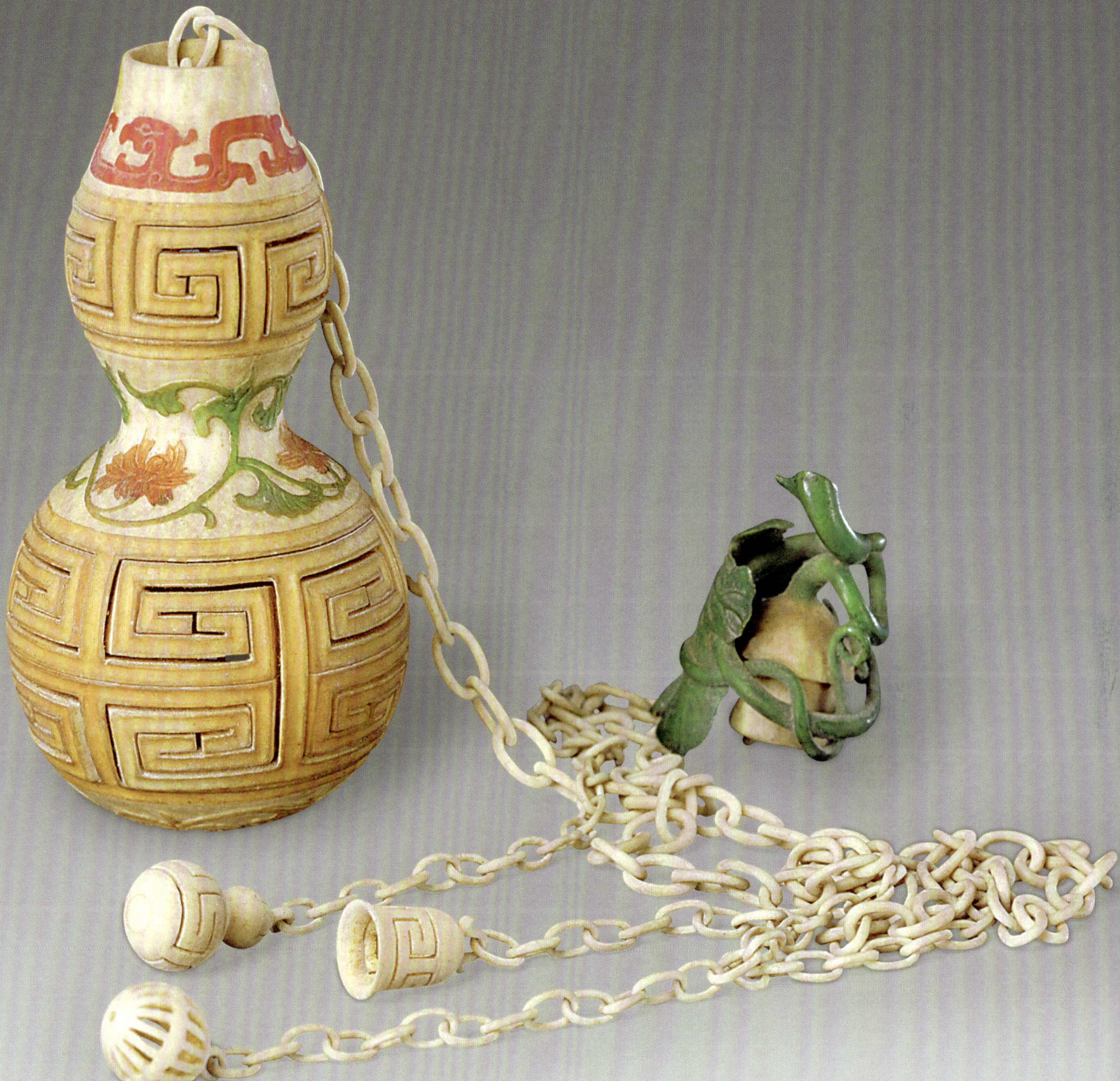

九七　茜牙鏤空葫蘆冠架　清中期

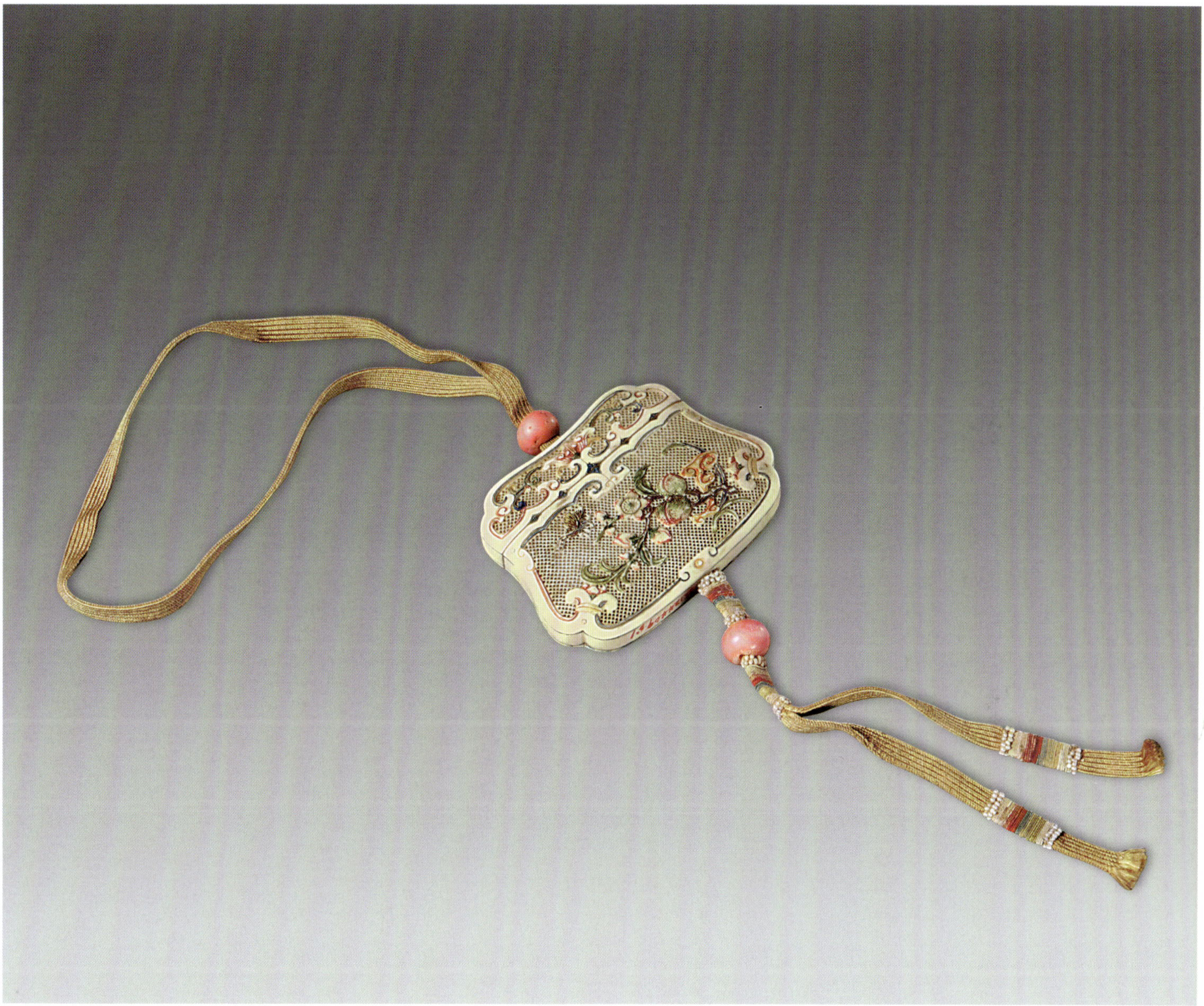

九八　染牙鏤雕花卉火鐮套　清中期

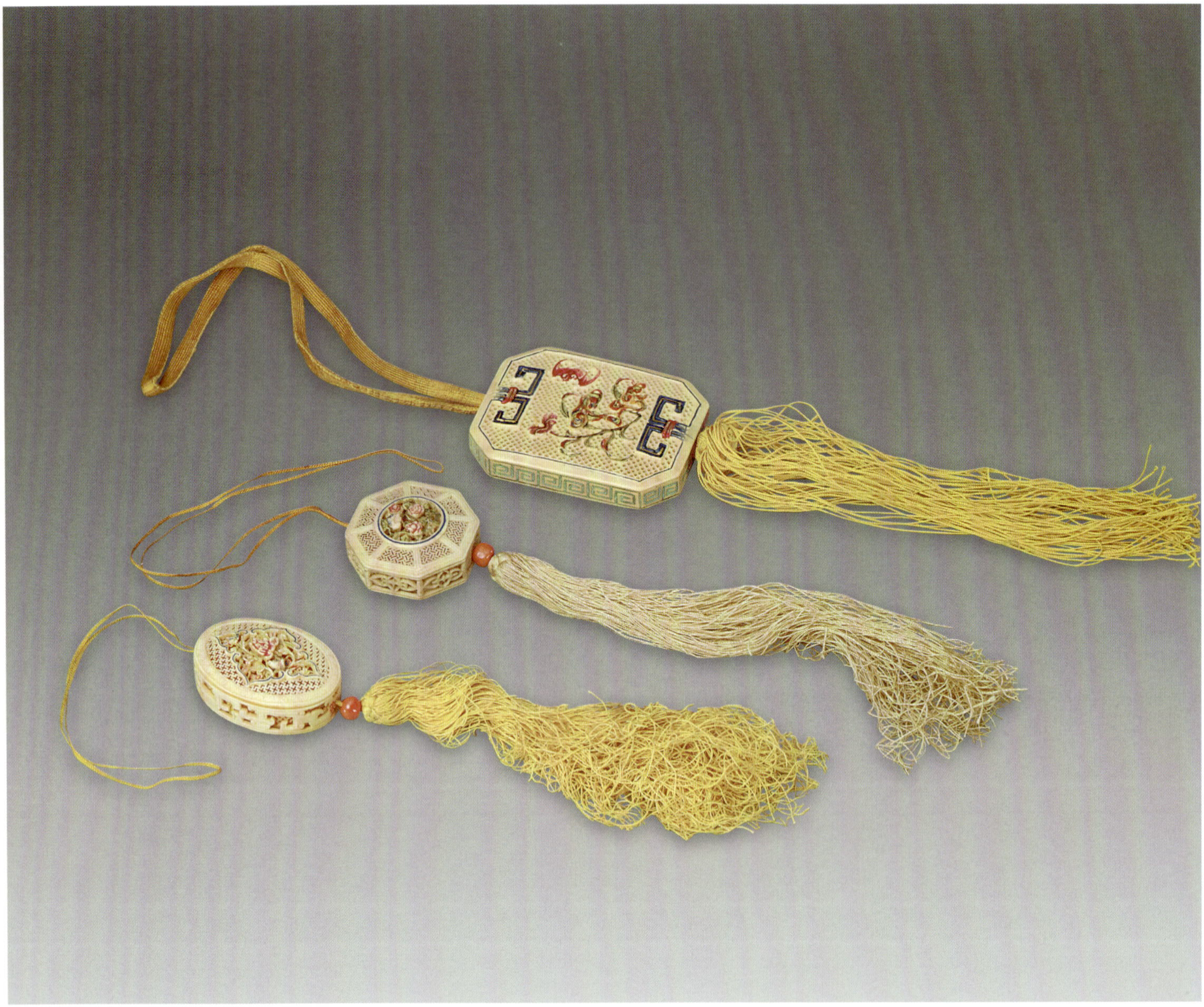

九九 茜牙鏤空花鳥香囊 清中期

一〇〇　象牙雕花籃　清

一〇一 象牙鏤雕嵌花盒 清

一〇二　象牙花卉燈籠　清

一〇三　象牙編織扇　清中期

一○四　象牙絲編綴嵌染牙花卉宮扇　清中期

一〇五　象牙編織松竹梅紈扇　清中期

一〇六　象牙編織扇　清中期

一〇七 象牙鏤雕魚 清

一〇八　茜牙雕嬰戲圖筆筒　清

一〇九　茜牙雕海市蜃樓景　清乾隆、嘉慶

一一〇 茜牙雕榴開百戲 清嘉慶

一一一　象牙雕松梅紋筆筒　清

一一二 象牙雕"三顧茅廬"帽筒 清

一一三　象牙雕菊石柳鵝臂擱　清

一一四　象牙雕龍紋有蓋長筒　清

一一五　象牙雕回紋葫蘆　清中期

一一六　象牙雕帶練索猴桃形盒　清

一一七　象牙雕司馬光擊甕圖煙壺　清晚期

一一八　象牙雕老人　清

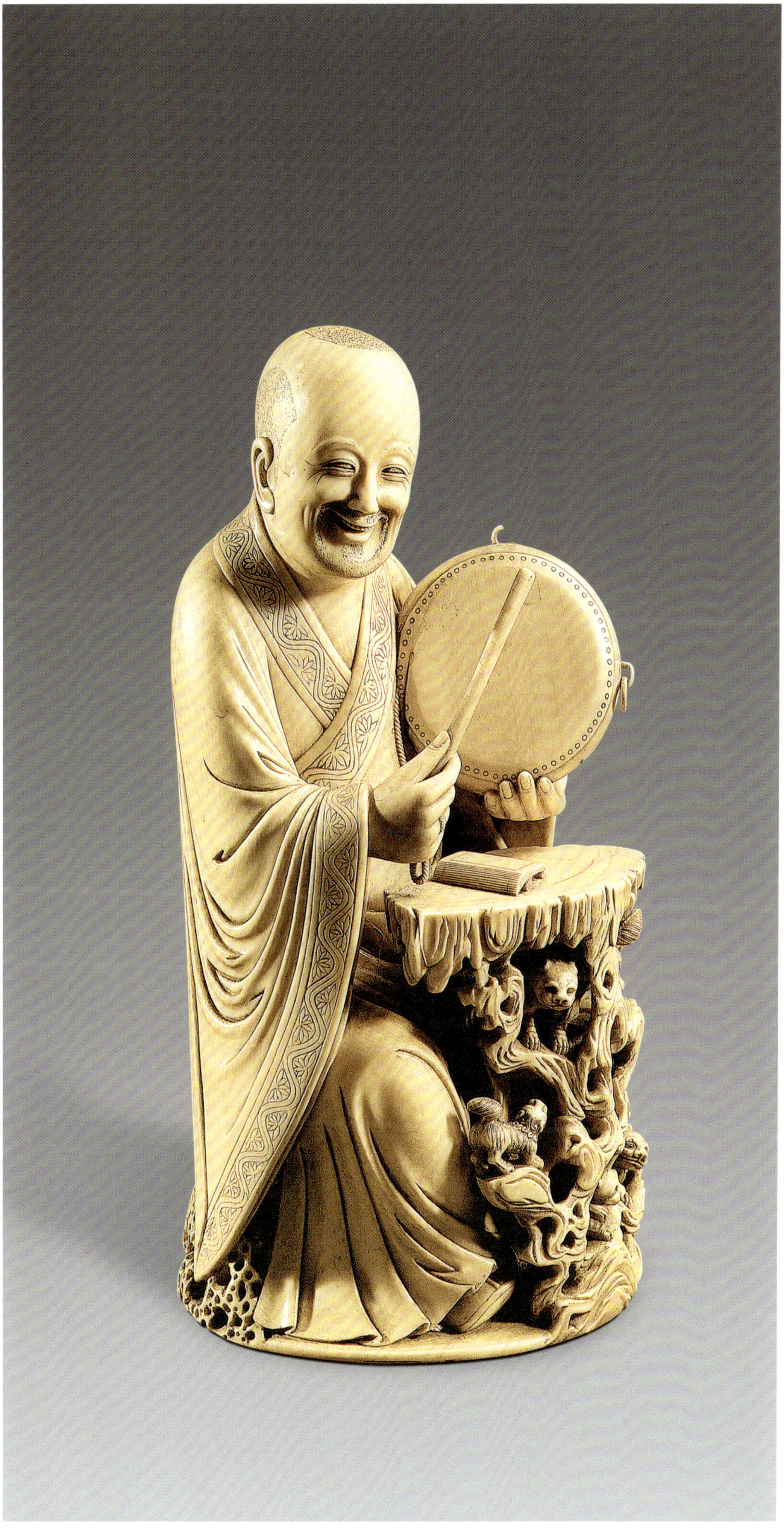

一一九　象牙雕説法人物　清

一二〇　象牙雕羅漢　清

一二一　象牙刻歲寒三友圖筆筒　清

一二二　象牙刻山水筆筒　清

一二三　象牙刻松鹿圖筆筒　清

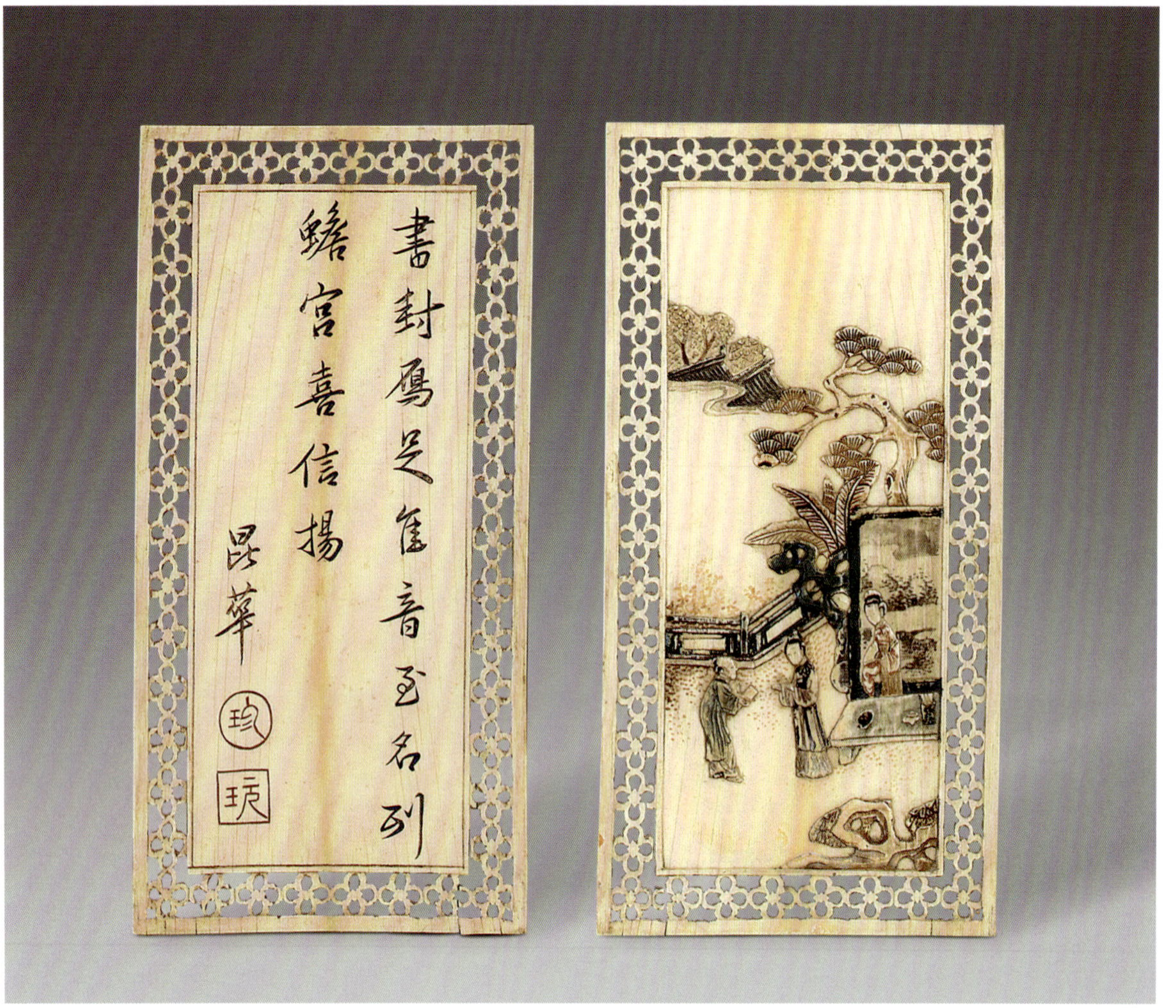

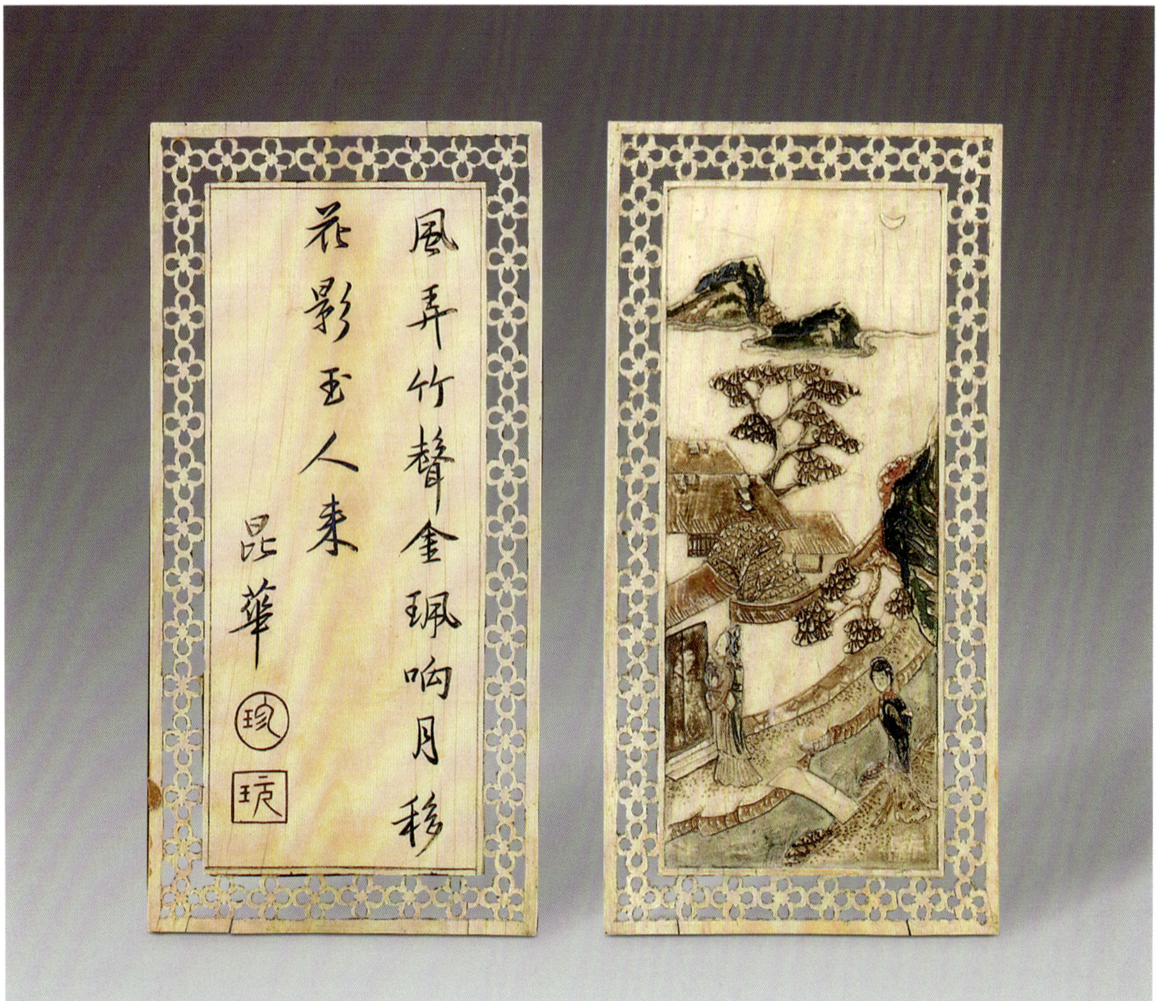

一二四　象牙雕人物仕女小插屏　清

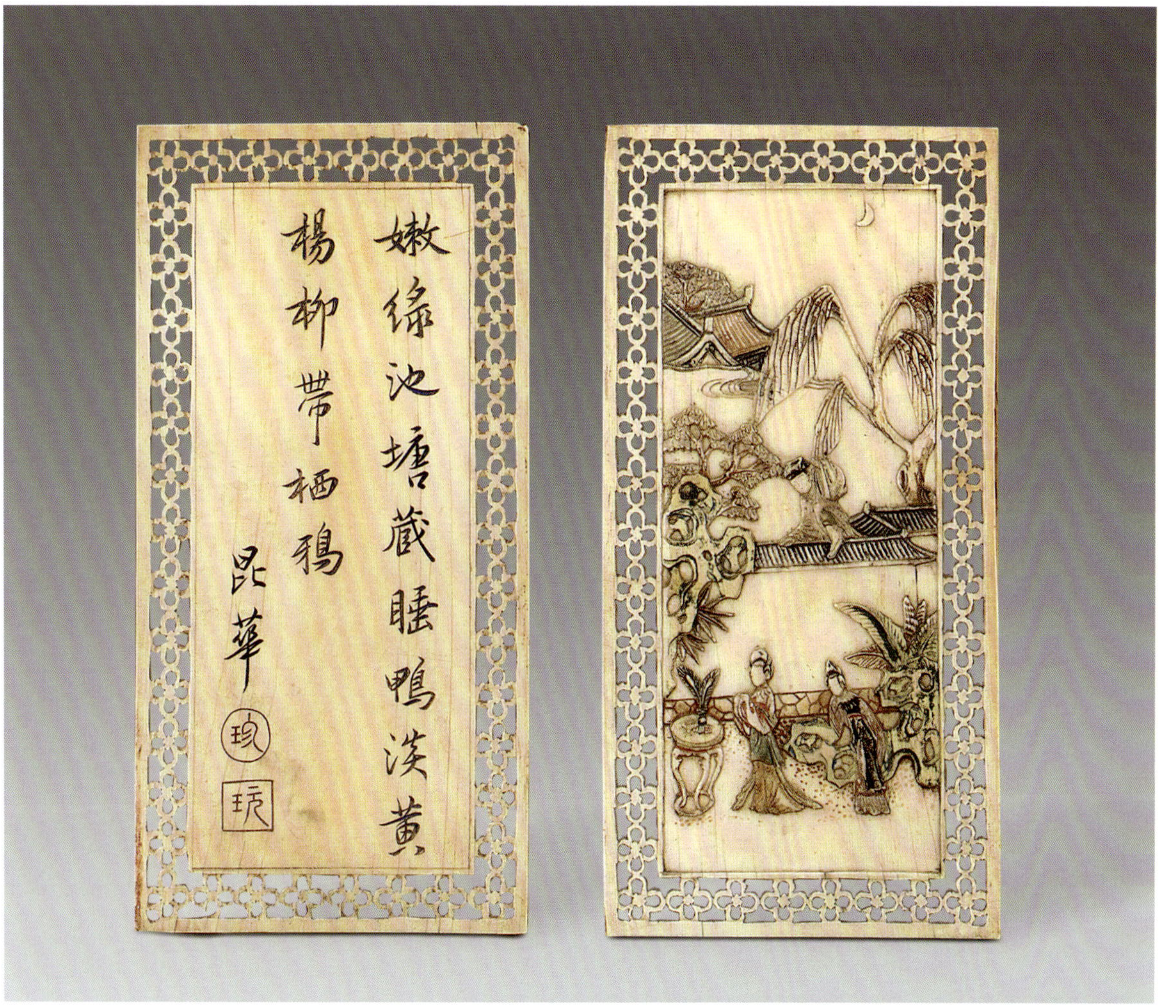
嫩綠池塘藏睡鴨淡黃
楊柳帶栖鴉
昆華

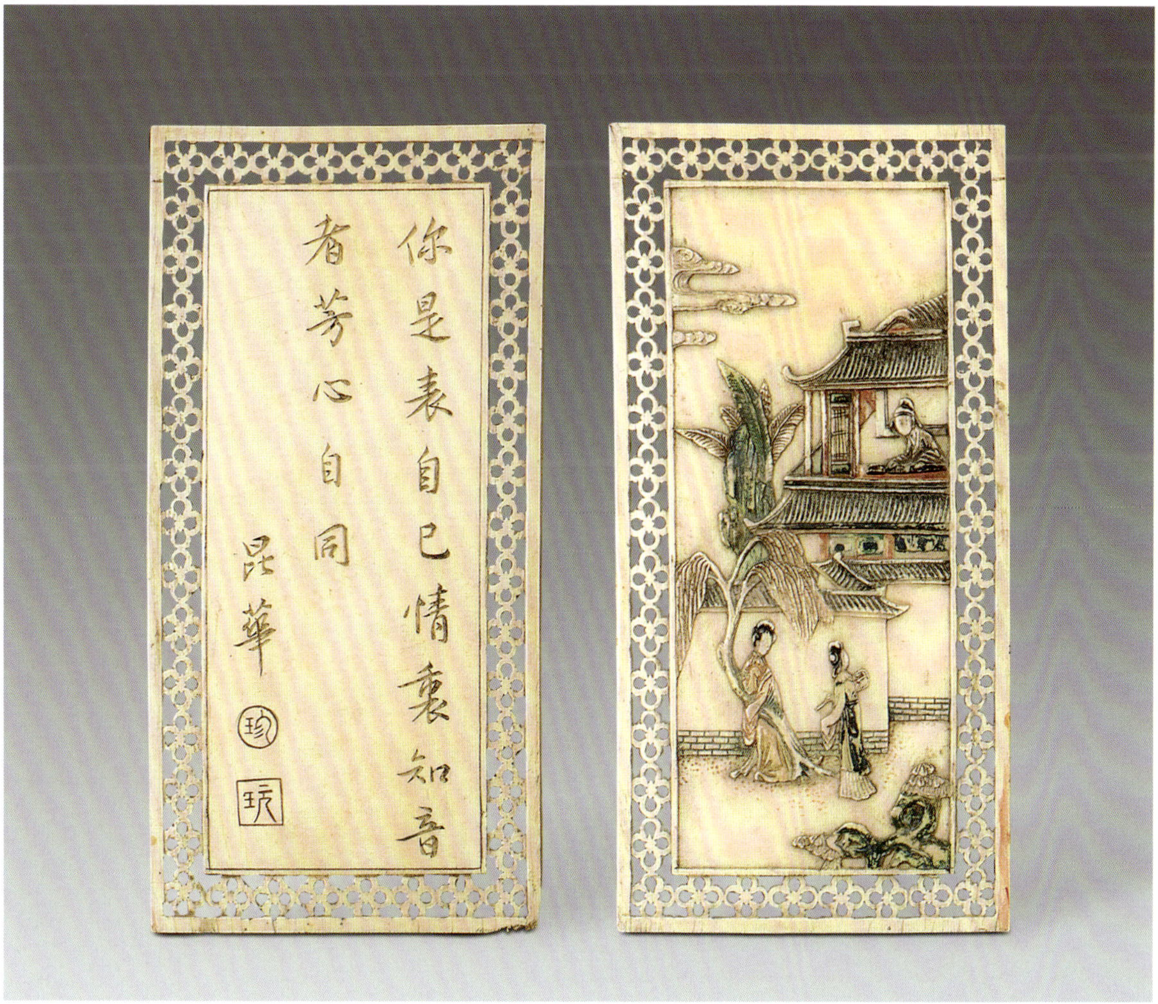
你是表自已情衷知音
者芳心自同
昆華

一二五　象牙鏤空龍鳳花鳥筆筒　清晚期

一二六　象牙鏤空人物筆筒　清晚期

一二八 象牙鏤雕大吉葫蘆花囊 清

一二七 象牙鏤空花卉人物筆筒 清晚期

一二九　象牙鏤空葫蘆形花囊　清

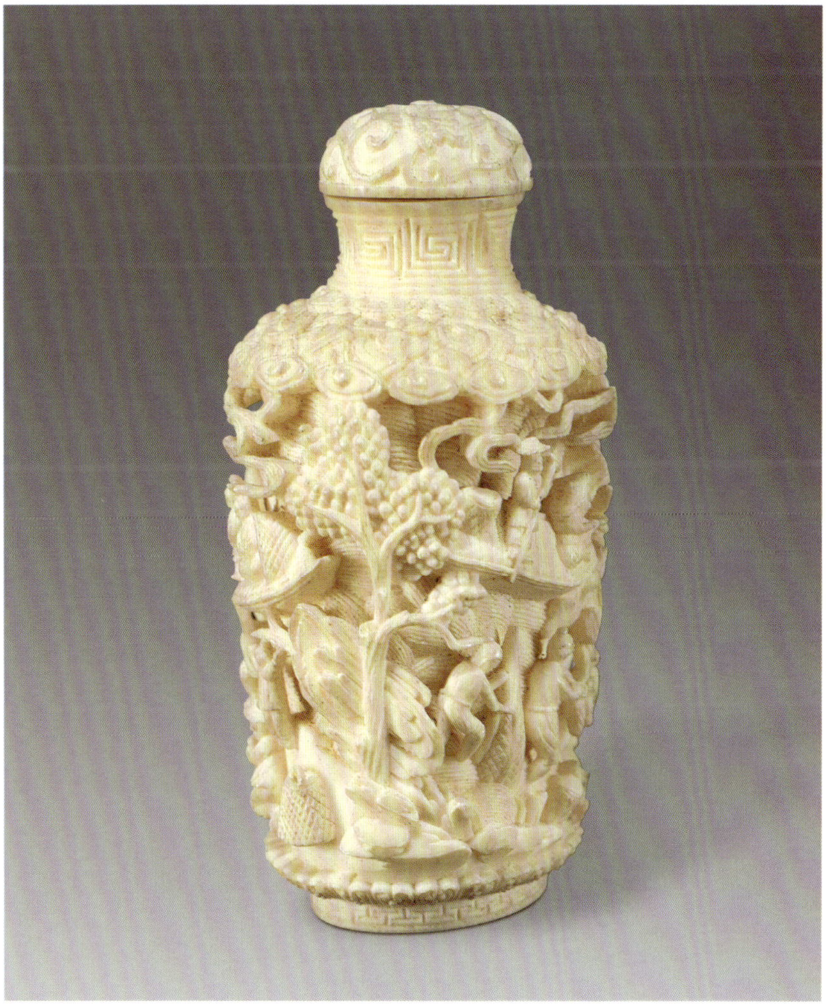

一三〇 象牙鏤雕漁樂圖鼻煙壺 清

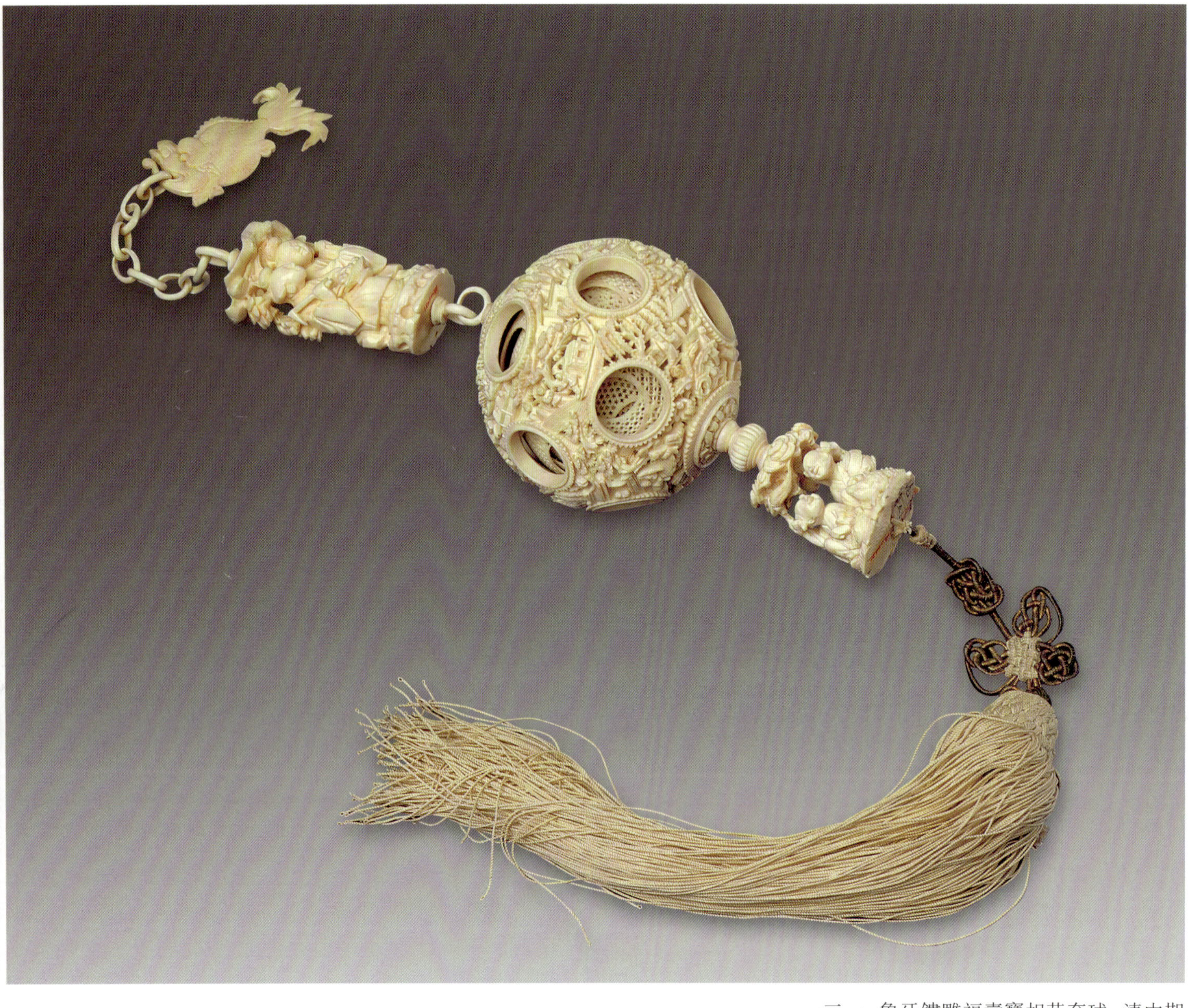

一三一 象牙鏤雕福壽寶相花套球 清中期

一三二 象牙球 清

一三四　象牙雕封侯掛印桃盒　清

一三五　象牙雕八仙　清

一三六　象牙雕牧牛童子　清

一三七　象牙雕松樹人物　清

一三八　象牙雕騎獅羅漢　清

一三九　象牙雕花卉圓盒　清晚期

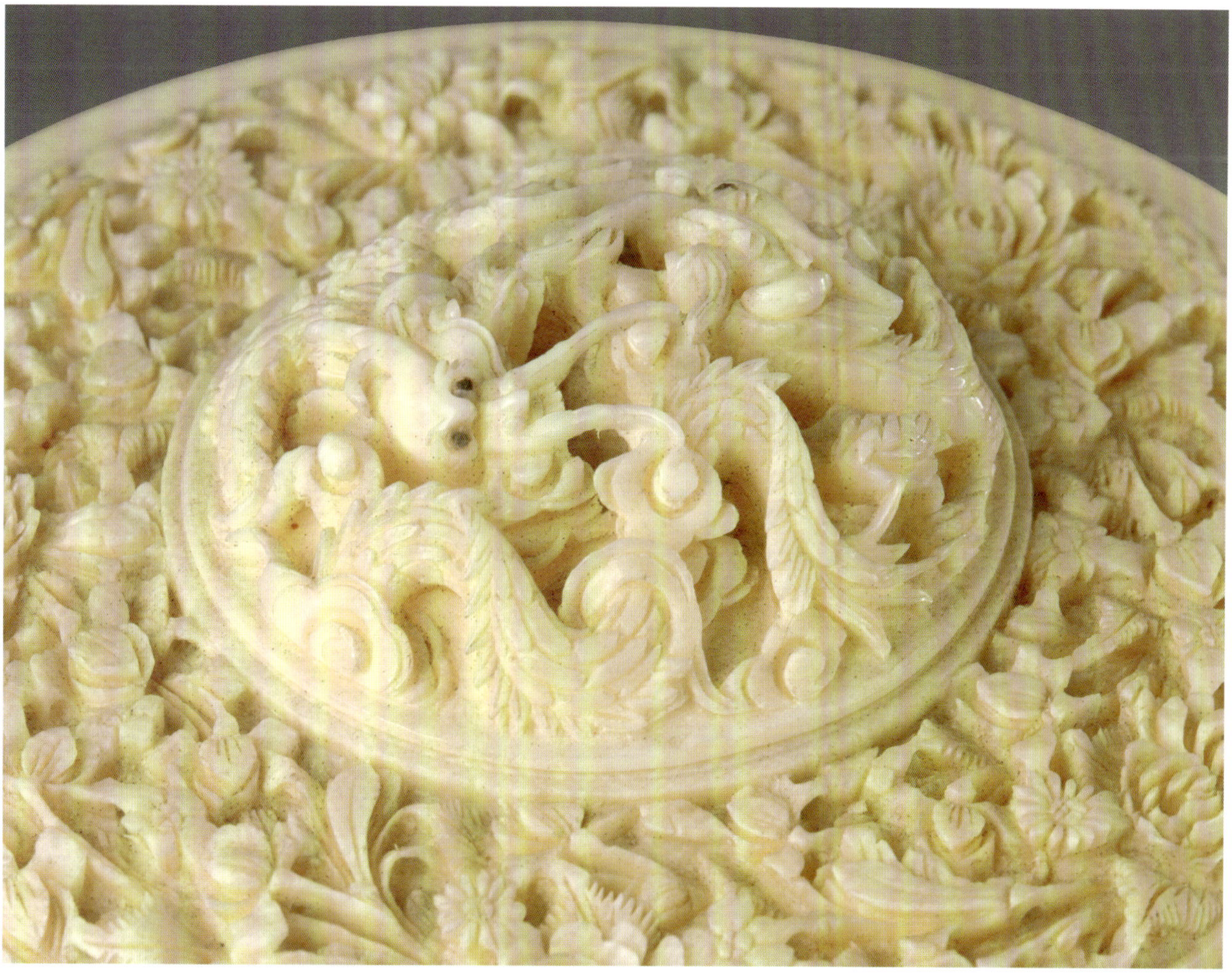

一四〇　雕花整象牙　清晚期

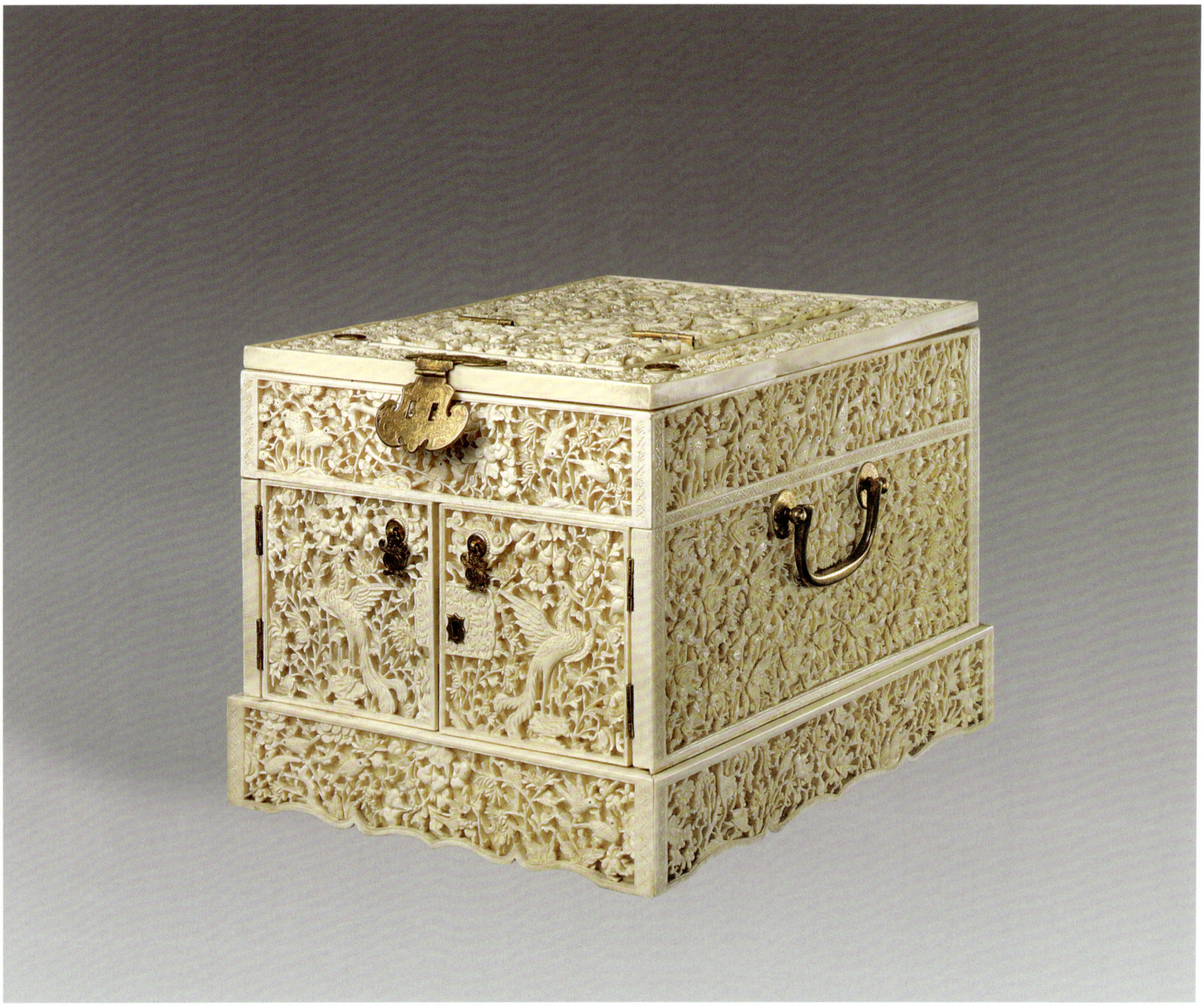

一四一　象牙雕花卉鏡奩　清晚期

一四二 象牙雕小櫃 清

一四三　象牙雕觀音　清晚期

一四四　象牙雕山水人物小插屏　清

一四五　象牙雕人物小插屏　清

一四六　象牙雕山水人物小插屏　清

一四七　象牙雕山水人物小插屏　清

一四八　象牙雕白菜　清

一四九　米芾款犀角杯　明

一五○ 犀角洗 明

一五一　犀角鏤雕玉蘭花荷葉形杯　明

一五二　犀角雕花果
紋洗　明

一五三　犀角杯　明

一五四　犀角玉蘭杯　明

一五五　犀角雕玉蘭花果紋杯　明

一五六　犀角雕螭竹靈芝紋杯　明

一五七　犀角雕玉蘭紋浮透杯　明

一五八　犀角雕秋葵紋杯　明

一五九　犀角鏤雕玉蘭花紋杯　明

一六○ 犀角鏤雕玉蘭花紋杯 明

一六一　犀角雕芙蓉
秋蟲紋杯　明

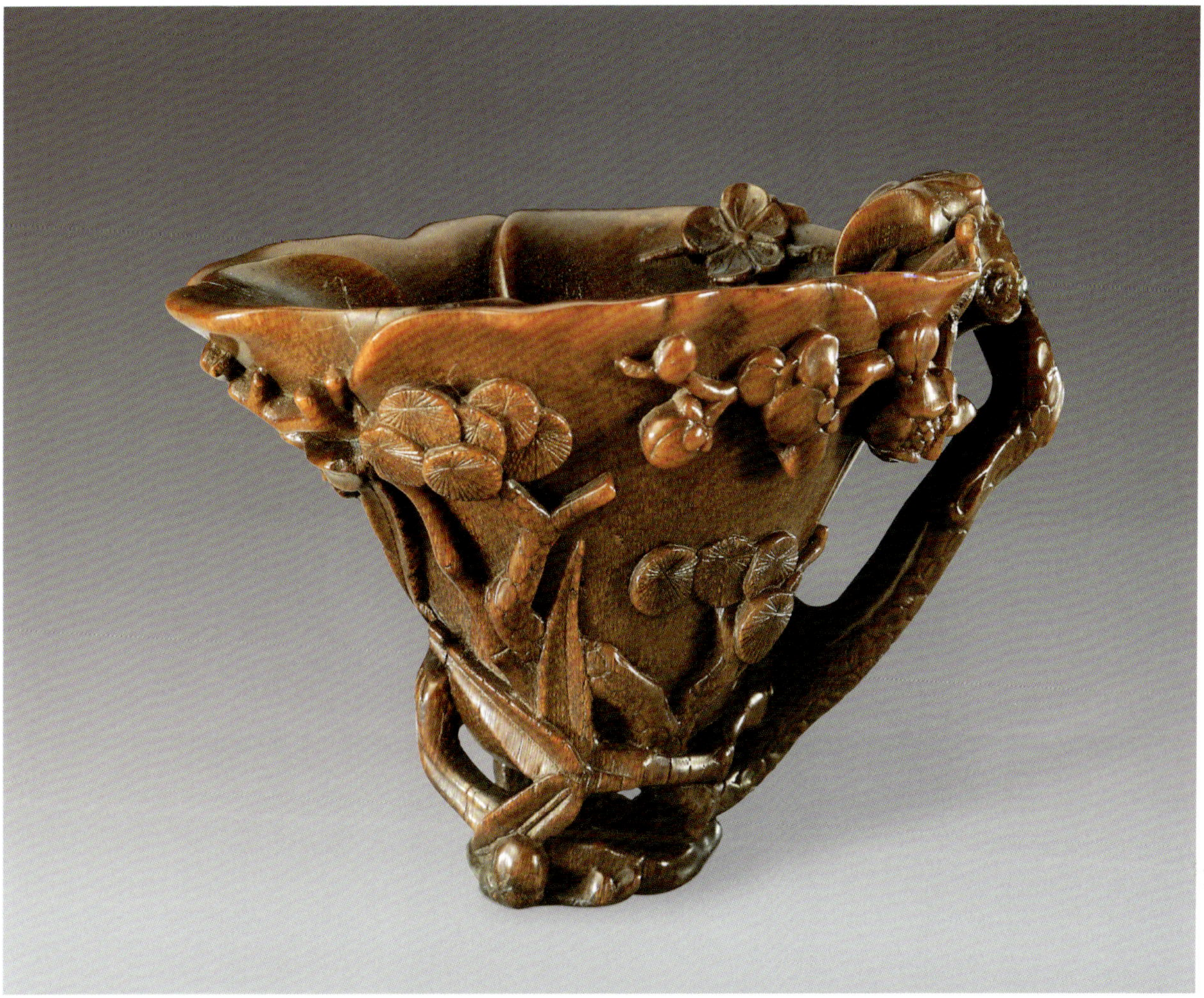

一六二　犀角雕歲寒三友紋杯　明

一六三　犀角桃式杯　明

一六四　犀角雕螭龙紋杯　明

一六五　犀角雕螭龍紋杯　明

一六六　犀角蟠螭紋杯　明

一六七　犀角雕饕餮蕉葉紋螭耳杯　明

一六八 犀角雕獸面紋杯 明

一六九　犀角雕高足杯　明

一七〇 犀角雕高足杯 明

一七一　犀角雕茶花紋杯　明

一七二　犀角雕松鼠葡萄杯　明

一七三　犀角雕折枝荷葉吸管杯　明

一七四　尤侃款犀角透雕荷葉
螳螂吸管杯　明

一七五　犀角雕加官進祿三足爵杯　明

一七六　犀角鏤空螭耳杯　明

一七七 犀角雕瓜葉杯 明

一七八 犀角雕勾雲圓盒 明

一七九　犀角獸面紋四扁足爐　明

一八〇　鮑天成款犀角雕雙螭耳仿古螭虎紋執壺　明晚期

一八一　犀角雕富貴萬代杯　明晚期

一八二 犀角雕松樹紋杯 明晚期

一八三 犀角雕松柏山水紋杯 明晚期

一八四　犀角雕柳蔭放馬圖杯　明晚期

一八五　犀角鏤雕松舟人物杯　明晚期

一八七　犀角鏤雕秋葵葉紋玉蘭花形杯　明晚期

一八六　犀角鏤雕龍柄螭龍紋杯　明晚期

一八八　犀角雕蓮蓬紋荷葉形杯　明晚期

一八九　犀角雕竹芝紋杯　明晚期

一九〇 犀角雕荷葉杯 明晚期

一九一 犀角雕錦地蟠螭紋杯 明晚期

一九二 犀角雕槎形杯 明晚期

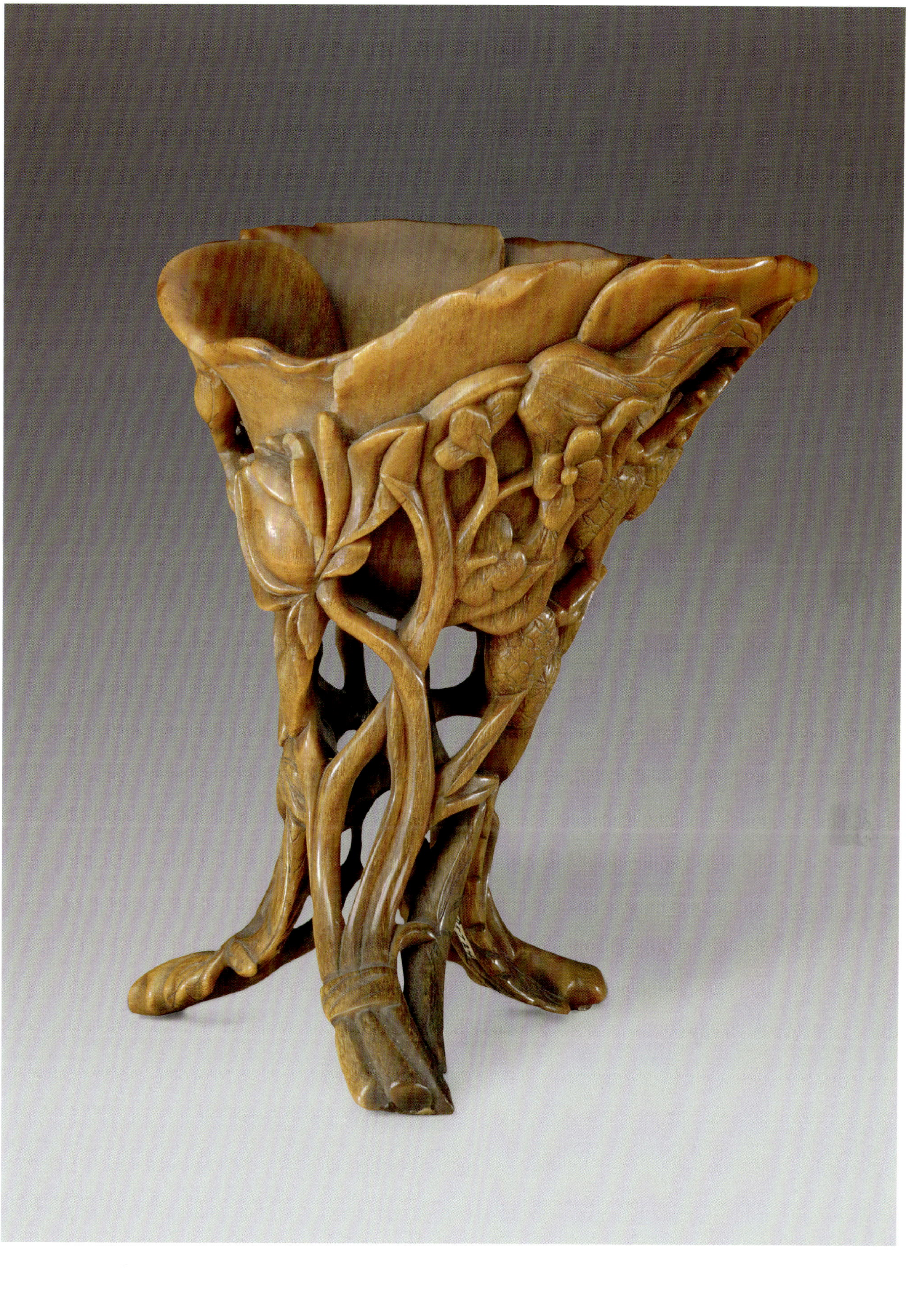

一九三　犀角雕花三足杯　明晚期

一九五　犀角雕松陰高士杯　清早期

一九四　犀角鏤空蟠螭柄出戟匜式杯　明晚期

一九六　犀角雕海水雲龍紋杯　清早期

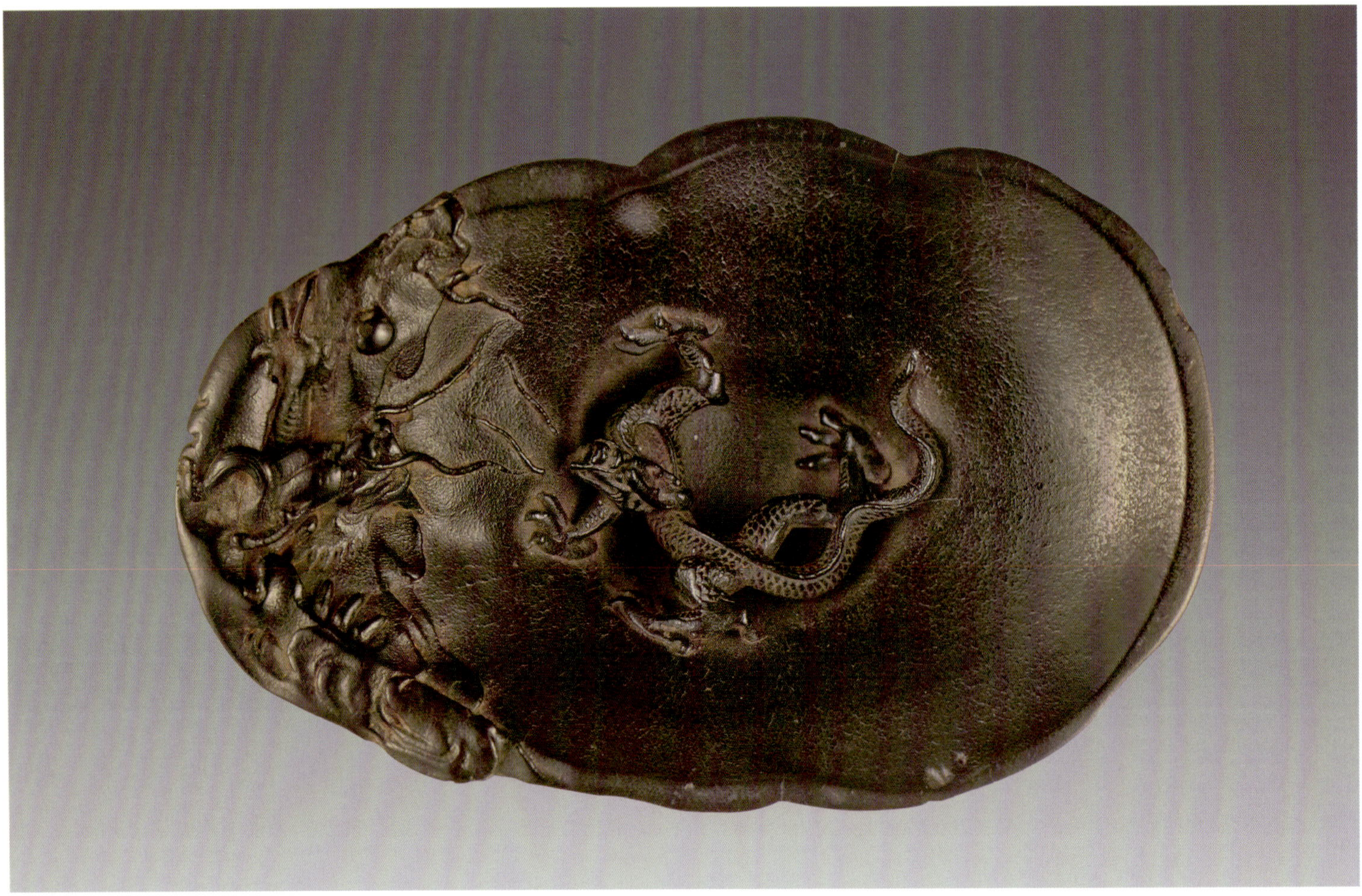

一九七　犀角鏤雕太白醉酒杯　清早期

一九九　犀角雕水獸紋杯　清早期

一九八　犀角鏤空山水人物杯　清早期

二〇〇 犀角鏤雕山水人物杯 清早期

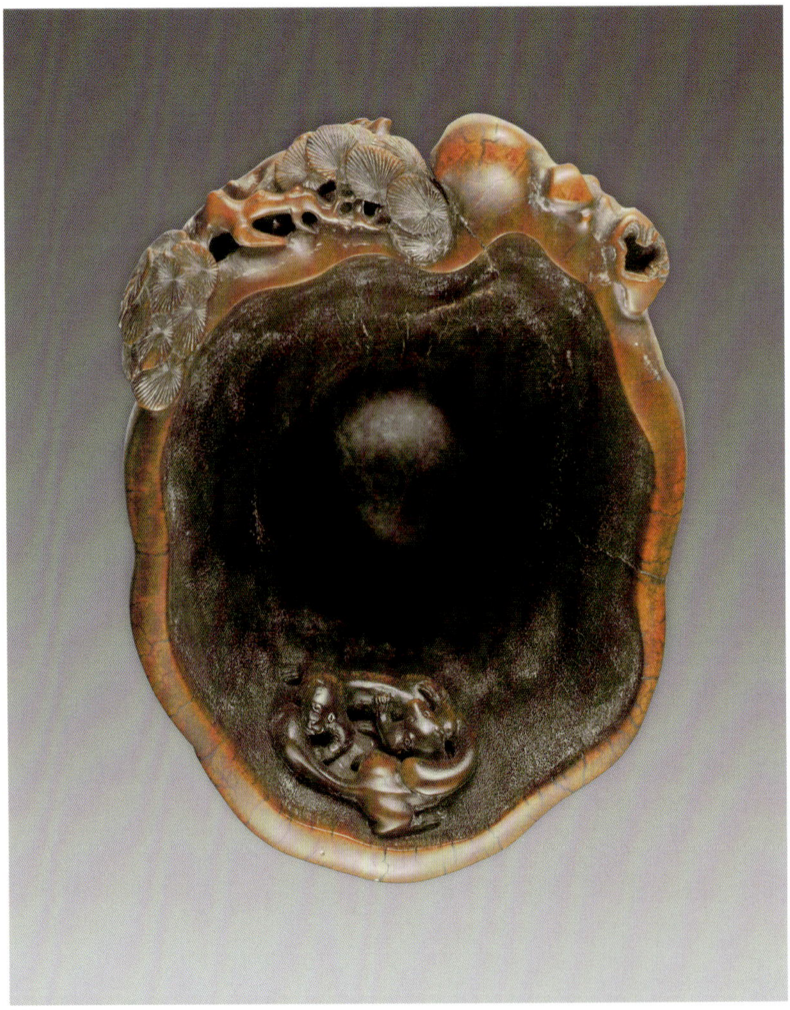

二〇一 犀角雕松樹紋杯 清早期

二〇二　犀角鏤空山水人物
杯　清早期

二〇三　犀角鏤空荷葉形吸管杯　清早期

二〇四　犀角鏤空荷葉形吸管杯　清早期

二〇五　犀角鏤雕葵竹螭紋杯　清早期

二〇六　犀角雕花鳥杯　清早期

二〇七　犀角雕蘭花水魚紋荷葉形杯　清早期

二〇八　犀角雕海水雲龍紋杯　清康熙

二〇九 犀角雕梅枝仿古紋四足匜式杯 清乾隆

二一〇　犀角鏤雕聽松紋杯　清中期

二一一　犀角鏤雕山水人物杯　清中期

二一二　犀角鏤雕雙螭耳螭紋荷葉式杯　清中期

二一三　犀角雕螭柄海水螭紋杯　清中期

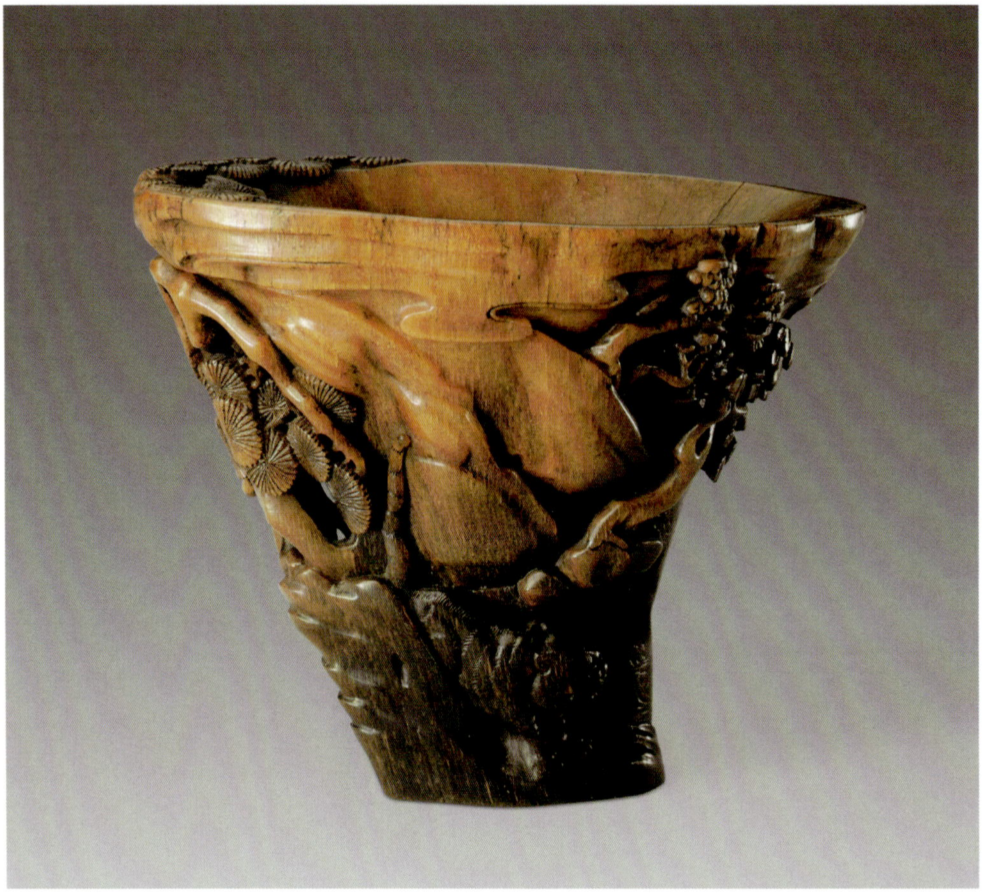

二一四　犀角雕松枝龍虎紋杯　清中期

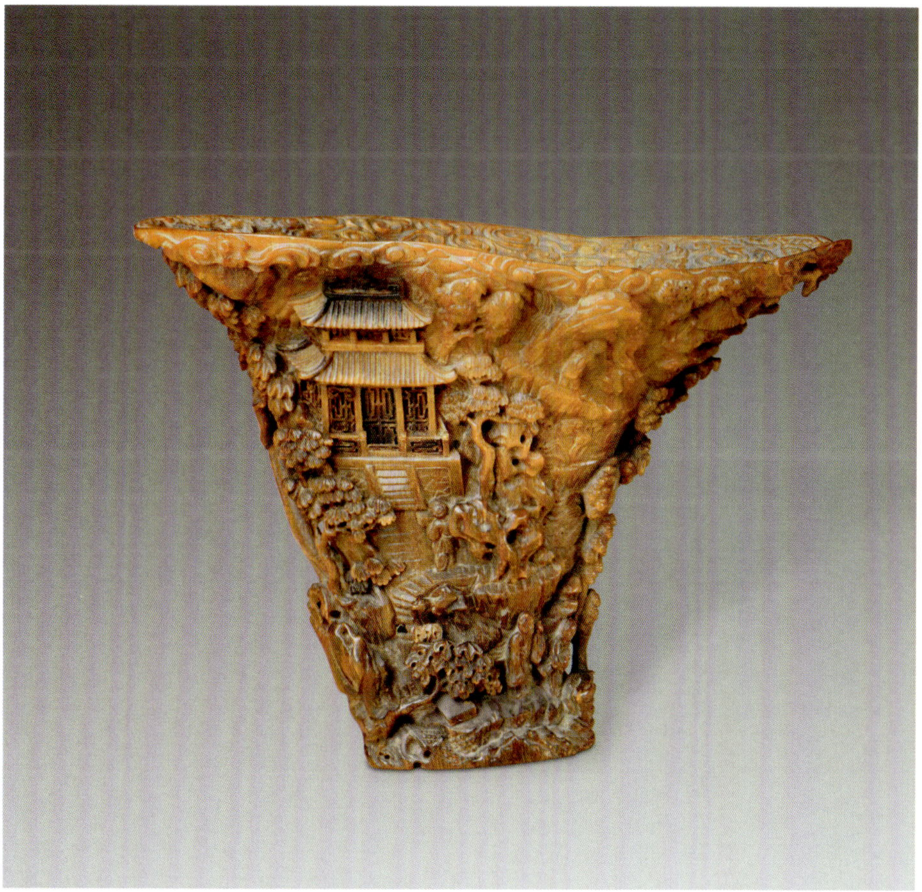

二一五　犀角雕山水人物杯　清中期

二一六　犀角鏤雕松山人物故事杯　清中期

二一七　犀角雕山水人物杯　清中期

二一八　犀角鏤雕如意紋柄仿古蟬夔紋杯　清中期

二一九　犀角鏤雕雙螭耳獸面紋杯　清中期

二二〇 犀角鏤雕梅枝柄仿古獸面紋杯 清中期

二二一　犀角鏤空梅枝柄有流高圈足杯　清中期

二二二　犀角雕螭柄花形杯　清中期

二二三　犀角雕獸紋柄仿古螭紋杯　清中期

二二四　犀角鏤雕獸面耳仿古錦紋杯　清中期

二二五　犀角鏤空雙螭耳獸面紋八角高足杯　清中期

二二六　犀角鏤雕雙螭柄仿古獸面螭紋杯　清中期

二二七　犀角獸面紋八角高足杯　清中期

二二八 胡允中款犀角鏤雕仿古螭紋觚式杯 清中期

二二九　犀角鏤雕三螭柄海水螭虎紋杯　清中期

二三〇　犀角雕雙螭柄仿古螭虎紋杯　清中期

二三一　犀角獸面紋爵杯　清中期

二三二　犀角雕仿古螭紋爵式杯　清中期

二三三　犀角雕花瓣口形杯　清中期

二三四　犀角鬲　清中期

二三五 犀角饕餮紋小方瓶 清中期

二三六　犀角雕雲龍嵌松石珊瑚鞘
牛角柄小刀　清中期

二三七 犀角鏤雕蟠螭雙耳四足鼎 清

二三八　犀角雕瘿瘤紋杯　清

二三九　犀角雕水草紋杯　清

二四〇　犀角雕癭瘤紋杯　清

二四一　犀角鏤空松蔭高士杯　清

二四二　犀角鏤雕嬰戲攀桂紋杯　清

二四三　犀角鏤雕竹石紋杯　清

二四四　犀角雕螭水紋荷葉式杯　清

二四五　犀角福海紋杯　清

二四六 犀角鏤空圍獵圖杯 清

二四七　犀角鏤空八仙慶壽紋杯　清

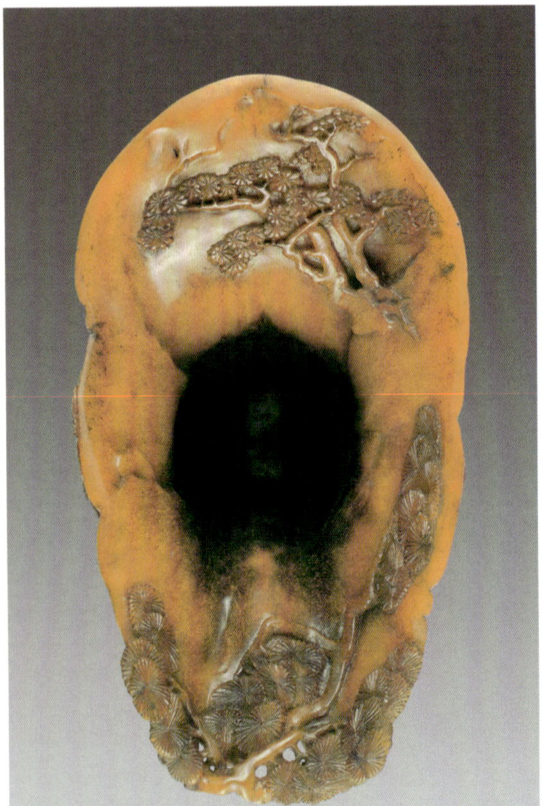

二四九　犀角鏤雕松梅海棠花杯　清

二五〇 犀角鏤空花蝶杯 清

二五一　犀角雕松梅紋杯　清

二五二　犀角雙葉瓜形杯　清

二五三　犀角雕果實杯　清

二五四　犀角鏤雕荷蓮花果紋杯　清

二五五　犀角鏤空荷葉杯　清

二五七　犀角鏤空折枝葵花尖柄形杯　清

二五六　犀角鏤雕蓮紋杯　清

二五八　犀角雕天然形蘭亭修禊圖杯　清

二五九　犀角鏤空花杯　清

二六〇　犀角鏤空螭柄葡萄紋杯　清

二六一　犀角鏤空佛手紋杯　清

二六二　犀角鏤空蓮螭荷葉式杯　清

二六三　犀角鏤空蟠螭耳八方杯　清

二六四　犀角雕刻山水人物撇口高杯　清

二六五　犀角鏤空饕餮蕉葉紋梅枝耳觚式杯　清

二六六　犀角鏤空螭耳匜式杯　清

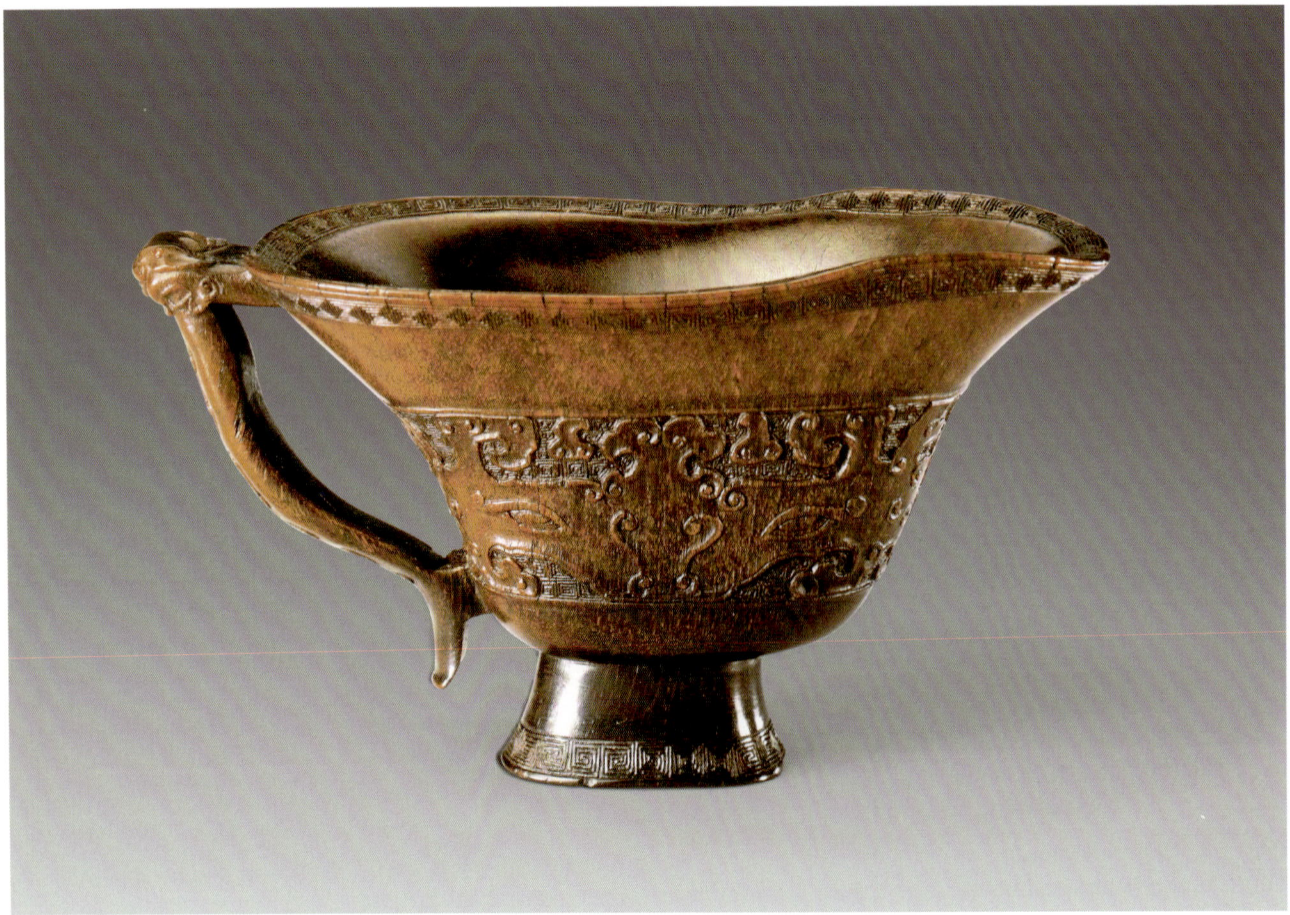

二六七　陳賢佐款犀角雕獸面耳匜式杯　清

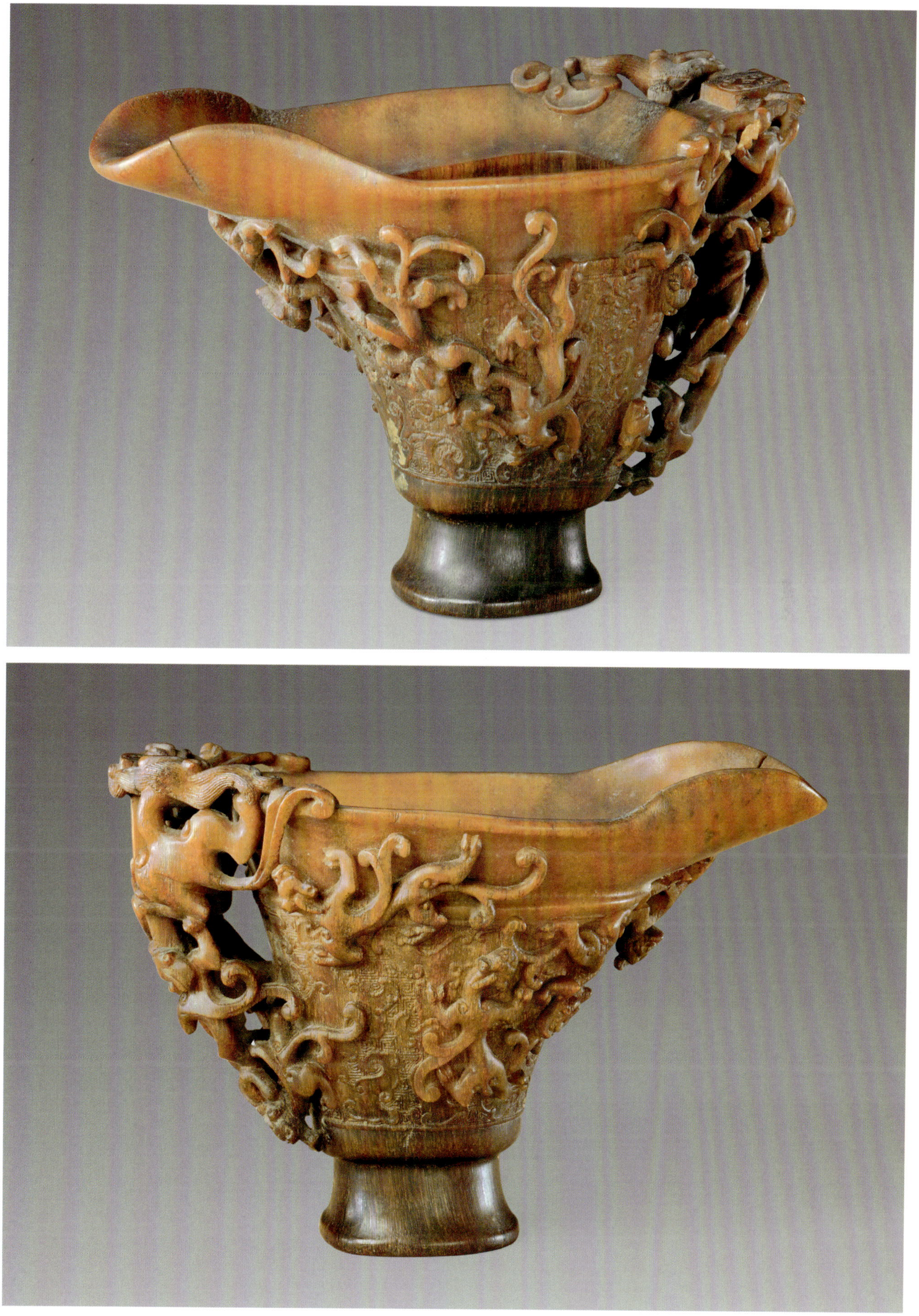

二六八　犀角鏤空蟠螭耳匜式杯　清

二六九　犀角仿古雕活環光素匜　清

二七〇　犀角雕螭耳鳳紋三足匜　清

二七一　犀角勾蓮爵式杯　清

二七二 犀角鏤空螭虎飾爵 清

二七三　犀角鏤雕獸面紋合巹杯
清

二七四 犀角光素杯 清

二七五　犀角雕鹿形杯　清

二七六　犀角雕獸面紋扁瓶　清

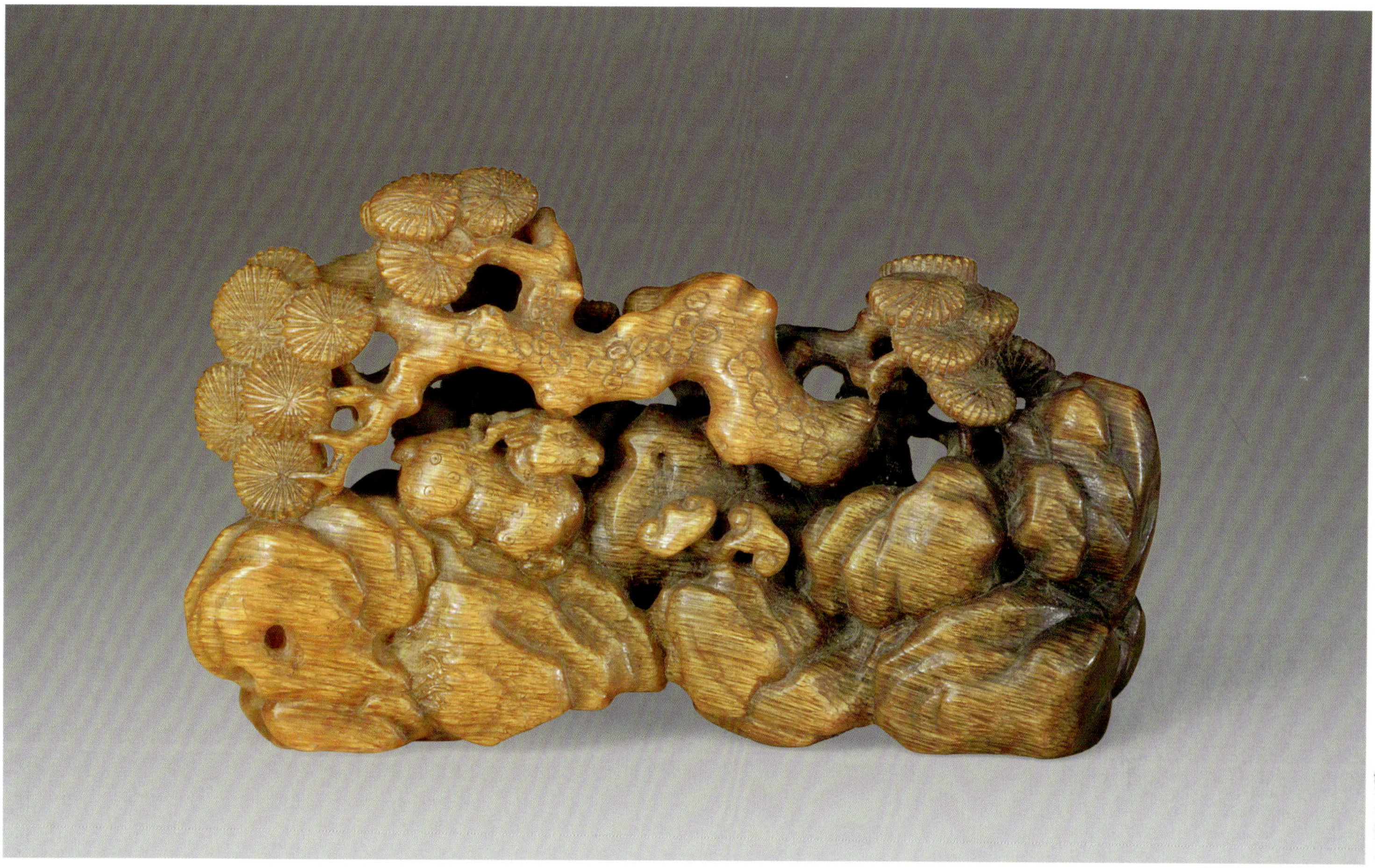

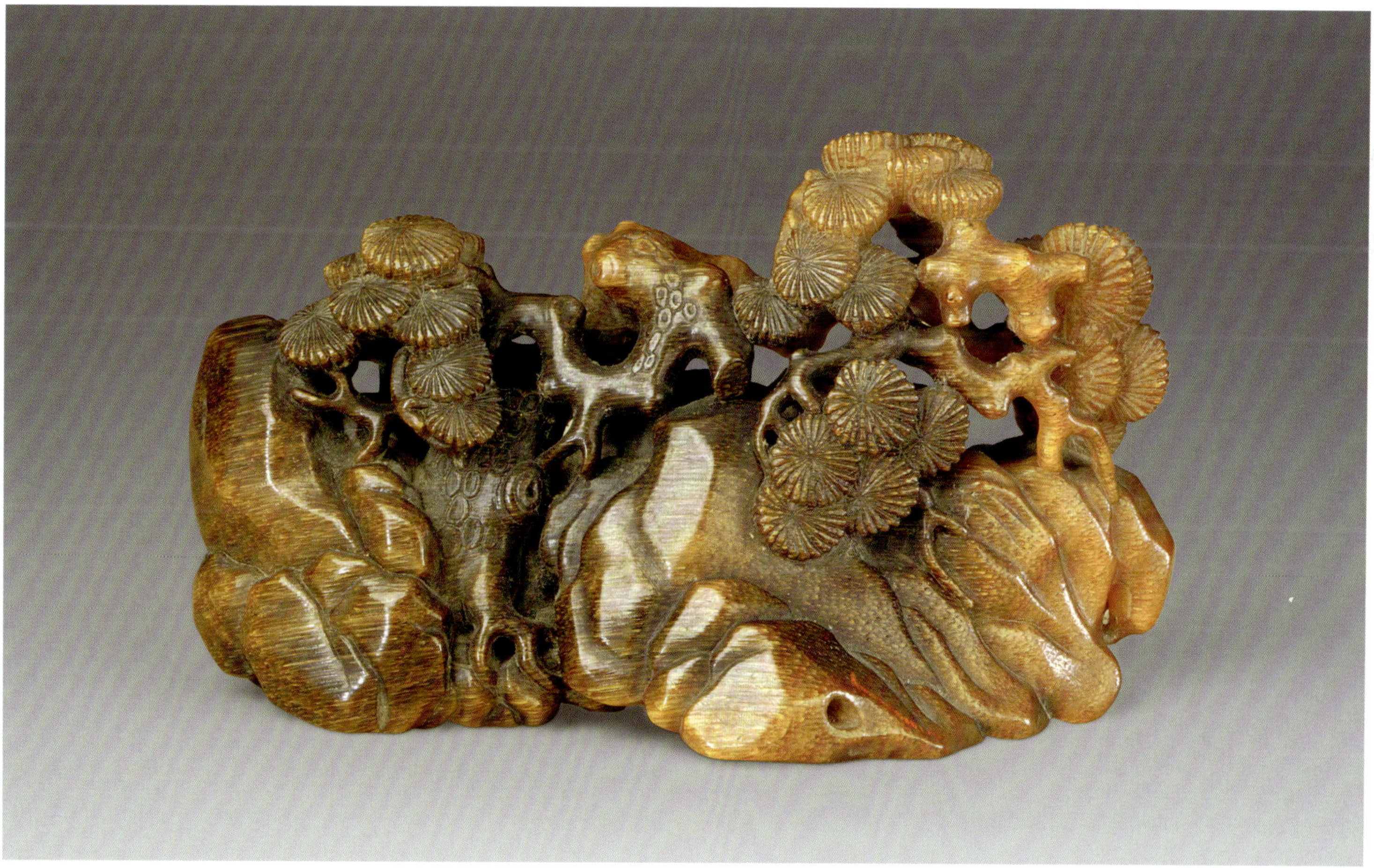

二七七　犀角鏤空松鹿筆山　清

二七八 犀角嵌金銀絲夔紋扳指 清

二七九 犀角雕桃花座觀音 清

二八〇　犀角雕彌
勒佛　清

圖版説明

一 骨雕人頭像　新石器時代早期

高二．五釐米

陝西歷史博物館藏

骨雕人頭像，是用獸類肢骨的一部分雕成的，是我國目前發現時代最早的一件，一九八二年陝西省西鄉縣何家灣出土。據《考古與文物》（一九八二年第五期），這個遺址地層堆積可分五層，第三、四層為仰紹文化半坡類型遺物，發現骨雕人頭像的窯穴坑口位於第四層底部。出土的文物還有泥質紅陶圓底缽、夾沙紅陶罐、骨鏟、骨錐等。從地層上看，這個窯穴屬於何家灣新石器時代仰韶文化半坡類型的早期。

（朱家溍）

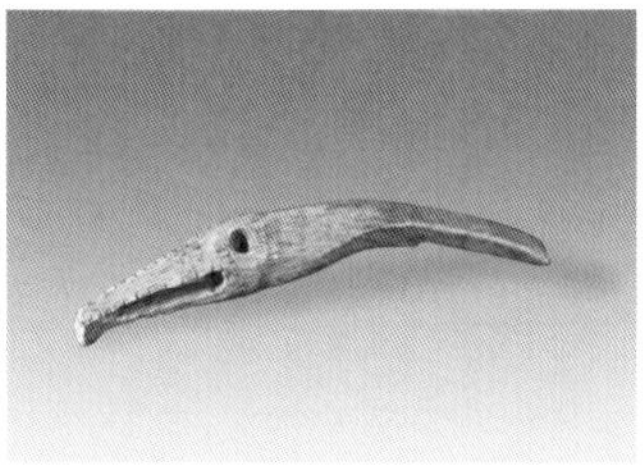

二 骨雕鷹頭　新石器時代

長七釐米

黑龍江省考古工作隊藏

骨雕鷹頭是一九七二年在黑龍江省與凱湖地區原始社會遺址出土的。這件骨雕藝術品，原定名鷹頭，從其形象觀察，極似鶴或鷺鷥等長喙禽類鳥頭。

（朱家溍）

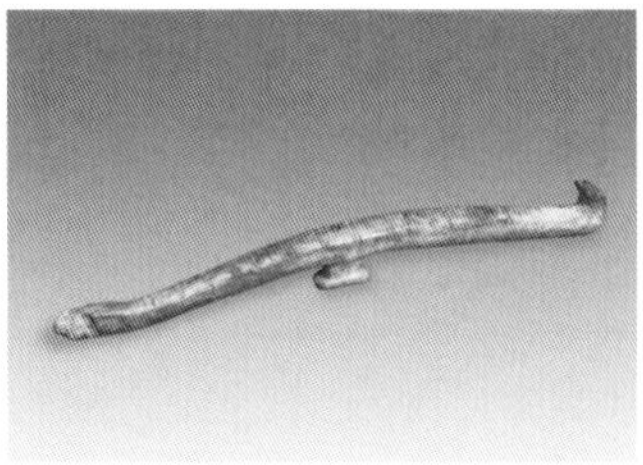

三 骨帶鈎　漢

長一七．二、鈕高〇．八釐米

故宮博物院藏

骨質呈黃白色，有褐色侵蝕斑痕。曲首，長形，中部微闊，背部有橢圓形鈕。陰刻弦紋、圈點紋及斜格紋，局部組合近似獸面形。這件圈點紋骨帶鈎，雖然出土情況不明，但同類製品在近年的考古發掘中亦有發現，可以進行比對，因此其本身仍有一定學術研究價值。

（劉岳）

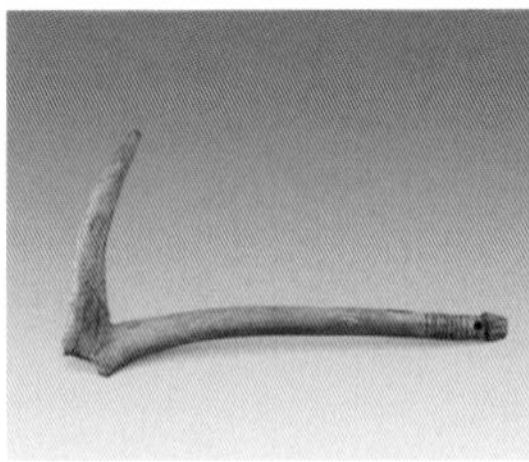

四　角鐮　新石器時代

長四四、寬三、刃長一九・五釐米

南京博物館藏

一九七六年江蘇邳縣大敦子遺址第三次發掘出土。為大汶口文化時期墓葬隨葬品。系用鹿角枝杈部分製成，整體與近代鐵鐮形制相似。長柄的末端有孔並刻有數道弦紋，最後削成圓帽狀。這種質料的原始收割工具為國內僅見。

柄端的數道弦紋，具有裝飾作用，是一種原始藝術。它是古代先民樸素的審美觀念的反映，同時也是後世竹木牙雕藝術的雛形。

（楊海濤）

五　角梳　西漢

長八・五、寬五・二釐米

湖南省博物館藏

角梳梳齒細密勻稱，一端疊疊出高聳的條狀飾物，精美華麗。

（攝影：劉小放）

六　象牙雕雙鳥朝陽紋蝶形器　新石器時代

長一六・六、殘寬五・九、厚一・二釐米

一九七七年浙江省余姚河姆渡文化遺址出土

浙江省博物館藏

這是一件河姆渡文化原始先民精湛的藝術傑作。系在一扁平帶孔的象牙片正面雕刻出一幅寓意深奧的陰線圖案：中間為一組五個大小不等的同心圓，外圓上刻着熾熱而升騰的火焰紋，象徵太陽；兩側對稱刻一鈎喙雙鳥，昂首相望，振翅欲飛；邊緣襯托以羽狀紋。雕工精細，線條流暢，在金屬工具尚未出現的情況下，能刻出這樣形象鮮明，線條精練的圖案，是極為罕見的。

此器上半部殘缺，底端也稍殘。其用途不明。

（何秋雨）

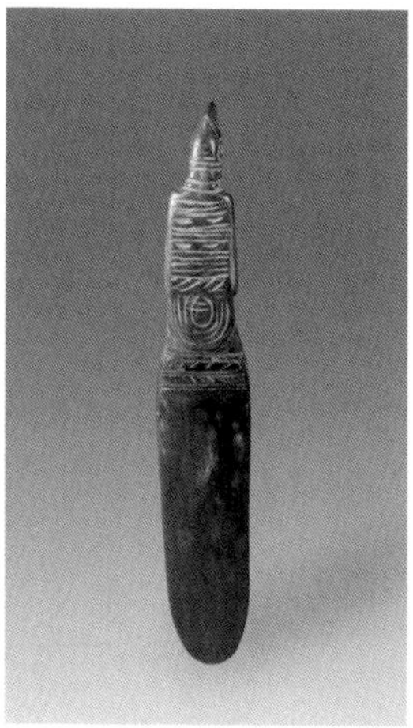

七　象牙雕太陽紋蝶形器　新石器時代

殘長八·三、殘寬五·四、厚〇·九釐米

一九七七年浙江省余姚河姆渡文化遺址出土

河姆渡遺址博物館藏

器形較小，略殘，正面磨光，下端正中鑽一圓洞，外刻同心圓紋五圈，最外圓上部刻短射線紋。器周邊飾有連弧線，線條精細流暢。

（攝影：孫之常、鄭華）

八　象牙雕匕形器　新石器時代

長一五·五、寬二·六、厚一·四釐米

一九七七年浙江省余姚河姆渡文化遺址出土

河姆渡遺址博物館藏

頂端為鷹喙大眼的鳥頭，鳥身正面刻弦紋與斜線紋，鳥身以下呈扁平舌形。整體造形夸張，磨刻精細。

（攝影：孫之常、鄭華）

九　象牙雕匕形器　新石器時代

長一五·八、寬三·四、厚〇·八釐米

一九七七年浙江省余姚河姆渡文化遺址出土

浙江省博物館藏

牙雕呈匕形，匕柄為鳥身，柄端作鳥頭狀，匕身作鳥尾。中部左側鑽一圓孔。〔主编按：〕匕的功能相當今天的勺子，供吃羹時使用。但此類象牙鳥形匕是祭祀神靈使用的神品。

一〇　象牙雕蠶紋盅形器　新石器時代

高三·五釐米

浙江省余姚河姆渡文化遺址出土

浙江省博物館藏

形似小盅，俯視平面呈橢圓形，中間開鑿方形凹口，側視如半圓球狀。兩側上端近口沿處鑽鑿有對稱的二小圓孔，孔壁留有清晰可見的螺紋。其外壁雕刻一圈編織紋和形象生動的蠶紋，這是我國迄今為止發現的最早的蠶紋圖像。

（何秋雨）

一一　象牙雕夔鋬杯　商

高三〇·五釐米

中國國家博物館藏

象牙雕夔鋬杯，出于安阳用象牙根部製成。米黃色，殘破復原。杯身似觚，侈口薄唇，中部微斂，腹腔下部安有圓形底，切地處畧小於口，身一側近口底處有上下對稱的小圓孔，由此插入鋬榫。通體花紋。由口至切地可分四部分：第一部分（口下）刻饕餮紋三組，兩側有身尾口，均向下，眉眼鼻鑲綠松石，其下鑲綠松石細帶紋一周；第二部分（頸腹）饕餮紋三組、口眼鼻亦鑲綠松石，在口下雕大三角形紋一，兩側刻對稱的倒夔紋、亦有一周綠松石帶紋。第三部分（腹下）刻變形夔紋三，眼鑲綠松石，其下綠松石鑲細帶紋三周；第四部分（近切地處）饕餮紋三組，目字形。

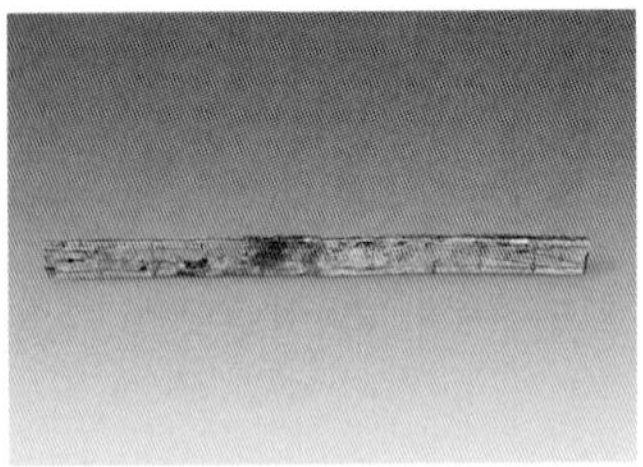

一二　象牙尺　西晉後期

長二四·二、寬一·六釐米

首都博物館藏

象牙尺，兩面各刻十寸。一面在寸的度數內又刻十分。在寸的刻度線兩端五分刻度線的正中雕出規整的圈點。在半尺的分界線中部兩側各刻一同樣圈點。一九六五年出土於北京西郊八寶山西側西晉墓。此墓的主人為王浚之妻華芳。按王浚於晉惠帝還洛陽時領幽州刺史、其妻華氏墓誌銘末署「永嘉元年四月十九日造」，象牙尺的製造時代下限即華氏下葬前永嘉元年，即公元三〇七年。

（朱家溍）

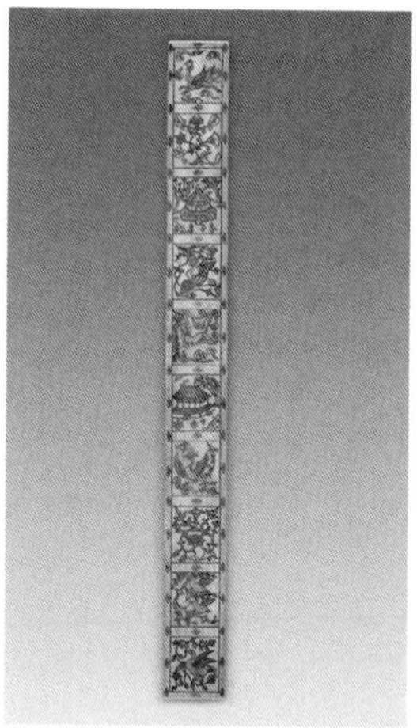

一三　象牙撥鏤鳥獸花卉紋尺　唐

長三〇・二五、寬三、厚〇・五五釐米

上海博物館藏

白色象牙刻鏤而成。正反兩面都用雙線等分十格，每格為一寸（唐尺合今尺〇・三米）。格內刻鏤花卉、鳥獸、亭台等，格間和尺的周邊細刻小朵海棠，精緻絕倫。唐代撥鏤牙尺傳世之物國內僅存此件，甚為珍貴。

《大唐六典・尚署令》注：「每年二月二日進鏤牙尺及紫檀尺。」可知唐時進貢和賞賜之尺，率多牙製。日本奈良正倉院亦有此類牙尺珍藏，形制與此尺相似，均為盛唐時期的用品。

一四　象牙飾件　元

高四・二、長六・九釐米

遼寧喀左大城子出土

遼寧省博物館藏

鏤雕鴻雁、玉蘭、卷草等紋飾，雁昂首，作展翅欲飛狀。

一五　象牙雕荔枝紋方盒　明

高八・一，直徑七・五釐米

故宮博物院藏

象牙方盒，五面都滿雕花紋，蓋頂刻有雙螭；蓋壁四周以荔枝為主要裝飾紋樣。

這件荔枝紋盒，雕刻刀法圓潤，製作古樸，是仿雕漆技巧，採用淺浮雕刻法，使主體紋樣十分突出，表面看起來似乎較粗，但紋飾富於變化，工細耐看，是明代嘉靖—隆慶年間的製品。

（劉靜）

一六　象牙染紅雕花卉雙陸　明

高一三．七、底徑三釐米

故宮博物院藏

雙陸是古代的一種博具，今已失傳。

象牙雕雙陸棋有紅、黑兩組，每組各十五枚。每枚均似長把搖鈴形，先將象牙染成紅、黑兩色，再把上刻出蕃枝花紋，鈴形座上通體淺刻勾蓮寶相花紋。底部凹進並刻有寬邊圈紋。雙陸棋傳世製品非常少，這組紋飾渾厚流暢的雙陸棋是難得的一套製品，為研究古代雙陸棋藝提供了重要的資料。

（劉靜）

一七　象牙雕蹴踘圓筆筒　明

高一六、口徑一〇．九釐米

安徽省博物館藏

蹴踘，是我國古代的一種足球運動，起源甚早。《漢書．枚乘傳》顏師古注云：「蹴，足蹴之也；踘，以革為之，中實以物；蹴蹋為戲樂也。」蹴踘始見於漢初。盛於唐宋。《宋史．太宗紀》：「會親王宰相，渤海國王及近臣蹴踘大明殿。」

這件牙刻筆筒，圓筒狀，無底。筆筒所刻圖案：在涼亭之外一平場上，四人身穿短衣，立於四方角，姿勢一樣，中間有一足球，四人皆作準備踢球狀；另有一人身穿官服，立站一旁，似為裁判，場上人物動作表情十分嚴肅認真，呈現足球賽場的氣氛。根據踢球圖表現的場面可以說明，當時的踢球已有一定的規則，此為研究中國足球運動史提供了實證。筆筒圖案為線雕和毛雕，後填墨彩，着色之處似火烙法。

（何立芳）

一八　象牙雕訪賢圖案筆筒　明

高一四．二、口徑一〇．四釐米

安徽省博物館藏

筆筒圓柱狀，雕刻圖案。在依山傍水處，有三賢士盤膝對坐在墊子上，各人前放一小盞。中間置一古琴，眾人似乎聽琴暢飲；一着官服者及隨從三人由遠道而至。整幅畫面生動地描繪了文王訪賢的場景。亦有人謂之「文王訪姜尚圖」。襯景為枝葉茂盛的松樹，樹下山石一側露出芭蕉，圖中人物、樹木均用咖啡色勾線（似火烙法），再填上白彩，十分醒目。圖案採用毛雕、線刻法，技法嫻熟流暢，滿而不亂。所繪人物傳神逼真，襯景格調高雅，令人有滿目春暉之感。（何立芳）

一九　象牙雕松山問道圖筆筒　明

高一二、直徑一〇·二釐米

溫州博物館藏

筆筒一側刻劃山崖澗石，叢林松壑。一條山道由近及遠，通向山崖上一茅亭。山道上二人相對拱手，上山者身後一人攜琴相隨。遠處層巒起伏，雲煙幽谷，成群大雁排成人字形西行。另一側刻行書題款：「玉樹琪花香作錦，水光山色翠連雲。偶作。」欽「胡」「玩」圓方印。白文橢圓押首章：「石清」。此件牙雕，以刀作筆，陰刻為線，山石樹木，勾勒皴擦，富於韻味。構圖繁簡相宜，疏密得當。（侯波良）

二〇　象牙鏤雕仙人松蓬船　明

高四·三、長一五·五釐米

故宮博物院藏

為文房書案上的小擺件，也可當筆架之用。作者利用一節小象牙尖，採用鏤刻、深浮雕等技法，以仙人乘槎為題刻成一艘連艙帶蓬的小舟。船頂松葉如輪，貼覆在內彎的松枝上成為天然松蓬。舟首雕二仙人，似不勝倦熱，出舟乘涼，敞胸露腹，盤腿曲肱，似相依而坐，觀望遠處的景色，而劉海仙人卻自享其樂，一人獨佔其中，歡快地伏身戲弄一隻三足金蟾，神態滑稽有趣。此件作品刻工不拘一格，刀法簡練渾樸，意境深遠，具有濃厚的民族風格，是明代中後期民間優秀作品。（劉靜）

二一　象牙雕桃式杯　明

高五·四、最大口徑八·三釐米

故宮博物院藏

杯作半爿桃式。口部陰刻一周弦紋，外壁浮雕及鏤雕挑枝與桃葉為飾，折枝處恰為杯把，與尖狀流相對，設計巧妙。浮雕枝葉邊緣尚留有雕刻痕跡，未作進一步打磨處理，具有鮮明的時代風格。

（劉岳）

二二　象牙雕玉蘭花杯　明

高六·二、最大口徑七·六釐米

故宮博物院藏

杯圓體，口作不規則之橢圓形。外壁浮雕折枝玉蘭花及花蕾，鏤雕枝條環繞成底足。杯體雖小，卻頗厚重，浮雕紋飾在極淺的陰線刻襯托之下，更顯清晰和肯定，其裝飾技法很有時代特點。

此種玉蘭花式圜底杯在犀角雕刻中較多見，在象牙雕刻中卻很罕見，而在相同時期的德化窯白瓷作品中，我們也能發現類似的形制，工藝類別間相互影響借鑒的現象，極為耐人尋味。值得注意的還有，杯口一周陰線勒口，似是模仿沉香木、木根、竹根類杯盞包鑲銀裏後所留下的工藝痕跡，或許也表明了這種形制的淵源。

（劉岳）

二三　象牙雕人像　明

高二〇釐米

上海博物館藏

圓雕，人物着公服冠帶，雙手攏袖置膝上，呈端坐狀。面相豐圓，笑容可掬。

二四　象牙雕老人像　明

高九·八、最大底徑八·三釐米

故宮博物院藏

作者利用一隻小象牙，隨其自然彎曲的形狀，以圓雕技法，製成一位雙手交叉在腹前的老者。老人裸臂赤足，頭帶襆巾，身着廣袖長衫，腰束絲帶，雙眼微眯，頭微低，下視前方，一派隱士風度。

此件作品，雕刻、磨製均十分細膩圓潤，刀法嫺熟，人物刻劃得神情自然，栩栩如生。尤其是衣褶的處理，流轉飄逸，有無風自動之感，為明代中後期一件優秀的牙雕作品。

（劉靜）

二五　象牙雕塗金仕女立像　明

高一六·一釐米

故宮博物院藏

圓雕女子立像，通體髹金，極為罕見。發際較高，開臉較大，面容飽滿，髮髻似明清時流行的鬆鬢扁髻，頂部磨平，為材料本身局限所致。彎眼巧笑，神態怡然，微頷首鼓腹，左手抬起，似本握有肩荷之物，已遺失，右手缺，或本提籃。長衣廣袖，衣褶流暢細膩。肩、腰部分別服樹葉披肩及葉裙，表明此象牙女子像表現的或許並非常人，而是麻姑之類的神仙，施主请来供奉。

（劉岳）

二六　象牙雕抱子女士像　明

高一三·五釐米

故宮博物院藏

通體染色，體較扁平，人物眉目、髮髻、服飾交待清楚，但神情、體態、衣紋處理都顯得概括而程式化，尤其是懷抱的兒童，處理得比較粗獷。下承卷書式座。這是一件富有時代氣息的象牙圓雕人物作品。

（劉岳）

二七　象牙雕觀音送子坐像　明

高一〇·七、底徑五·五釐米

故宮博物院藏

觀音菩薩，原為印度婆羅門教中傳説的神。據説他有三十三種化身的變化，佛教把他描寫為普渡衆生、大慈大悲的菩薩，並多以女像出現。

象牙圓雕觀音送子像，身着廣袖長衣裙，高髻盤髮，披有髮巾，其面目豐腴，兩耳垂肩，額頭正中刻一圓月紋，低垂的眼瞼透出秀麗端莊、慈善的神情。敞露的頸中飾項珠，赤足，呈曲膝單腿盤坐狀。觀音纖巧的雙手間托有一男嬰，男嬰雙手持抱一刻「王」字的方印，顯示出是送往帝王之家的「福子」。

這件象牙觀音，通體棕黄色，有薰染之痕，是明代民間佛龕中供拜的造像，代表了明代牙雕藝術的風格。

（劉靜）

二八　象牙雕魁星　明晚期

高一六·三、底座徑五釐米

故宮博物院藏

圓雕象牙魁星，雙手握筆持墨狀，仰望上空嗔目而視。左足上揚起作踢鬥狀，右足站於鼇頭之上，表達了獨站鼇頭之意。魁星是二十八宿之一，奉祭奎星，是北斗的第一星，民間供奉奎星，是為了科場及第，名列前茅，取其保佑之意。將奎星寫為魁星，亦即是有在科舉仕途中奪魁之意。民間一般將魁星刻成鬼舉足而踢其鬥之狀，亦有雙手分執筆墨樣的。此件魁星形式即是取用雙手分執筆墨之狀，所刻刀法犀利深峻，紋飾精湛，意境新奇，無論是動作還是神態，均生動傳神，是明代後期牙雕中的精品。

（劉靜）

二九　象牙雕麒麟鈕關防　明晚期

高八·九、底長八·八、寬五·四釐米

故宮博物院藏

圓雕麒麟曲足半跪於長方形基座上，昂首、凸睛、闊口，身披鱗甲，頸鬣上揚，肩挾火焰，背棘如戟，尾若分瓣，形象鮮明，雕琢有力，帶有明代麒麟的一般特徵。

傳說中麒麟龍首鹿身，為祥瑞異獸，有種種神通，而性情溫良，「不履生蟲，不折草木」，是儒家理想中「仁」的象徵。麒麟降臨被認為是太平盛世的瑞兆。因此，古代裝飾藝術中常見麒麟的形象。

（劉岳）

三〇　象牙雕鳳凰牡丹圖筆筒　明晚期

高一四·二、口徑一〇·五、底徑一一·四釐米

故宮博物院藏

筆筒圓體，外壁飾「丹鳳朝陽」的傳統吉祥圖案，但作出了創造性的處理。雙鳳展翅低回，上有紅日雲翳，下有牡丹、靈芝，並雕刻松樹、怪石、蔓草等紋飾為點綴。紋飾以淺浮雕表現，極具程式化傾向，如鳳之頭、冠，都以三角形表示；松針陰刻「米」字；石頭只存形而不雕琢肌理等，顯得樸素自然，富於時代風格。

（劉岳）

三一　象牙雕蟠螭開光山水人物筆筒　清早期

高一三、口徑九·三、腹徑一〇釐米

故宮博物院藏

筆筒呈凸腹圓柱形，口沿、底足光素，筒壁採用開光形式，以淺雕雙線方夔拐子紋將筒壁分為四個長方框。框內刻出高浮雕的攜琴訪友、小橋相會、行舟來聚及觀瀑圖等四幅紋樣，圖中山巒交錯重疊，流雲環繞，山中蒼松、奇柏、古桐穿插聳立；亭閣依山而築，小橋懸崖相接，景色奇麗，氣勢巍峨。作者以嫻熟精湛的技藝，將筆筒的圖案雕刻得精細異常，佈景美妙，古雅精緻，如同四幅筆墨濃韻的山水畫，是清代中期象牙雕刻藝術中的精品。

（劉靜）

三二 象牙雕花卉方筆筒 清早期

高一二·一、口徑九·三、底徑八釐米

故宮博物院藏

筆筒上寬下窄呈折角四方形。在四面和折角處均有長方條形開光紋框，在刻有蟠夔紋的框中，用高浮雕技法，分別刻有四季花卉圖案。這件構圖規整、刀法精細、婉轉流暢的作品，是清宮造辦處廣東牙匠所做。除了象牙色澤和花卉刀鋒方面仍保留廣東象牙的特徵和雕刻風格之外，其他方面風格改變很多。這種宮廷風格則完全是各地牙雕高手相互磋商，精心設計和改進的結果。這件構圖規整，刀法精細，婉轉流暢的方筆筒，無論是構圖，還是雕刻，都達到了頂峰。四面的花卉圖案分四季，有梅花、芍藥、荷花和菊花，花繁葉茂，婷婷玉立，翻卷自如，無論枝葉與花朵，儼如寫真；而且形式新穎不落俗套，另外圖中還分別以蝴蝶、蜜蜂、鷺絲、翠竹為襯，以示平安、報捷、連科、三友等，寓意深長。加之潔白瑩潤的色澤，更增添了筆筒的清雅之氣，深受雍正皇帝喜愛。是研究清代中前期宮廷象牙藝術的重要之作。

（劉靜）

三三 象牙雕仕女 清早期

高二三釐米

故宮博物院藏

圓雕，仕女直立身着長衫，頭稍低腰微躬，左手稍抬，呈捏持狀，右手握筆，一幅集思冥想、斟文酌句的神態被表現的惟妙惟肖，淋漓盡致。仕女描眉點睛，衣邊、頭髮、筆尖均墨染成黑色。此仕女的面龐、髮髻、衫裙類似「康熙南巡圖」中的市庶婦女形象，正面觀，面龐稍豐滿，身材比例角勻稱，又似清雍正時宮中所繪的美女圖格式，與廣東牙匠茜色的風格亦極相符，當是出自宮廷造辦處廣東工匠。

（劉靜）

三四 象牙雕戲兔羅漢 清早期

高二·九釐米

故宮博物院藏

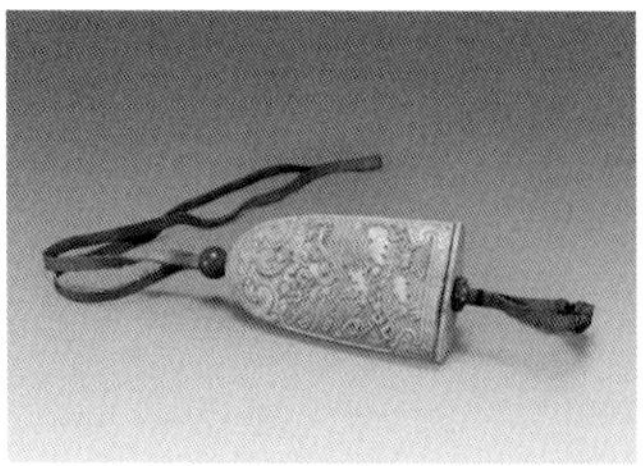

作者將一小塊象牙以圓雕技法，刻成羅漢戲兔狀。羅漢體態肥胖，右腿翹起，身偏左，雙手撫摸兔身，寄樂其中。潔白、細膩的象牙，以及精緻圓潤的刻工，將禿頂披髮、斜身半臥在地的羅漢與兔極為活潑生動。尤其是羅漢腳指微微上翹，雙手逗兔，開懷歡笑的神情，更使此作顯得情趣盎然，且宮廷藝術風味極濃，是清代前期宮廷造辦處江浙一帶牙雕高手刻製的清玩作品。

（劉靜）

三五　象牙雕山水金裏碗　清早期

高五·三、口徑九·二釐米

故宮博物院藏

象牙碗，是宮中喝奶茶之用具。圓形，敞口、圈足。圈足底下有凹槽，足內刻有「宮製」篆體方印。碗內鑲有金裏，外壁淺刻「觀瀑圖」和五言詩。圖中近處峰嶺起伏，峭壁如障；岩壁之下，江面微波蕩漾，一隱士盤腿坐在石臺上撫琴。

牙碗一般是由廣東進貢，有的刻有花紋，有的呈進光素牙碗，根據旨意再另行配有圖文。此作品牙質瑩白，紋裏細膩，圖文是在宮內刻製的。刻線十分纖細，為使圖案清晰，在刻線上塗有黑漆，使之如同工筆繪畫，而且字體清秀瀟逸，在飲奶品茶欣賞之餘，倍增幽趣。

（劉靜）

三六　象牙雕海水雲龍火鐮套　清雍正

長一一·二、最寬五·九、最厚二·六釐米

故宮博物院藏

火鐮套呈覆鐘式，平面光素底，內有明黃緞套盛裝火石、火鐮及引火絨紙。整個套盒由一條黃絲帶從中穿連，上端由一顆珊瑚珠固定開啟，下端由一枝染牙荷葉結托。外壁兩面以陽紋刻出鳳首夔紋邊框，在框內，又以高浮雕技法，刻有「蒼龍教子」圖，圖中海天一線，大龍均騰躍於蒼海雲中。下方一面有兩雙小龍穿行在海水中旋轉追珠；一面則是一雙小龍昂首上觀。四周海波洶湧翻卷，氣勢壯觀。這類比較典型的器皿，有很多都是為賜給皇子貝勒而特製的。這件紋飾精雅細緻，刀法流暢，並且寓意深奧的作品，是雍正時期宮中象牙高手奉旨製作的。

（劉靜）

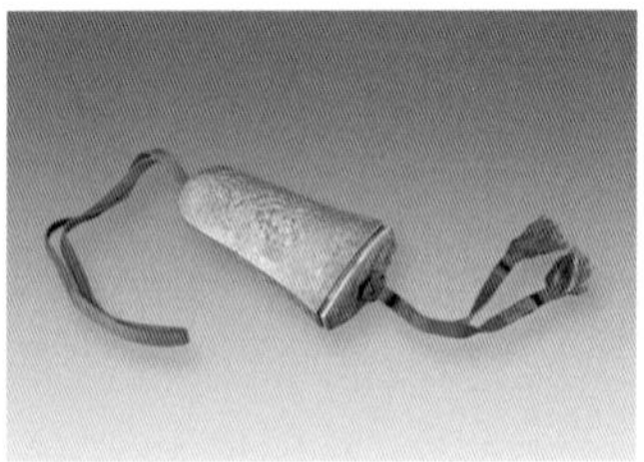

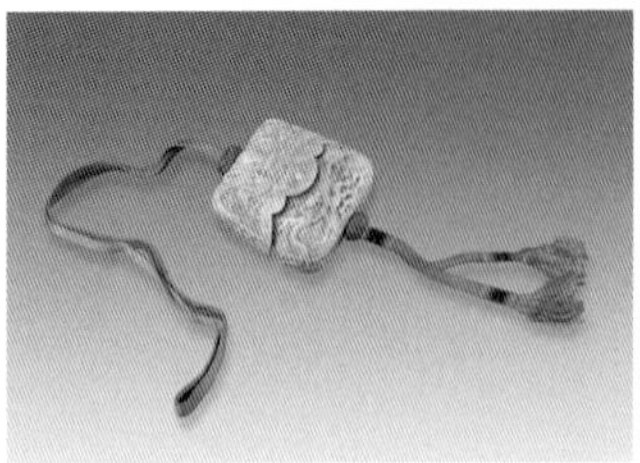

三七　象牙雕海水雲龍火鐮套　清雍正

長一一·七、最寬五·九、最厚二·三釐米

故宮博物院藏

盒分為兩部分，上部為主體，中空，呈鐘形，略扁，內為明黃緞儲物袋，儲物袋與底托相連，兩側放置鏤空銅鍍金雙龍戲珠紋火鐮及長方形火石各一。整體以黃絲帶貫穿，下有染色象牙結子，佩戴在腰間，既可自由拉開火鐮盒取出內藏物品，又不至散落，設計巧妙而富實用性。牙盒外壁淺浮雕紋飾，開光內為海水龍紋，紋飾精密異常，隱起圓潤，水流纖如絲縷，龍紋虬勁欲飛，並以黑漆點睛，工藝高超，具有清中前期宮廷牙雕的時代特徵。

（劉岳）

三八　象牙雕海水雲龍火鐮套　清中期

長八、寬七·四釐米

故宮博物院藏

火鐮套形如荷包，是宮廷象牙雕刻家黃振效於公元一七四二年按照清宮服飾的要求製作的。分蓋、盒兩部分，中空，由一根黃絲帶及兩塊蓮葉形的珊瑚飾珠穿連。蓋口邊刻雙線垂如意及蟠夔紋。在盒體上刻出大小行龍二〇條及帶焰火珠七個，群龍在洶湧的波濤中追逐火珠，騰挪卷舞，氣勢雄偉。盒內兩側分刻楷書「乾隆壬戌」、「振效恭製」款。套盒中還盛有一條穿珠繡壽字夔龍紋黃緞火鐮帶及鏤空鏨夔龍紋金火鐮一把，瑪瑙火石數塊，引火絨紙一疊。

據清宮造辦處《活計檔》記載，乾隆皇帝曾多次交待造辦處，讓他們「想巧法做上用火鐮包」。這件套盒採用浮雕技法，紋飾層次分明，氣韻雄偉生動，刀法精細流暢，獨具風格。製作人黃振效，是廣東籍象牙雕刻名匠，乾隆二年（一七三七）進宮，他所刻製的象牙深得乾隆皇帝的賞識，被特別恩准刻上款識。這種御用火鐮套，在宮中還有數件，為我們研究清代象牙雕刻工藝提供了重要的資料。

（劉靜）

三九　象牙雕海水雲龍火鐮套　清中期

長八、寬七·四釐米。

故宮博物院藏

象牙火鐮套，形如荷包，是宮廷象牙雕刻家黃振效於公元一七四二年按照清宮服飾的要求製作的。分蓋、盒兩部分，中空，由一根黃絲帶及兩塊蓮葉形的珊瑚飾珠穿連。蓋口邊刻雙線垂如意及蟠夔紋。在盒體上刻出大小行龍六條及帶焰火珠七個，群龍在洶湧的波濤中追逐火珠，氣勢雄偉。盒內兩側分刻楷書「乾隆壬戌」、「振效恭製」款。套盒中還盛有一條穿珠繡壽字夔龍紋黃緞火鐮帶及鏤空鏨夔龍紋金火鐮一把，瑪瑙火石數塊，引火絨紙一疊。

這件套盒結合竹雕藝術，採用浮雕技法，紋飾層次分明，氣韻雄偉生動，刀法精細流暢，獨具風格。製作人黃振效，是廣東籍象牙雕刻名匠，乾隆二年（一七三七）進宮，他所刻製的象牙深得乾隆皇帝的賞識，被特別恩准刻上款識。這種御用火鐮套，在宮中還有數件，為我們研究清代鼎盛時的象牙雕刻工藝提供了重要的資料。

（劉靜）

四〇　象牙鏤雕夔紋亭式花薰　清雍正

高二四·九、蓋直徑五·二、座直徑四·八釐米

故宮博物院藏

象牙香筒，亦稱牙牆香袋、香薰。在香袋正中有一根管狀銅夾，可夾制香料，使香氣自筒壁溢出。這種形式的香筒，是明清時期流行的工藝裝飾器物。此件造型為華亭式的香筒制於清代雍正時期。在圓形的筒柱上鏤刻有夔龍紋。夔龍細長，相互勾連，形成組合圖案。筒頂覆亭式蓋，蓋正中雕有蓮托葫蘆形鈕，頂中穿一孔，一組鑲染骨珠的絲帶直通蓋內，連接着筒內的銅管。柱下連有仰覆蓮紋六足托泥圈座。這件造型優美，刀法圓潤，無棱角遲滯之感，以夔紋作為裝飾圖案的香筒，雕刻精細，造型別致，是清代宮廷造辦處牙匠製作的佳作。為研究清雍正時期的藝術提供了重要的依據。

（劉靜）

四一　染牙雕雲紋冠架　清乾隆

高二七·五、足徑一一·六釐米

故宮博物院藏

冠架由幾部分複合拼組而成，以一根銅芯貫通，各象牙部件均套於芯外。頂

部為扁圓罐形，上配鏤空纏枝連花式蓋，外壁淺浮雕如意垂肩及仰蓮紋各一周。底座略成上小下大的馬蹄式，裝飾如意紋的部分可以旋動，與下部扣合而成。杆部分作三段，每段可分別轉動，飾有如意、蓮瓣、繩紋等。冠架通體染為綠色，帶有仿古意味，而又富時尚色彩，是這個時期宮廷牙雕風格與江南地區工藝技術相結合的代表性作品之一。

（劉岳）

四二　象牙雕月曼清遊冊　清乾隆

縱三九・一、橫三二・九、厚三・二釐米。

故宮博物院藏

「月曼清遊」冊，是一面為景，一面嵌螺鈿御製詩句的对应式冊頁。全套「月曼清遊」共有十二開，每月一開，將宮苑仕女從正月至十二月的娛樂活動刻繪出來。圖景以象牙雕刻為主，又分別嵌以彩石、碧玉、紅蘭寶石及瑪瑙、玳瑁、珊瑚等搭配成各種景物，精緻典雅清麗，很受乾隆皇帝讚賞。

十二個月的景題分別是：「寒夜尋梅」、「滿園春色」、「曲池蕩千」、「韶華鬥麗」、「池亭賞魚」、「荷塘採蓮」、「桐蔭乞巧」、「瓊台賞月」、「深秋觀菊」、「文閣刺繡」、「圍爐博古」、「踏雪尋詩」。

這件作品是根據清代著名宮廷畫家陳枚的「美人圖」畫稿於乾隆四年至五年間由造辦處著名牙匠陳祖璋、顧彭年、常存、肖漢振、陳觀泉製作的。此冊原名「百美圖」，也曾提名「上園長春」冊，後來定名「月曼清遊」冊。圖紋與陳枚畫稿有很大改動，其中牙刻、鑲嵌技術水平均非常高，歷來被譽為清代牙雕藝術中的代表作。

（劉靜）

四三　象牙雕黑漆地描花筆筒　清中期

高一三・七、最大徑一一・五釐米

故宮博物院藏

筒身六瓣花式，每一面均微凹入，通體曲線優美。底部六頂角設六矮足。口沿、足沿飾變體夔紋，主體部分則為開光內裝飾各式折枝花卉，如牡丹、玉蘭、菊花、梅花等，圖案黑地白章，效果鮮明而強烈。其製作方法，需首先於象牙表

面去地淺浮雕紋飾，然後在空地上反復髹黑漆，直到漆面與紋飾高度相侔，再加以打磨修整，並在如花蕊、葉脈等處配合陰刻填漆技法，才能得到最終的裝飾。其整體觀感已經突破象牙雕刻在色彩上的某些局限，這種工藝也是清中期宮廷牙雕所取得的突出成就之一。

（劉岳）

四四　象牙雕竹石圓盒　清中期

高二、口徑五·五釐米

故宮博物院藏

盒扁圓形，分蓋與底兩部分，銜接處為螺旋口，蓋面開雙線圓光，淺浮雕竹石圖，盒底正中刻楷書「雍正年製」四字款。

（劉靜）

四五　染牙雕柿式盒　清中期

高二、口徑五·五釐米

故宮博物院藏

盒染成深紅色，盒身正面覆蓋枝葉，枝葉下橫壓一柄靈芝首如意，如意柄尾疊刻一「卐」字，寓「萬事如意」之意，盒底正中刻楷書「雍正年製」四字款。

此類盒是清宮特有的裝飾盒具，有的盛放印油，放在書齋几案上作為裝飾。有的作為粉盒，點綴在后、妃梳粧檯上，有的則作為盛裝古玩的盒具，收藏在百寶箱或多寶格內。雍正皇帝曾多次下旨製造各種果式盒具，有石榴、桃、佛手、瓜實等等。設計均十分新穎，結構合理細密。因象牙質地瑩白潤澤，加之造型自然雅美，使之成為賞心悅目、雅俗共賞之作。是雍正時期代表製品之一。

（劉靜）

四六　象牙鏤雕活動樺提梁卣　清中期

通高一四·八、卣高八·一、最大口徑四·六、最大足徑四·二釐米

故宮博物院藏

提梁卣呈橢圓罐形，由卣身和蓋兩部分組成。蓋邊陰刻雲紋，蓋面鏤刻夔龍團壽紋，頂中嵌乳色瑪瑙珠紐。卣腹兩側嵌雕獸面活環耳，夔首提梁。卣腹通體鏤刻活動雷紋。

這件象牙提梁卣，作用與香囊相同，紋飾簡樸大方，刀法圓潤流暢，造型優美，做工、構思可謂巧妙精雅，既顯得精巧玲瓏，又光澤宜人，是清雍正、乾隆年間宮中珍貴的象牙雕刻裝飾品。

（劉靜）

四七　象牙雕放牛教孫讀書　清中期

高六、長八·九、寬四·三釐米

故宮博物院藏

作品採用圓雕、鑲接等多種技法，以糙地刀法皴刻草地山石，一頭老牛雙角內彎，臥於草地之上，向前觀望。在牛身後，老少二人肩系草帽，背靠山石和樵捆，盤肱曲膝席地而坐。少年左手撐地，右手指書；老者一手持書，一手並出中、食二指，擱在膝上，雙目直視書卷。看起來是一問一講，老者嚴謹，少者認真，呈現出一派勤奮耕讀的景象。刻工可謂精巧細緻，配上黑色髮鬚、眉眼和朱唇，使人物更增添了市俗氣氛，形象極為逼真生動，表現了祥和的田園生活，是清代雍正時期宮廷造辦處牙刻藝術中的佳作。

（劉靜）

四八　象牙雕牧羊人　清中期

高四·九釐米

故宮博物院藏

作品採用圓雕、鑲接等多種技法，以糙地刀法皴刻出草地，圓雕的牧童席地而坐，一個吹橫笛，一個平舉單臂，打節拍伴合。三隻綿羊溫順地伏臥其旁，寓「三羊開泰」之意。

此件作品，設計佈局十分巧妙。景物造型典雅精細，小巧玲瓏，尤其是人物、綿羊的眼、髮均為墨染，有點睛之妙。刻技精湛細膩，表現了清雍正時期牙刻藝術的特點和風格，是研究宮廷藝術的重要之作。

（劉靜）

四九　象牙雕牽鹿人　清中期

高六·五釐米

故宮博物院藏

立體景觀式，用小塊象牙刻製銜接而成。作品採用圓雕、鑲接等多種技法，以糙地刀法皴刻草地，圓雕的梅花鹿側臥於地，一禿頂披髮小童，赤足，敞胸露腹，左手牽繩，右手持如意，躬腰站立在鹿旁，「鹿」表示長壽，「如意」表示吉祥，是清代吉祥圖案中經常使用的題材。

此件作品造型小巧生動，精細成趣。人物、動物的毛髮和眼睛均由墨染黑，神態逼真。尤其是小童腳指上翹，梅花鹿昂首上望，更體現了人物、動物活潑、健壯的神情。與牙雕牧羊人相配成套，組成了太平祥和的田園景觀，是研究清代雍正時期牙刻藝術的重要之作。

（劉靜）

五〇　象牙雕戲獸人　清中期

高六釐米

故宮博物院藏

立體小景觀，用小塊象牙銜接而成。作品採用圓雕和銜接等多種技法，以糙地刀法皴刻出草地山石；山石上一隻母獅躬身翹尾，小童赤足敞胸，笑眯眯地雙手舉着小獅，正在逗弄大獅。可能大獅怕小獅有所閃失，急得團團轉，一幅急怒無奈的神情。一個開懷，一個焦急，兩者相映成趣。

此件作品，與前「耕讀、牧羊、牽鹿」同為一套景觀，異曲同工，風格略同。雖所用之材是象牙的邊角餘料細刻粘接而成，但無一不表現出小、薄、細巧的特徵。而且潔白細膩，表現出了清雍正時期獨特的牙刻藝術風格。

（劉靜）

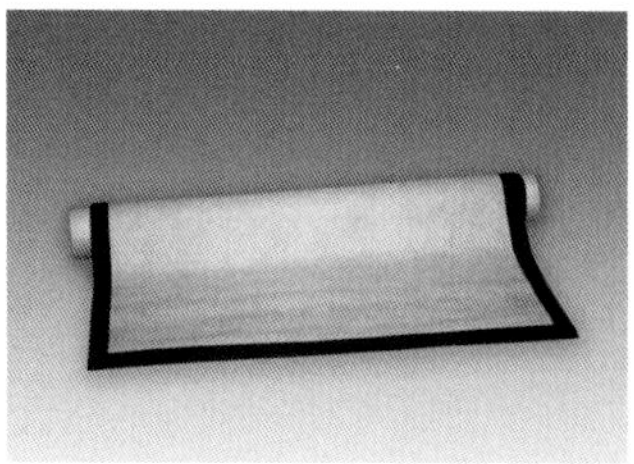

五一　象牙席　清雍正

長二一六、寬一三九釐米

故宮博物院藏

這件人字紋象牙編織席製於清代雍正六年（公元一七二八年），由廣東牙雕藝人用寬不足〇·三釐米、細如竹篦的扁平象牙絲編製而成，周邊和底包有黑色緞襯。

據《養殿辦處各作成做活計清檔》記載，雍正六年初五日，圓明園來貼內稱，本月初四日太監張玉柱、王長貴交來象牙細褥四個。傳旨：將席子拆下托

氈，沿藍緞邊，鋪床用。其中兩件象牙席拆下沿藍緞邊呈進鋪床。此件牙席當是兩件席褥中的一件。象牙席的製作不同於其他雕刻，是先將象牙抽絲、磨平，然後再編織出各種紋飾。據記載：雍正年間，象牙席前後共製有五件，當時由於編製程序非常複雜，工藝難度極大，造價昂貴，迫使雍正皇帝也不得不以躬行勤儉為名，傳旨停止製作。

這件象牙席紋理細密均勻，表面平整光潔，夏天鋪墊涼爽宜人，它集結了優秀藝師們的智慧，是清代牙雕藝術的代表作。

（劉靜）

五二　黃振效款象牙雕漁家樂圖筆筒　清中期

高一二、口徑九·七釐米

故宮博物院藏

筆筒以高浮雕及鏤雕技法在筒壁上刻畫漁人生活的圖景，崖岸上松、柏、柳、竹成蔭，其下溪流潺湲，漁人或泊舟閑坐，或挈婦將雛，或聚談，或歡飲，篷上小貓，篷中什物，均歷歷可數。在山壁一側陰刻填漆楷書乾隆御題詩句：「網得魚蝦足酒錢，醉來蓑笠伴身眠，漫言泛宅曾無定，一曲漁歌傲葛天。」並「宸」、「翰」二篆書填朱印。近足處有「乾隆戊午長至月小臣黃振效恭製」款識。戊午即乾隆三年，公元一七三八年。

黃振效為廣州著名牙雕工匠，於乾隆二年（一七三七）被舉薦入宮，並受到乾隆皇帝的寵愛。這件筆筒在技法上有廣東牙雕的精細工巧，在題材的選擇與畫面的設計上則富於文人化的格調，反映了宮廷牙雕逐漸步入成熟階段的某些特點。

（劉岳）

五三　象牙雕山水圖方筆筒　清中期

高一〇·二、口徑六·三、足徑六·八釐米

故宮博物院藏

象牙筆筒，方形，四面為委角長條框式，框內以透雕、高浮雕技法刻有不同紋飾山水人物景。一為荷亭納涼圖，湖邊雙柳高垂，湖中長廊蜿蜒，亭中一人觀賞清新宜人的荷景。二為長松獨步圖。河岸屋舍接連，松桐挺拔，籬院松下一人

獨步。三為山亭聳秀圖。湖邊峭壁高峻，小村漁舍，間錯煙跡，崖頂置一方亭，崖下小橋上一人手持細鞭趕驢前行。四為山村野渡圖，湖岸屋亭林立，楓桐蒼然，一葉小舟蕩漾於湖中。

這件象牙雕方筆筒，是在平面上做立體高浮雕，畫面深至七層，刀法精細而富有筆墨情題，遠山近景被刻畫得精巧可觀，是清代精刻牙雕藝術的珍品。（劉靜）

五四　象牙雕人物方筆筒　清中期

高一一・七、直徑九釐米

故宮博物院藏

方形，四角內凹作葵瓣式，並有陰刻曲線修飾，頗為新巧。底部中央鏤空一圓形空洞，本應裝配底座，今已缺失。筒身每面均於四方委角開光內，再以去地高浮雕法飾一重變體夔紋，雙重開光中浮雕山水人物。內容分別是撫琴、弈棋、題壁、醉酒等，人物雖小但鬚眉儼然，神情畢肖，景物不過截取片斷，卻也精雕細鏤，起到極好的襯托作用。此器工藝嚴謹，題材高雅，頗具清中期宮廷牙雕的風範。（劉岳）

五五　象牙雕漁樵圖筆筒　清中期

高一四、口徑一一・二、足徑一〇・八釐米

故宮博物院藏

用象牙截雕而成，筒壁用高浮雕技法，以山石為界，將畫面分成兩部分。一為柳畔停舟。一老翁撒網捕魚，另有一翁一婦，老婦扶小童，老翁盤坐回首，似在呵斥頑童。對岸山間小猴攀騰跳躍，壁間雙鶴翔飛。樵夫肩挑柴擔盤山而下。一為松竹溪橋。橋下溪水奔流，農夫荷鋤出耕。岸邊的樹下，亦有樵夫停擔休息。牧童騎牛放牧小犢，山羊於青草間悠閒慢度，整個畫面顯出一派太平祥和的景象。此件作品雕刻細膩，技法與竹刻相同，是出自乾隆年間（一七三六—一七九五）清宮造辦處牙雕藝人之手的佳作。（劉靜）

五六　象牙雕松蔭高士圖筆筒　清中期

通高一四·四、口徑一二·七釐米

故宮博物院藏

筆筒直筒式，玉璧形底。在口沿及底邊的回紋裝飾帶之間，雕鏤人物場景。有湖光山色，松柏長青，人物可分三組，一組為老者攜杖徐行，二小童抱琴背囊相隨。一組為一老者立於橋上，回首停步，手指前方，似在引路，一小童於岸邊聞聲觀望；又一組為二老者正伏案觀書，忽有所感，與烹茶、提壺小童一起遠遠觀望。作者利用圓形的筒身鋪排情節，以山松為界，步步設景，每一轉側均有不同畫面，而又似有內在聯係，藕斷絲連，十分巧妙。

此筆筒以高浮雕為主，並配合淺浮雕、鏤雕等技法，精巧嫻熟。其製作一絲不苟，連地面都琢磨得光滑圓整，顯示出這一時期象牙雕刻中的典型風格。

（劉岳）

五七　象牙雕開光山水轉芯式筆筒　清中期

高一二·七、直徑八·五釐米

故宮博物院藏

圓形，口唇過渡柔和，後配底，底中央突出一圓形台，與筒身以螺口相聯。口沿陰刻回紋帶，器表高浮雕山水人物。人物幾達數十，分成多組，錯落於山水間，有推車者，有託盤者，有抱瓶者，有驅象者，大都興高采烈，所盛裝的則皆為珊瑚、寶石、靈芝等諸方異寶。人物均著西洋服飾，表現出當時中西交流的頻繁，以及清代統治者在此過程中所秉持的天朝上國的倨傲心態，頗堪玩味。外層又鏤雕一字紋地方形開光圓筒，套於口沿與足沿之間，可以旋轉，不同角度在開光內顯現的紋飾也不同，給靜態裝飾帶來無比豐富的變化，是為最精彩之處。

（劉岳）

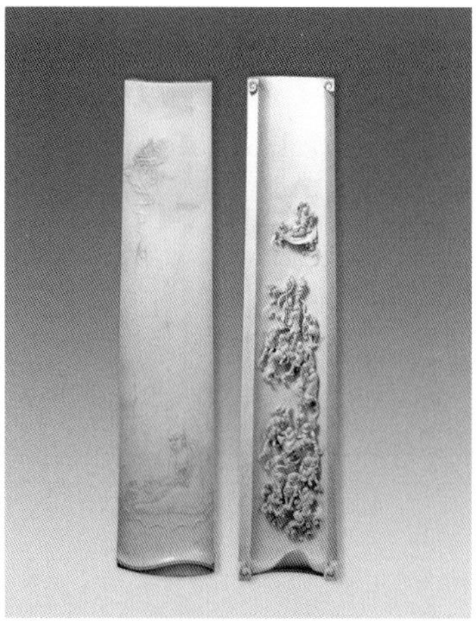

五八　象牙雕松蔭策杖筆筒　清

高一五・八、口最大徑七・八、底最大徑八・六釐米

故宮博物院藏

體近橢圓，上小下大，口壁厚而足壁薄，後嵌底，腰部一周收分較大，將器身分做上下兩部分，紋飾亦因之似有分別。紋飾以淺浮雕為主，表現一老者持杖徐行，旁隨一小童比手劃腳，似在交談。刀法雖簡，卻極富立體感。二人立於山間隙地，一側山石丛樹，直入雲端。以陰刻法刻畫遠山苔點，雲氣繚繞，層次清晰。雕刻止於背面，有大片留白。

（劉岳）

五九　象牙雕十八羅漢臂擱　清中期

長二九・一、寬六・一、厚二・四釐米

故宮博物院藏

臂擱又名「秘擱」，是文人繪畫、寫字時用以承腕墊臂的文房用具。

臂擱上窄下寬，面略拱圓，背凹如覆瓦，有四矮足。下端作竹節形，正面淺浮雕一僧趺坐面壁焚香，爐中香煙嫋嫋，冉冉上升，在空中凝成殿閣一座。臂擱的凹面，雕有十八羅漢渡海圖。圖中彌勒佛坐於一片由三魔鬼托起的錦緞上，眾羅漢各持法器分乘龍、猴、獅、麒麟、龜、魚、牛、虎、鹿、馬、豬、巨蜥等騰波蹴浪，前呼後應，踏海而行。

十八羅漢臂擱目前流傳於世的只有兩件，一件現藏臺北故宮博物院，是由清代廣東優秀牙匠黃兆於乾隆二八年（一七六三年）受旨在清宮造辦處製作的。這件十八羅漢臂擱，來源有兩種可能，一是據《宮中進單》載：「乾隆十一年（一七六三年）七月初三日，內務府員外朗管理九江關務唐英進象牙十八羅漢筆格一件」。二是蘇州人杜士元善刻象牙臂擱，曾刻有高浮雕十八羅漢渡海圖臂擱。乾隆初年被召入京，命居啟祥宮，專為皇帝製作。從雕刻技法上看，這件筆墨韻律濃烈的牙雕臂擱，景物集聚，刻工十分細膩圓潤，刀法精絕，特別是羅漢的衣褶，異獸的毛髮，纖細精微，人物、動物表情生動逼真，若有聲響，且又無一相重，製作精巧，精妙絕倫，極似杜士元雕刻風格，是清代中期象牙清玩中的精品。

（劉靜）

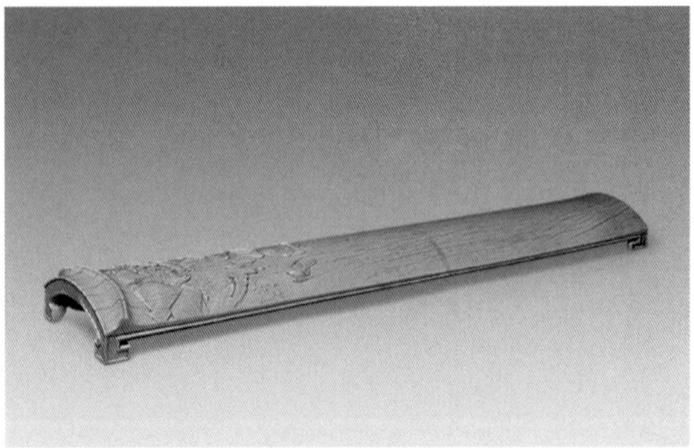

六〇　象牙雕古木寒雀圖臂擱　清

長二八·五、寬六·四、厚二·七釐米

故宮博物院藏

長形，覆瓦式，四矮足，較厚重。正面以淺浮雕法，背面以高浮雕及鏤雕法刻畫紋飾。依據紋飾的佈局可以看出臂擱下部較寬，足稍高，而上部較窄，足略低，器型雖簡，卻極為講究。正面紋飾表現塊石枯樹之隙，右上一獵隼斂翼盤旋，正欲撲擊，左下二小雀倉皇閃躲，匿身樹叢，截取生死瞬間，引人入勝。而運刀轉折淩厲，線條剛直。紋飾之外大片留白，其下浮雕「S」形竹節紋一道，豐富了器表的體面變化，與背面下邊框遙相呼應。背面以「之」字形構圖組織紋飾，高浮雕、鏤雕、淺浮雕多達數重，近景一漁舟於叢樹崖岸間，將出未出，漁家老翁攜童子嬉戲舟頭，其上猿猴三兩，縱躍林梢，遠處層巒飛瀑，廟宇軒敞，二老者立於山巔，似正陶醉於天高雲淡，疏鐘猿鳴的幽杳意境。

（劉岳）

六一　象牙雕九老圖臂擱　清中期

長一七·三、寬三·九、厚一·一釐米

故宮博物院藏

臂擱長形，呈覆瓦式。正面雕壽星，含胸側首，微笑慈祥，寬衣博帶，着雲頭履，手捧畫卷。背面雕「九老圖」，山崖、清泉、樹木交錯，山路盤曲，九位老者或持杖過橋，或山間相迎，或高談闊論，雖體小如豆，卻神情畢現。遠處有雲煙重巒，樓臺隱現，尽收尺幅千里之妙。

唐代詩人白居易晚年退居香山，嘗與胡臯、吉皎、鄭據、劉真、盧真、張渾、如滿、李元爽等八人一同宴遊，九人皆高齡，時稱「香山九老」。後世多有以此入詩畫者，含有祝壽祈福之意。

此臂擱正背圖紋分別採用淺浮雕和高浮雕技法雕成，作工不同，繁簡迴異，而祈壽之意相似，清雅之韻合一，實是清代牙雕文房用具中的代表作之一。

（劉岳）

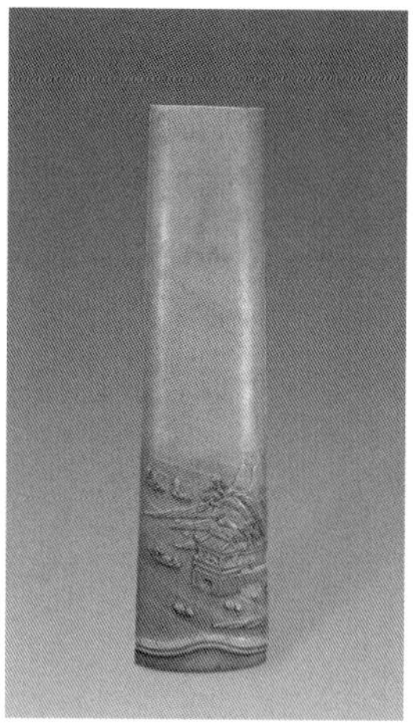

六二　象牙雕松蔭雅集圖臂擱　清中期

長二四、最寬六、厚一．九釐米

故宮博物院藏

上寬下窄，呈覆瓦式，有四矮足。正面以淺浮雕法刻高閣遠帆、海水行舟圖。景色空明澹遠。腹面內凹，以鏤空高浮雕技法，刻成「松蔭雅集」圖景。圖中峭壁奇岩，高聳環立，如屏如障。奇松蒼勁，鱗甲蜿蜒，蒼翠欲滴。上方松蔭石壁間，三位老人環立觀畫；另三位老人對坐吟詩，旁立一老手舞足蹈，開懷大笑；二童子侍立煮茗。下方有一拱形石橋，橋旁一株蒼松斜向橋頭，枝幹嬌繞怒伸。松下有兩個老者騎馬相伴來訪，二童持卷攜琴相隨。人物姿態不一，生動有神。

《香祖筆記》卷一中有關於「南翔八老」的記載：「南翔里有八老人為社，徐爵九六、趙陸九四、陸淙八五、徐勳、張樂俱八四，董儒八三、朱梓八二、陸球八一，居止不一二里，而耄耋相望，日杯酒談笑相娛樂，誠太平盛世也」。這件以「南翔八老」為題材刻製的松蔭雅集臂擱，受竹雕影響頗深，在雕刻技巧上，凸面淺浮雕的山水圖紋薄不足一毫米，寫意氣韻十足。凹面雕刻立體感很強，所刻山徑、樹石曲折幽深，與犀角、沉香木刻有一曲同工之妙，被乾隆皇帝所收藏，是清代中期象牙雕刻中的精品。

（劉靜）

六三　象牙刻字墨床　清

高二．七、長八．五、寬三．一釐米

故宮博物院藏

墨床呈條案式，束腰，牙邊曲線玲瓏，膨腿外翻馬蹄足，連棖只餘一條。器雖小卻極為工整規矩。床面陰刻填藍色大篆「寶其萬年」，線條斷續，刻意模仿金石歷經歲月的剝蝕韻味，又陰刻填紅色「古鼎銘四字」及填綠色「師古」小印。此器設計巧妙，工藝尚精，是象牙雕文玩器具中引人注目者。

（劉岳）

六四　象牙鏤雕小船　清中期

高一・七、長五・二、寬一・五釐米

故宮博物院藏

小船屬微雕製品，船邊有雷紋護欄，船首刻牌坊，有三人立於牌坊前觀景。牌坊後刻有蓬艙，蓬艙有九扇鏤刻的窗戶，可開合。艙內鏤空，對窗可以相望。蓬頂上七個船公正將桅杆放倒，看似船已到岸。船下有舵槳，活動自如。船底陰線填墨刻「乾隆戊午花月小臣黃振效恭製」款。（劉靜）

六五　李爵祿款象牙鏤空勾雲帶座小盒　清乾隆

外盒長五・七、寬四・五、高二・三釐米

故宮博物院藏

此件作品為清宮造辦處象牙高手李爵祿於乾隆二四年至三五年（一七五九——一七七〇）間製作的。鏤空小盒以套盒方式展現，內盛裝十八個如指甲蓋大小的各式小盒，套盒採用鏤空技巧，刻有雷紋、索花如意、雙夔等紋，紋線如髮絲，壁薄如蛋殼，玲瓏剔透，精細絕倫。

盒中連有象牙微刻的果實、昆蟲、環練等小物件，細如米粒。這種與微雕技法结合的藝術品，是清代中期象牙工藝代表作之一。（劉靜）

六六　象牙雕荷花橢圓小盒　清中期

高二・五、長五・八、寬三・八釐米

故宮博物院藏

作者在壁薄如紙的象牙小盒蓋面上，精心雕荷花蓮藕、蛙、蟹、蝦等。盒內正中有一活環小水罐，一條活環小練與蓋相接，小罐四周，分佈有葉形小盤與白藕一支；盤中盛佛手和菱角，一隻蜘蛛正向水罐爬去。在盒蓋內面，雕有一群螞蟻正在搬運一隻仰臥的蠅蟲。牙盒潔白細膩，圖案細密微小，如鬼斧神工，所刻內容雖多，但卻典雅不繁，新穎生動，精妙耐尋，尤其是小盒中的生物，其狀雖微，勢若飛動，景物充滿生機，賞心悦目，給人以無限遐思，是清代雍正時期造辦處牙匠中的高手所製，屬精雕佳作中的極品。（劉靜）

六七　染牙刻人物小盒　清

高二·九、直徑六·一釐米

故宮博物院藏

扁體，圓形，蓋身子母口相合，凸唇。通體經染色，色澤微黃，細部施以陰刻，為使紋飾醒目，在局部剔去表層露出象牙本色為地，裝飾效果特佳。立牆題材為梅蘭竹菊圖案，蓋面則飾山水人物，樓閣之上，二仕女憑窗目送征人馳馬而去，情態婉約，景物旖旎，其整體意匠頗類竹刻中的留青工藝。（劉岳）

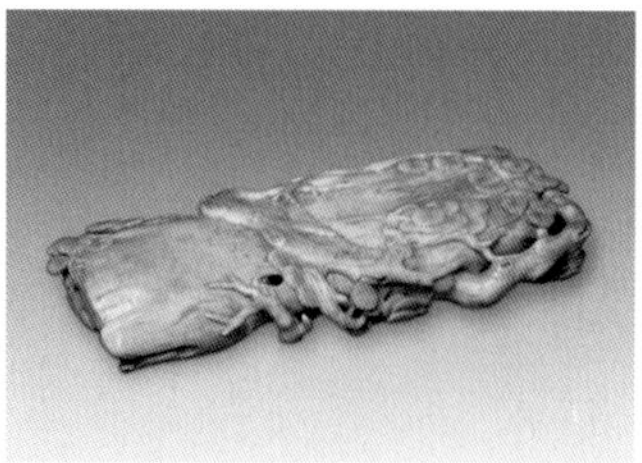

六八　象牙雕松樹鎮紙　清

長一三、寬五·八釐米

故宮博物院藏

扁體，略呈覆瓦式，雕作松幹狀。以淺浮雕及鏤雕技法表現表皮鱗片錯落，極具韻律美感，枝椏虯結，松針如雲，裂罅於正背較淺，於側面通透，佈置巧妙。背面上部有圓形小池，反置可為水丞。尤為精巧的是，正面下部松針處有一機關，拉動機關，則可掀起一橢圓蓋，蓋下橢圓池內，淺浮雕雲螭紋，亦可為水丞，蓋背面雕成硯式，且隱隱有墨痕浮現。此松樹鎮紙一物而多用，雕刻磨工俱佳，設計出人意表，是極為罕見的文房用具。（劉岳）

六九　染牙盒　清

高二·二、長一一、寬二·四釐米

故宮博物院藏

盒以象牙製成，呈窄長梯形，染為淡綠色。器身滿雕夔鳳紋，正、背兩面紋飾相同，盒內壁光素無紋。

此器採用淺浮雕和陰刻技法雕成，刻工精緻細密，刀法流暢，紋飾層次分明，典雅秀美。盒稍窄一側由一五瓣花式釘扣合，器身與盒蓋以此固定，其上套有小環可用於佩攜。開啟此盒只需將蓋面向左右兩側滑動即可，內可置鑷子、牙籤、耳挖勺等物。（謝麗）

七〇　象牙雕荔枝如意雙聯盒　清

高四、長八．五、最寬三．九釐米

故宮博物院藏

象牙雕雙聯式盒，盒由一環佩和一柄芭蕉扇托連在一起，一盒雕作折枝桔，桔皮系採用糙地法刻出密密麻麻的小細點加以表現，桔上雕有兩隻蝙蝠展翅相對。另一盒雕作系帶磬式，蓋面雕勾雲如意紋，盒內盛有一枝含苞待放的玉蘭花。兩盒扣合十分緊密，精巧異常。蝠諧音「福」，桔、磬諧音「吉慶」，紋飾寓意「福壽吉慶」之意。

此器呈淺黃色，以圓雕、鏤雕及淺浮雕雕成，開啟是小盒，合是几案上的陳設品，設計精巧，做工考究，是宮廷造辦處牙匠高手的傑作。

（謝麗）

七一　茜牙鵪鶉式盒　清

高五．六、長一二、寬四．五釐米

故宮博物院藏

盒圓雕成鵪鶉形，通體披羽。羽毛雕刻極富層次感，由頭部的鱗片狀至身後漸變成葉片狀。尾羽下垂，盒底雕刻雙爪，如匍匐狀。盒口沿隱於胸腹羽毛間，毫無突兀之感，頗見巧思。頭微偏側，二目炯炯有神。頰部雕染絨毛，極為逼真。通體染色，色彩寫實，沉着多變，尤其羽幹處的留白，一絲不苟。

此盒將鵪鶉渾圓的體態略作誇張，既保證了盒的實用性，又不損其造型的真切感，體現了工匠高超的技巧，也代表了雍正、乾隆時期牙雕中的一種寫實風格。

（劉岳）

七二　茜牙鵲式盒　清中期

高五．六、長一二、寬四．五釐米

故宮博物院藏

作者以喜鵲為素材，用一小塊象牙採用圓雕和染色技法，刻出一隻長尾後翹，尖嘴、圓睛、白翅、白腹的喜鵲形盒。盒於鳥身中間分啟，蓋口處翅羽交錯，外觀無有接痕。下半身為盒，喜鵲黑爪縮臥於腹下。造型精巧典雅，色澤自

然，饒有生意，是清代中期宮中造型獨特的妝盒及清玩陳設品。 （劉靜）

七三　茜牙鶴形鼻煙壺　清乾隆

長四·七、寬二·九釐米

故宮博物院藏

作伏臥式，喙上、雙眼、尾羽嵌玳瑁，頭頂嵌血石，雙肢染作綠色，腹下有蓋，設暗銷，蓋內陰刻篆書「乾隆年製」款識。連牙匙。設計極精巧。

此壺與另一件魚鷹形鼻煙壺大同小異，可視為姊妹之作。 （劉岳）

七四　茜牙魚鷹形鼻煙壺　清乾隆

長四·八、寬二·九釐米

故宮博物院藏

作伏臥式，身如覆卵，羽毛豐滿，曲頸尖喙，枕生絲羽。雙睛、嘴尖嵌玳瑁，眼睛四周、頸下、雙腿等局部雕刻出粗糙的顆粒狀肌理並經染色。頸下有蓋，尾羽處設暗銷，合則泯然無痕，觸則輕巧彈開。蓋內陰刻篆書「乾隆年製」款識。壺口飾以金箔，配一弧形象牙匙。

此壺外形設計極為生動，肖形寫生而不損功用。細節裝飾精美，足、頸、眼周的變化與恰到好處的鑲嵌，在寫實中富裝飾效果。暗銷的設置，更突出了這一時期宮廷工藝機巧細膩的特點。 （劉岳）

七五　茜牙荔枝　清中期

長三·三、徑三·九釐米

故宮博物院藏

器表染為暗紅色，通體浮雕出荔枝果皮上的鱗狀凸起，雕工細膩。鱗狀排列甚有規律，上下較小而腹間較大，頗為寫實。尤為引人注目的是，每一凸起上均於染色中微露本色，極為巧妙。手感微澀，亦與真品不二。器中空，近蒂處為口，隨形設置，更顯自然。依形制應為鼻煙壺之類。 （劉岳）

七六　茜牙苦瓜　清中期

長七、徑三・八釐米

故宮博物院藏

器表微呈黃褐色，滿布瘤狀凸起，粗看無序而實有規律，有六道凸起較高，組成上下貫通的棱脊，既肖生而又富裝飾意味。器身光滑圓整，於表面的平淡中顯出不凡的工藝造詣。有瓜蒂形蓋，以象牙染色雕刻而成。此器或為鼻煙壺之屬。

（劉岳）

七七　象牙雕小葫蘆　清中期

通高四・九、徑一・七釐米

故宮博物院藏

通體光素，束腰處有弦紋一道，可由此分開，成上下二部，並以螺口相連。上部瘦長，下部扁圓，均為中空，器壁甚薄。壺蓋鈕似壺藤狀自然彎曲，與壺身亦螺口相連。

此壺體小而工精，形制乖巧，玲瓏可喜，實為同類製品中的佳構。

（劉岳）

七八　茜牙紅蝠葫蘆形盤　清

高一・五、長一七・五、最寬一三釐米

故宮博物院藏

此盤以象牙雕作葫蘆形，柄處藤蔓盤曲纏繞交織於器底，數片小葉舒展於旁，葉下並綴以一小葫蘆，捲鬚分枝更是探入盤內，藍綠色葉片翻卷自然，葉莖筋脈清晰可見，葫蘆右側一隻紅色的展翅蝙蝠伏於口沿。此器的器形及紋飾是人們所喜聞樂見的吉祥圖案，葫蘆發音接近「福祿」二字，紅色蝙蝠寓意「洪福」，均具有祈求吉祥福祿的用意。

此器系採用圓雕、陰刻、陽文、染色等多種技法雕成，刀工精練流暢，器皿輕薄如紙，為造辦處牙雕高手所作。

（謝麗）

七九　茜牙石榴盤　清

高一・一、徑一七釐米

故宮博物院藏

作者把石榴巧妙設計成淺盤，利用茜色牙雕石榴枝葉及花做裝飾，樹葉染色較深，使其整體色彩濃郁。兩隻蝙蝠點綴，一紅蝠俯於盤口，一藍蝠翔於盤內，盤邊一側刻出石榴籽，雕工較為隨意。榴枝過枝於盤底並轉而改為淺浮雕，以利於盤的穩定性。

此盤雕刻精美，具廣東風格，屬清代廣東官員的貢品。（張林傑）

八〇　茜牙海棠式盤　清

高一・二、徑二〇釐米

故宮博物院藏

盤作海棠式，內淺浮雕牡丹、菊花、湖石、蝴蝶等，花瓣卷合自如，層次突出，雕工上乘。

盤外邊緣作如意雲紋一匝，底作茜色淺浮雕魚式磬、壽桃、靈芝等，寓吉慶有餘之意。（張林傑）

八一　象牙雕松鼠葡萄洗　清中期

高一四、長二〇・一、寬一一・一釐米

故宮博物院藏

掭筆用具，亦可作書齋几案上的陳設品。

象牙洗，呈圓雕曲邊葡萄葉形，葉柄處有枝蔓，數片小葉及果實盤繞於葉底和葉面之中，洗底浮刻葉蔓，葉片挺括，枝蔓婉轉，各呈雄姿。左側兩隻松鼠盤桓在葉上，各抱一粒葡萄飽餐。在右下角刻有盛開的月季花作為點綴，一隻蜻蜓落在葉邊上，形態逼真生動。

據清代內務府檔案記載：「雍正五年（一七二七年）曾命造辦處牙匠製作象牙筆掭」，這件筆洗當是此器。這件松鼠葡萄洗，刀工精練流暢，沒有澀刀之感，葉片、花卉、昆蟲、動物，無不情趣生動，細膩逼真。（劉靜）

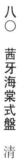

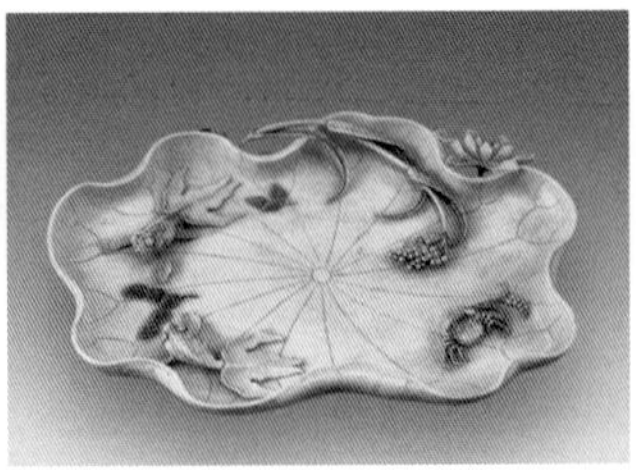
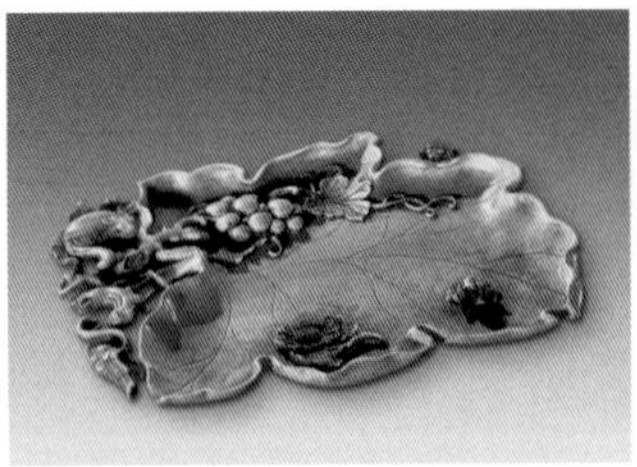
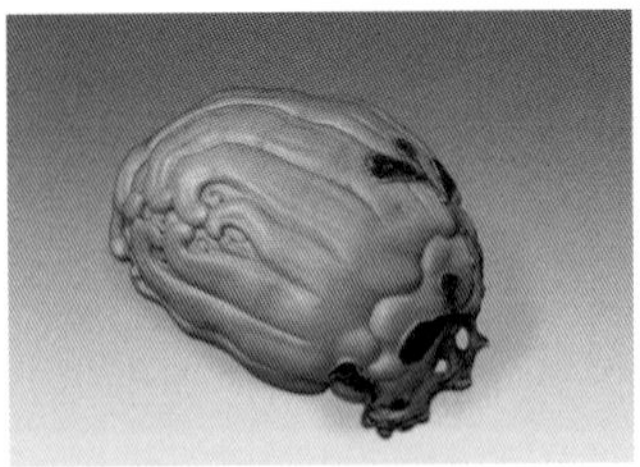

八二　象牙雕荷葉盤　清

高一·四、長一一·八、寬一九·二釐米

安徽省博物館藏

象牙雕荷葉盤為浣筆之器，作圓雕卷邊大葉形，盤內四周凸雕蜻蜓、螺絲、菱角、花卉和小荷葉，外緣雕蓮房，底部葉莖、蒂均髹綠漆。其造型別致，構思巧妙，雕工精湛，意態生動，實為文房陳設佳品。

（何立芳）

八三　象牙雕花卉蟲魚筆掭　清

高一·二五、長一八·七三、寬一一·八五釐米

一九五七年購於北京琉璃廠

旅順博物館藏

圓雕曲邊荷花葉形，曲邊凹處雕刻一朵盛開的荷花。水草細長彎曲於葉面上，洗中，一蟹銜水草悠然而行，二金魚凝神於水草兩側，形成爭搶之勢，構圖靜中寓動。荷葉葉脈清晰，水草、魚、蟹均著色，惜部分脱落。

（房學惠）

八四　象牙雕葡萄草蟲碟　清

長一八·五、寬一三釐米

安徽省博物館

作品以一片葡萄葉為碟，碟內再雕葡萄一串，並飾以松鼠、甲蟲、菊花等。構思巧妙，雕刻精緻，生趣盎然，實為文房陳設佳品。

（何立芳）

八五　染牙佛手式盒　清中期

高二·八、縱九·五、橫七釐米

故宮博物院藏

作者以嫻熟的圓雕技巧，用兩塊象牙相互銜接而成。盒身正反兩面所刻佛手呈象牙本色，在果蒂處用染色和高浮雕技法刻出褐枝、綠葉、粉花。

此種果式盒是清代宮廷中的裝飾器皿，有的作為粉盒，點綴在后妃梳粧檯上。有的作為盛裝古玩的裝飾盒，放在多宝格或百寶箱內。雍正皇帝曾多次令造

辦處製作各種果式盒具，有石榴式、桃式、柿形、瓜式等等。設計均十分新穎，結構合理嚴密。因象牙質地瑩白澤潤，加之造型自然雅美，使之成為賞心悅目、雅俗共賞之作。（劉靜）

八六　染牙桃蝠蓋碗　清中期

高九·五、口徑一一·五釐米

故宮博物院藏

用一塊大象牙中段截掏而成。圓形，敞口，光素裏，鏤空盤結花枝形圈足。碗壁採用去地浮雕及拼鏤染色技法，刻有蟠桃花枝紋，果碩、花繁、葉茂；兩隻蝙蝠翩翩起舞，翔躍其間。碗心鏇掏出來的餘料配製成鏤空折枝花果鈕蓋，蓋面繁花錦簇，花卉枝葉仰覆掩映，錯落有致。

牙碗壁薄如紙，玲瓏輕盈。由於盤枝圈足沉穩，使小碗沒有漂浮之感。此碗紋飾華麗，寓「福壽雙全」之意，頗具觀賞價值。（劉靜）

八七　茜牙蝴蝶花卉石榴形盒　清

高三·六、徑七·八釐米

故宮博物院藏

盒為石榴式。果蒂處透雕折枝，枝葉繁茂，嫩葉、盛開的鮮花及花蕾浮於器上，一隻姿態優美的蝴蝶被這色彩絢麗的景色所吸引，正展翅飛向花枝，充滿生機。石榴一側施榴開百子紋。石榴多子，寓多子多孫，家族興旺，表達了人們對子孫嗣繁衍的渴求，因而備受青睞。

此盒採用透雕、淺浮雕、陰刻、染牙等多種技法雕成，刻工細緻，色澤自然，寓意吉祥。（謝麗）

八八　茜牙人物山水花果飾葵花式盒　清

高五·四、口徑七·九釐米

故宮博物院藏

盒作葵花式，蓋頂作連枝柿形鈕突，四周雕染色夔龍紋，盒體作四面開光式，並以纏枝花卉間開，開光內做浮雕花卉、山水、人物等並茜色，色彩多樣，紛呈繁複，應屬廣東茜牙風格。

此類盒為婦女用的化妝盒，在廣東較多，亦用於出口。（張林傑）

八九　茜牙紅蝠花卉果式盒　清

高四・五、口徑六釐米

故宮博物院藏

盒圓形，底稍內凹，子母口，盒蓋上浮雕用絲條束縛的折枝花、靈芝，並雕飾黑色昆蟲，盒體腹部雕飾紅色蝙蝠一隻，取「鴻福」之意。

此類盒為女紅盒，應和象牙紡錘、線軸等相配，廣州博物館有此類藏品，屬於清代廣東外銷品的重要種類。（張林傑）

九〇　象牙雕鏤空山水八瓣式盒　清中期

高一二・八、直徑三九・六釐米

故宮博物院藏

呈八瓣梅花形，作者採用拚鑲撥鏤透刻方法，以對稱的組合方式製成八瓣花式盒。盒面和盒壁用撥鏤染色方法，均以藍色梅花錦紋作為邊框。盒蓋是中圓呈放射的八瓣花式面，用鑽刻技法，通刻梅紋錦地，用淺雕、染色技法，在中圓內刻有五蝠捧壽雲紋圖案。八瓣中分別刻有八寶、卷草花紋。蓋壁凸起的花瓣紋借鑒雕漆工藝中對天地紋飾的處理方法，鏤刻條紋天地，浮雕行舟、對弈、訪友、垂釣等山水樓閣人物故事圖案。美麗幽靜的仙山景色，恬靜優雅的人物神態，均被刻畫得細膩而生動。盒底鏤空四季花卉紋，下承八個拐子、梅花紋折角足。

此件作品製於清代乾隆中期（一七六〇——一七七五年），這個時期由於乾隆的嗜好，各種雕刻工藝表現了很高的藝術成就，即具有富麗華貴的氣魄，有體現出雅逸清新的風格。此盒即是用鏤鑽、淺浮雕等技法，在薄薄的牙片遠山近水、樓閣花鳥、孔橋樹木，雕刻唯妙唯肖，是乾隆時期典型的裝飾製品。（劉靜）

九一　象牙雕鏤空花卉委角長方盒　清中期

高一〇、長一四・八、寬七・六釐米

故宮博物院藏

盒由四二塊大小不同的牙片，採用撥鏤染色、鏤鑽等多種技法拼鑲而成的，盒蓋、盒體以陰刻雷文為邊框，框內八面開光，通體鏤鑽勾蓮錦文地，錦地上對稱浮雕染色纏枝蓮花紋。枝葉挺括，舒朗精美。盒體下連有填彩流雲文八足座。

此件作品是廣東象牙工藝中傳統技法之一。刀法通透，細緻流暢，花卉帶有西洋風味，通常作為通商貿易的主要產品。清宮在舉行節日慶典之前，也經常派人去購買或定製，此盒即是清代中期時後宮中盛放香料或手飾的陳設裝飾器皿。

（劉靜）

九二　茜牙鏤空花卉長方折角盒　清

高三、長七・六、寬五・四釐米

故宮博物院藏

長方折角形，側面分八個框，框內通體鏤鑽萬字錦紋地，錦地上雕刻勾蓮寶相花卉等紋飾。蓋面鑽星紋錦地，中間為出脊寶相花紋，其旁浮雕對稱的纏枝花卉，四周刻有如意邊緣。底平，光素無紋。

此盒是用一塊象牙鏤刻得如此玲瓏剔透，精細異常，可謂巧奪天工，是清代中期象牙工藝中的精品。此盒可盛放香料或鮮花之用，香氣可從鏤空的空隙中釋出。

（謝麗）

九三　茜牙鏤空山水六方盒　清

高一〇・一、寬一四・七釐米

故宮博物院藏

盒作六角形，用十餘片象牙拼粘而成。盒壁採用鏤空雕刻手法雕刻卐字錦地紋做底，雕工極其細膩，其上又雕刻山水、花卉等景並茜色，色彩採用淺色調裝飾，頗為淡雅。

此盒為清代廣東貢品，應是供給後妃盛裝首飾之用。

（張林傑）

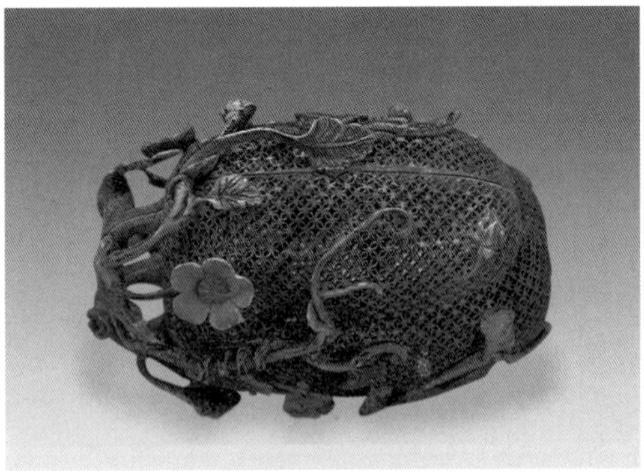

九四　染牙鏤空瓜式盒　清中期

高四·四、最大徑六·一釐米

故宮博物院藏

南瓜形。作者利用一小塊象牙，採用透雕撥鏤染色技法，上下以淺刻雷文作為邊沿紋飾。在邊沿和蓋面上，鏤雕透空雙錢紋錦地纏枝花果、花卉草蟲紋。

此件作品原為一對，其中一件現藏臺北故宮博物院，是清代中期寢宮之內盛放鮮花和香料的裝飾物品及小型陳設藝術品。作者將鏤空的錦紋刻得薄透如紙，精細玲瓏。浮雕的花果枝葉彎延纏綿，柄蒂瓜蔓繞瓜攀附繞延，紅花綠葉交相輝映。鏤空的空隙還可以使鮮花和香料的清爽之氣嫋嫋釋出，製作者獨具匠心。有的目前色彩脱退，但絲毫不影響圓盒的靈巧精美，細緻典雅之感，實為精妙絕倫之作。是清代中期寢宮之內的小形陳設藝術品。

（劉靜）

九五　象牙鏤雕大吉葫蘆　清乾隆

通蓋高一八·八、口徑二·八釐米

故宮博物院藏

作者用一塊前端實體處的象牙，以撥鏤染色技法，將外形刻成葫蘆狀。葫蘆壁上滿鏤環錢紋錦地及浮雕染色連枝瓜果、花蝶、蝙蝠花紋。花紋正中又兩面開光，一面鏤刻楷書描金「大吉」，一面鏤刻填紅隸書雙「喜」字。在連藤葉的葫蘆蓋紐內有螺旋套口，腹內有活環長鏈一根，將葫蘆與蓋相連。長鏈上又有三支分鏈，每個小鏈上又分別帶有一隻小葫蘆，雕刻十分精緻細膩。

此件作品是清代雍正至乾隆年間（一七二三——一七九五年）由清宮造辦處中牙作高手為皇室婚典大禮而製作的，這種一氣呵成，連貫不斷，不含任何拼接的製作工藝，是清代象牙雕刻中的巧作，屬仙工製品之類。這種象牙製品，一般都由所指定的專人操作。這件象牙葫蘆雖然沒有留下款識，但根據當時牙作的情況和葫蘆的風格特徵，當是由廣東籍高手製作無疑。

（劉靜）

九六　象牙鏤雕回紋葫蘆　清中期

高九・三、口徑一・四、腹徑四釐米

故宮博物院藏

象牙花薰呈束腰葫蘆形，以帶柄蒂為蓋，蓋上連刻染牙枝葉，在口部、束腰部和葫蘆頂部，均採用染色淺雕法，刻有夔鳳、勾連寶相花紋。花囊上下腹部則採用鏤刻法，刻有活動回紋。花囊的蓋內有活環長鏈與葫蘆相連，鏈上又有三條支鏈，分別連有小鍾、小球和小葫蘆各一枚。

這件象牙雕回紋葫蘆花囊，做工精細，玲瓏剔透，是清代宮中造辦處所製象牙工藝品中的珍品。

（劉靜）

九七　茜牙鏤空葫蘆冠架　清中期

通座高二三・七、口徑二・二釐米

故宮博物院藏

雕作葫蘆式，通體鏤雕圖案化的壽字、團壽、回紋、雲朵，下腹部尤其精巧，以卐字曲水紋為地紋，團壽紋為主體，玲瓏剔透。中有圓柱形鍍金銅膽，直通至束腰部，上提則支架支起為帽架，設計出人意表。銅膽內還可儲香料，功能性頗強。下承鏤空木座，伸展出六個外膨支柱，如手掌般握持器物，輕盈俐落，是器物的極好陪襯。

此器雕鏤、染色俱佳，格調文雅細密，是清中期宮廷牙雕器具的傑出代表。

（劉岳）

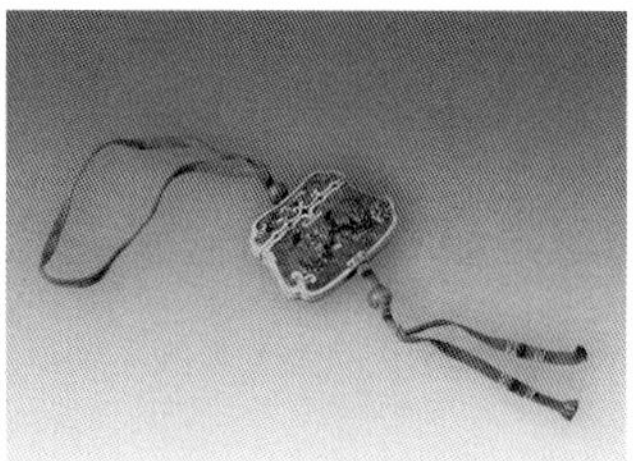

九八　染牙鏤雕花卉火鐮套　清中期

縱五・四、橫七、厚〇・九釐米

故宮博物院藏

呈斧形，由蓋、身兩部分合成。套體中部有一根嵌珊瑚及細小珍珠的黃絲帶穿連。在盒體兩端配有珊瑚或璧璽、染骨珠等襯飾。這種套盒，一般有兩種用途，或盛裝火鐮，為火鐮套盒。一種內可盛裝香料，配於腰間，可為荷包。這件斧形象牙鏤雕套盒，便是火鐮套盒。套盒在錦地上以淺浮雕及染色技法刻有花果

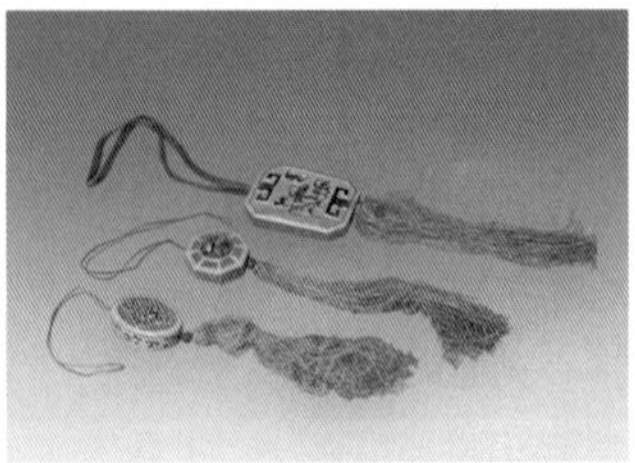

圖案，造型新穎，玲瓏生動。這種刻法原出自廣東，但構思與設計出自造辦處如意館技師之手，是清宮中特有的工藝品種。

（劉靜）

九九　茜牙鏤空花鳥香囊　清中期

委角長方香囊：長四、寬三·二、厚一·八釐米

八方香囊：徑三·五、厚一釐米

橢圓香囊：最大徑四·二、厚一·六釐米

故宮博物院藏

這三件香囊，均以鏤空染色技法製成，通體鏤刻幾何錦地紋，中心開光內為花鳥紋飾。其雕工精緻細密，紋飾清晰，典雅秀麗。均可從中分啟，周緣微薄，中間鼓起，有明黃條帶從中貫通，條帶下端束有珊瑚米珠及彩線絲穗。

這種象牙製成的盒式香囊，功能近似於荷包一類，可在內盛放各種質地的香料，是清代宮中后妃佩戴之物。

（劉靜）

一〇〇　象牙雕花籃　清

通高一七、口徑六·二、足徑三·九釐米

故宮博物院藏

花籃闊口，束頸，圓腹，覆盤式足，鏤刻的環練紋。口兩側連接結繩、染牙團壽、如意垂雲等紋活動提梁。腹盤內口，頸部刻俯仰丁紋。花籃腹部分內外兩層，外層刻雙蓮如意紋，內囊刻可以轉動的雙環錢紋。這件象牙花籃，採用鏤空刻花，雕鐫巧妙，精巧雅致，是出自清代宮中造辦處廣東牙匠之手的珍品。

（劉靜）

一〇一　象牙鏤雕嵌花盒　清

高四、口徑五·七、底徑六·三釐米

故宮博物院藏

截取象牙一段挖空，製兩片圓形薄材，嵌底、裝蓋而成。造型單純，色調清爽。作者的用心在其裝飾上，盒壁與蓋均細緻鏤雕錢紋為錦地，蓋壁上雕折枝花

果紋，枝蔓星曲；葉碧、花紅、果香，疏密合宜。兩隻小盒上以不同方式各嵌蜜蠟紅蝠四隻，下承流雲底邊及足。這一巧妙的構思不但與盒裝鮮花的用途緊密相連，而且使人如置生機勃勃的田園之中，感受大自然的芳香與清新，圖案寓「洪福齊壽」之意。

（劉靜）

一〇二　象牙花卉燈籠　清

高四九、腹徑三二釐米

故宮博物院藏

作者採用鏤刻、浮雕技法，以牙柱為框，將牙燈做成六方鼓形。在六方的牙柱間，鑲有鏤空環錢紋牙片。牙片上嵌鑲浮雕四季花卉圖案，有淩霄、月季、海棠、石竹、菊花、萱草等，刻工精細，花豔葉鮮，使牙燈顯得富麗堂皇。

此種鏤花牙燈，每年端陽節或年節前，均有各種形狀和花紋的花燈成雙成對向宮廷進獻。由於體輕壁透，鏤刻細膩，加之宮廷使用時不知特別愛惜，因此，雖然年年有所呈進，保留至今的數量卻極少，民間難以得見。它為我們研究象牙裝飾藝術提供了珍貴的資料。

（劉靜）

一〇三　象牙編織扇　清中期

通柄長五七·五、扇面長三二·六釐米

故宮博物院藏

扇做芭蕉形，上微卷如潮州式。扇邊包鑲玳瑁框，嵌有骨珠及淡綠色彩繪花蝶紋畫琺瑯握手把，並系有明黃色絲穗。扇面中心嵌棕竹柄梁，鑲有銅鍍金點翠鏨蝙蝠紋護頂，柄梁的上、中、下部各嵌有雕盤夔寶相花紋的橙、紫、黃、紅四色蜜蠟護托，細潤潔白的扇面是用寬不足一毫米、薄細的牙絲編織成蒲紋錦地。扇面中自柄托向上，嵌有染牙陽文淺浮雕玉蘭、芍藥等花卉及藍甸鳥，紋飾精緻細密，孔縫均勻，色彩絢麗。是一件雅逸清新、技術高超的稀有之作。

（劉靜）

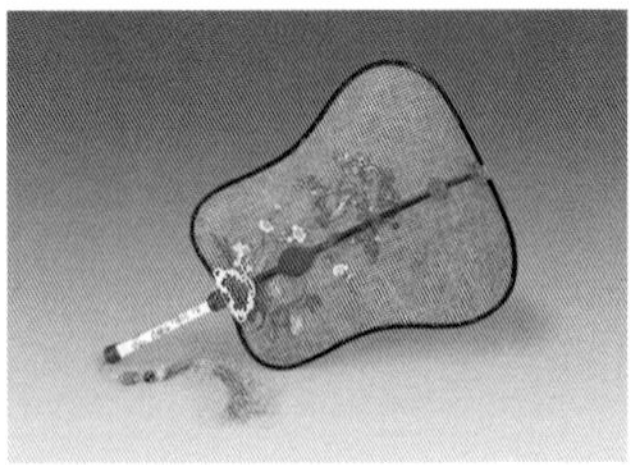

一〇四　象牙絲編綴嵌染牙花卉宮扇　清中期

長五四·六、最寬三四·五釐米

故宮博物院藏

扇做芭蕉式，畫琺瑯柄，明黃絲穗，扇邊包鑲玳瑁，柄梁嵌雕花蜜蠟及螺甸護托。扇面由薄如篾絲的牙絲編成，均匀細密。扇面上鑲染牙各色花卉等，佈局合理，色彩豐富，既充分表現扇面的主題畫意，又突出牙絲細膩、澤潤的質感，益顯清新雅致。

象牙編織為廣東特種工藝之一。在象牙席被禁止製作後，牙絲宮扇的編織就精益求精，乾嘉兩朝廣東官員以此進貢宮廷。

（張林傑）

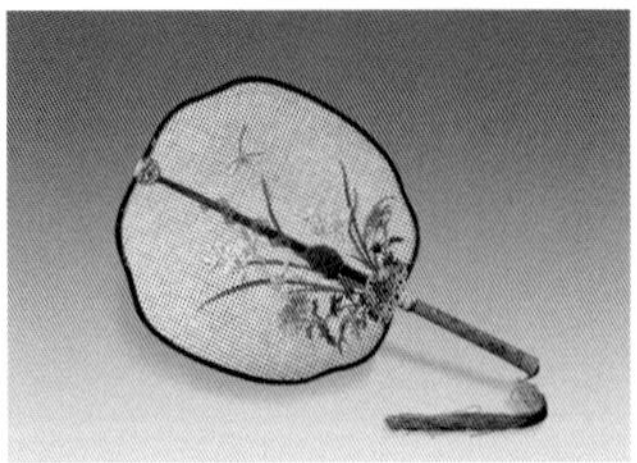

一〇五　象牙編織松竹梅紈扇　清中期

通柄長四九·五、扇長三二·八、寬二九·九釐米

故宮博物院藏

扇呈海棠花形。扇邊包鑲玳瑁框，嵌骨珠及藕荷地彩繪花蝶畫琺瑯柄，並系有明黃絲穗。扇面中心嵌棕竹柄梁，鑲有銅鍍金點翠鏨蝙蝠紋護頂及嵌雕盤夔寶相花紋的橙、紫、黃、紅四色蜜蠟護托。細膩潔白的扇面被編織成蒲紋錦地，嵌有染牙陽文淺浮雕蘭花、秋菊、蜻蜓花卉圖案。孔縫均匀，紋飾精緻細密，經緯片拼合得天衣無縫，而且花卉色調沉着得體，織巧不俗。是象牙製品中的精作。

（劉靜）

一〇六　象牙編織扇　清中期

通柄長四八·四、寬三二·五釐米

故宮博物院藏

扇面橢圓形，略呈葵花式。扇邊包鑲牛角框，嵌有綠色染牙及玳瑁柄。扇面中心嵌玳瑁柄梁，鑲有銅鍍金點翠鏨如意紋護頂，柄梁的上、中、下部各嵌有太極雙魚、環錢、插花牡丹寶瓶紋橙、紫、茜紅三色蜜蠟護托。細潤潔白的扇面是用鏤鑽方式刻成環錢紋，薄細異常。扇面中自柄托向上，嵌有染牙陽文淺浮雕石

榴花卉圖案。扇面紋飾精緻細密，孔縫均勻，製作極精。而且圖案中那象徵福壽雙全的花卉，靈透細瘦，清雅秀麗，此種鏤鑽的牙扇，在象牙陳設品之中亦不多見。

（劉靜）

一〇七　象牙鏤雕魚　清

高三·九、長八·一、厚一·八釐米

故宮博物院藏

用一小塊象牙鏤刻而成，魚腹中空，只是頭、下鰭、尾為實地，魚身採用糙地、鏤鑽的技巧，將魚鱗刻成扭曲螺旋環扣狀，使魚身搖擺時，能夠伸屈自如，活靈活現。這種小巧的雕刻工藝，實屬少見，既表現了設計師的巧妙構思，也顯示了其高超精湛的雕刻技能。是清代中期牙雕藝術中的精巧之作。

（劉靜）

一〇八　茜牙雕嬰戲圖筆筒　清

高一三·四、口徑一〇·六釐米

故宮博物院藏

筆筒圓體，外壁以高浮雕並染色技法，表現麗日雲霞，山巒松柏，白鶴翔舞，蝙蝠翩飛。衣飾豔麗的六名兒童與花鹿、白象緩緩行進。兒童或手舉長杆，挑蓮花、磬、金魚、雙柿等，或手執如意等物，看似寫實，實則寓意吉祥的傳統符號，經組合後暗喻吉慶（磬）有餘（魚）、事（柿）事（柿）如意、福（蝠）祿（鹿）長壽（松、鶴）、太平（瓶）有象等。其雕刻保留較多廣東牙雕風格，是一件值得珍視的作品。

（劉岳）

一〇九　茜牙雕海市蜃樓景　清乾隆、嘉慶

通高三二、上部寬一四·九、底座長二一·二、寬一一釐米

故宮博物院藏

景分座、托、屏三部分。作者採用圓雕、浮雕鏤刻等多種技法，將作品製成景屏式。又以傳說故事為題材，刻成海市蜃樓圖景。景屏下設染牙欄杆，鏤空纏枝寶相花紋長方座，座中玲石聳立，有兩隻紅喙碧目的鶴鶉分別相對立於山石之上，

松、竹、梅、芝點綴其間，嫣紅姹綠，色彩絢麗。座正中浮雕雲托，似空中展現出一景。景為屏式，有梅花式盒形框，框外表刻有勾蓮花紋。框內屏中刻有遠山、樓閣、人物仙景。

此件作品，是清代乾隆年間造辦處牙匠為宮廷陳設所製。作者以巧妙的設計，嫻熟細緻的鏤工，把人間仙境刻畫得玲瓏剔透，精巧異常，景致由近至遠，層次分明，所刻樓閣曲欄，細如蓖絲，人物神態逼真如生，極具鬼斧神工之妙。

（劉靜）

一一〇　茜牙雕榴開百戲　清嘉慶

高五·三、腹徑五·七釐米

故宮博物院藏

仿真石榴形，屬象牙仙工製品。作品綜合圓雕、鏤雕、浮雕、染色等多種技法，將石榴外殼分為五瓣，並用活紐機關技巧控制，可以開合。關閉時為一整石榴，石榴外皮染成棕紅色，淺浮雕石榴花枝及果實紋，紅花綠葉。花枝上方有兩隻花蝶圍著花枝翩翩起舞。石榴殼內壁浮雕蝙蝠流雲紋，紅蝠在祥雲間相對相望，似在遊戲。「紅蝠」為「洪福」的諧音，配上外殼的石榴花枝，與「子孫滿堂，福壽萬代」之意。開啟之後，石榴正中托有一圓臺，圓臺上刻二層樓閣，飛簷鏤欄，玲瓏剔透。閣內外微刻許多人物，有的在觀閣外熱鬧的市景，有的在互相攀談。還有戲獅、爬幹、舞幡、馬技、翻跟頭、上香進貢等雜耍百戲，熱鬧非凡。

嘉慶十五年（一八一〇），清宮造辦處牙匠莫成紀將畫得的榴開百子盒圖樣呈進內廷，嘉慶皇帝傳旨照樣准做。作者在寸餘之地刻出眾多人物圖景，實是一件玲瓏剔透的巧作，開創了象牙微雕的先河。

（劉靜）

一一一　象牙雕松梅紋筆筒　清

通高一五·一、口徑一二·四、足徑一三·五釐米

故宮博物院藏

筆筒截取一段象牙隨形雕成，外壁雕成古幹虯枝狀，其上密佈癭節疤痕。口沿

及底沿雕出數枝松枝，松針茂密，如笠如輪，生意盎然。又從口沿部斜伸出一折枝梅花，怒放於枝頭。老幹沉鬱，新枝矯健，動靜相生。筆筒採用深刻和減地浮雕法來表現樹癭、枝杈。在對梅花的處理上，主要是通過鏟出花瓣的傾斜度，以突出花蕊，顯示立體效果，頗具匠心。

筆筒無底，配紅木雕底座。

（劉岳）

一一二　象牙雕「三顧茅廬」帽筒　清

高二四·六、口徑一二·八、底徑一三·六釐米

浙江省博物館藏

帽筒扁圓形，圈足，足部透雕變體勾曲紋，筒身外壁一周剔地淺浮雕求賢圖二幅。一面雕「姜子牙釣魚，周文王訪賢」的歷史典故，上方空白處薄地陽文七言一首：「別卻朝歌隱此問，喜觀綠水繞青山。滿天華露開祥瑞，贏得文王仙駕扳」；另一面再現了「三顧茅廬」的歷史畫面，上方同刻七言詩一首及款識：「南陽臥龍有大志，腹內雄兵分正奇。只因徐庶臨行語，茅廬三顧心相知。乾隆五年春刻於燕京。石橋作。」

帽筒始於清嘉慶年間，道光以後開始流行，是清朝官員放置官帽的器物，多見於瓷器。

（何秋雨）

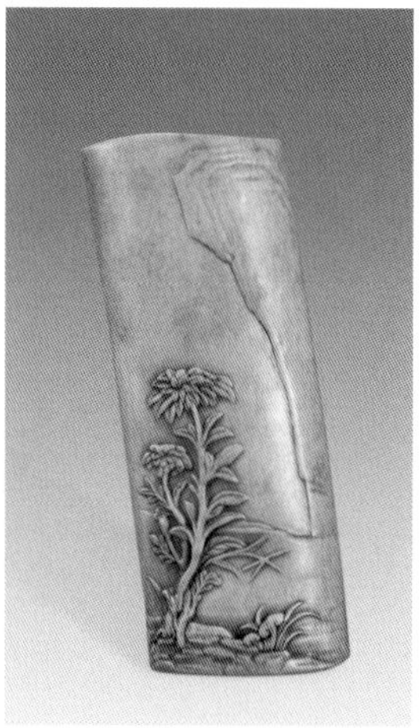

一一三　象牙雕菊石柳鵝臂擱　清

長一二·四、寬四·九、厚一·五釐米

故宮博物院藏

用象牙製成臂擱，在清代中期，尤其是在宮廷內非常盛行。當然清宮內象牙源料充足，雕刻高手人才濟濟，這也是其中之一。民間也有製作，但數量極少。此件臂擱，正面淺浮雕運刀流暢，大麗菊花葉挺朵碩，壽石靈透，由淺入深猶如一幅立體工筆畫。腹面高浮雕刀法深峻，冬柳古意盎然，肥鵝健姿雄壯。雖然刻工較為簡樸，確有濃厚的揚州八怪之風。

（劉靜）

一一四　**象牙雕龍紋有蓋長筒**　清

通高一一、口徑一．一、底徑二．五釐米

故宮博物院藏

細身下闊，器蓋為絲口，蓋中穿孔，為拴系絲絛之用。器身雕龍戲珠、海水江崖等，底刻團夔鳳紋，雕工磨工均佳，為清中宮廷牙雕風格。此筒應為貯牙籤、耳勺之類物用。

（張林傑）

一一五　**象牙雕回紋葫蘆**　清中期

高九．五、最大腹徑四．八、口徑一．八釐米

故宮博物院藏

以葫蘆為題材，採用鏤刻圓雕技法製成，葫蘆頂部鏤刻蟠龍蓋紐，頸部淺浮雕一條尾分杈的蟠螭，束腰處鏤刻竊曲如意紋，葫蘆上腹和下腹中部均鏤刻活動雙線回紋，葫蘆兩側均有浮刻夔紋為飾。在葫蘆內部，有一根活環主鏈與蓋相連，主鏈上有三根分鏈，圓雕的三足蟾、劉海、束腰葫蘆分別連在三根分鏈上，蟾背負着一束靈芝，雙爪摟着圓珠，劉海雙手搖着掛錢，刻劃十分精細，神態動人。

此種仙工製品，為清代中期時的巧做，據造辦處活計檔記載：「乾隆三年八月初一日，太監毛團交來象牙仙工葫蘆一件，傳旨配座。」乾隆三四年九月二四日，太監胡世桀也交象牙仙工葫蘆一件，傳旨將匣改成屜。這兩段記載，說明清代中期清宮造辦處牙雕高手承接此種活計，相對來講，還是比較多的。此件作品體壁薄透，刻工細膩，紋飾淺顯流暢，特別是鏤雕的活環長鏈，細如篦絲，環環相套與底相接，真為鬼工之作。

（劉靜）

一一六　**象牙雕帶練索猴桃形盒**　清

高四．七、最長四．三、最寬三．一釐米

故宮博物院藏

用圓雕及鏤雕技法表現眾猴爭桃的場景，生動異常。一大一小兩桃，上下相疊，為器物主體。上桃可掀動，為器蓋；下桃中空，為盒，內有鏤空活鏈相連。鏈環纖細均勻，長度超過十五釐米，且連墜托團壽盤小猴及花籃，近於微雕，令

人歎為觀止。蓋內還掏空雕一小猴抱花籃，為活鏈頂端，可縮入可探出，極富趣味。蓋與盒以鏤雕桃枝相勾連，枝條銜接天衣無縫。外壁雕四隻小猴或攀爬，或爭搶，並以黑漆點睛，栩栩如生，是一件工藝精巧又可堪玩賞的象牙雕刻品。

（劉岳）

一一七　象牙雕司馬光擊甕圖煙壺　清晚期

高七、徑五·六釐米

故宮博物院藏

圓體，身外壁淺浮雕司馬光故事，取甕破之瞬間情景。司馬光立於甕側，鎮定如常，其餘五人或慌亂，或驚喜，或議論，神情不一。人物造型稚拙而富於表現力。高潮處尤可稱道，甕破而現童首，其足卻尚在甕外，一時水流如注，驚心動魄之情態活靈活現。背景則以山石一筆帶過，顯得主次分明。這是一件極具民間藝術色彩的象牙製品。

（劉岳）

一一八　象牙雕老人　清

高一五·六釐米

故宮博物院藏

圓雕一老者，依據神態等特點推測，或為東方朔像，並根據材料形狀，設計為昂首背手姿態，身體顯現自然曲線，頗為巧妙。人物笑容可掬，神情生動。頭髮、鬚髯、條帶及袖口花紋的細緻處理，與其餘部分形成肌理的對比，裝飾效果突出。衣紋刻畫也很成功，懸垂感很強，底部以小片陰刻團壽紋牙片填補牙芯空洞，還延續早期明代牙雕的工藝做法。

（劉岳）

一一九　象牙雕説法人物　清

通高二七釐米

安徽省博物館藏

作品用一整段象牙雕成。人物笑容可掬，神態自然。線條流暢，極具動感，使人如聞其聲。石桌下雕三隻小獸，頑皮可愛，更增加了作品的情趣。

一二〇　象牙雕羅漢　清

高七・三釐米

一九五三年西南公安部撥交

重慶中國三峽博物館藏

羅漢像圓頭鼓腹，右手持珠，左手扶膝席地而坐。人物眯眼微笑，神態可掬。

（攝影：劉小放）

一二一　象牙刻歲寒三友圖筆筒　清

高一二・七、口徑九釐米

故宮博物院藏

筒壁上厚下薄，後嵌底。一面陰刻填漆梅、蘭、竹及松針、湖石，線條瘦勁，銀鈎鐵畫，頗具表現力。另一面陰刻行書：「問余何事棲碧山，笑而不答心自閑，桃花流水杳然去，別有天地非人間。唐句。」詩前刻「玉堂」篆書塗朱引首章，後有「花」、「醉月」二篆書小印。查其詩為李白所作《山中問答》。

此作裝飾模擬書畫，風格清雅，富於文人氣息，在象牙制文房用具中也是不可多得的作品。

（劉岳）

一二二　象牙刻山水筆筒　清

高一三・五、徑一〇・六釐米

故宮博物院藏

圓體，器口壁厚而足壁薄，後嵌底。器身表面以陰刻法描繪山林溪岸景色，並填塗黑色。徐徐展觀，人無面目，室無窗欞，似意筆草草，卻深合畫理。刻線短促有力，下刀爽利快捷，又不失表現力，頗有枯筆皴擦的效果，風格雅潔脫俗，實為同時期牙雕筆筒中所不多見。上部陰刻行書題句：「山色巍峨丹碧鮮，結為寒氣融為泉。生平游跡遍吳楚，好山過眼心懸懸。偶然筆寫氣象千，林木深深在眼前。幽秀奇廬無人跡，看山終日如坐禪。當門老松藏古拙，青溪白石皆雲填。案頭留別筆墨緣，祝君之顏如同年。」並「乙卯春三月往□華，道經舊友□村前，蒼松古柏，深澗西流，野草奇花，為高人隱寄行於藏內，茅屋數間，琴童一二，洵其主人言，言在室隨□仿而獲面，相別多年，今幸握晤。忽見案頭立一文具，頗為古雅，未作文字，信手揮成，未得深趣，留為老道兄存記也。墨井道人漁山吳曆。」前有「墨井」引首章，後有「漁」、「山」印。

按吳曆（一六三二——一七一八），字漁山，號墨井道人、桃溪居士等。江蘇常熟人。明清之際著名畫家，與「四王」及惲壽平齊名，尤長山水。因感懷家國之痛，曾入天主教，傳教於上海、嘉定等處。據《竹人續錄》等史料，吳氏兼擅刻竹，風格縝密，深受嘉定派影響。

（劉岳）

一二三　象牙刻松鹿圖筆筒　清

高一一・五、口徑六・八釐米

故宮博物院藏

圓體，口唇微侈，底部弧凸一周，有三矮足。器壁較薄，器型清秀規整。器表飾山岩間草坡上，十隻花鹿悠游於松蔭之下。花鹿分作四組，有獨立回望者，有結伴同行者，有雌雄相嬉者，有俯身飲水者，姿態各異，構圖合理。而尤為特出之處是紋飾的肌理，應是以烙鐵燙出，色近焦糖，表層有因高溫而產生的細密龜裂和輕微剝脱。在紋飾範圍之內，又劃分出深淺、虛實的不同，如物象邊緣、鹿眼部、蹄、脊骨等處都為深色，頗顯難得。此器工藝罕有，於象牙製品上施燙花裝飾，且取得令人滿意的效果的，在故宮博物院的眾多藏品中也不多見。

（劉岳）

一二四　象牙雕人物仕女小插屏　清

長二〇・一、寬一〇・一釐米

故宮博物院藏

插屏四塊結為一組。作者用大型密實的象牙，切割成四塊厚不足一釐米的長方形平板，又以鏤刻浮雕染色技法，以民間戲曲「西廂記」故事為題材，根據情節繪成四個圖面，一為「依樓觀美」，二為「拜月跳牆」，三為「夜訪」，四為「報佳音」。插屏背面，每塊平板上，均刻有陰文行書七言詩句，落有「昆華」款及「珍」、「玩」印。插屏是民間文人書案上或多寶格中的擺設。各種取材均有，一

般用大理石為材料較多，有單面，也有組合的。象牙插屏即是四塊結為一組，中間配有支架插座，便可組成一扇小圍屏。如分開來，又可作為單屏，自成一個小故事。此件作品，雕刻的圖面以畫冊形式展現，紋飾精緻，線條轉折縈回，景色優美，人物神情細膩，是民間牙雕藝術中的精麗之作。

（劉靜）

一二五　象牙鏤空龍鳳花鳥筆筒　清晚期

高一九．五、口徑九．三釐米

故宮博物院藏

筆筒隨象牙形作微曲橢圓式，口壁較厚，圓唇，外飾垂葉紋，主體紋飾為去地浮雕龍鳳呈祥及花鳥紋。物象均有濃厚的圖案化傾向，以黑色點睛，更增添了裝飾趣味。紋飾雖凸起較高，卻並未在側面作深入處理，或進一步增加層次，可以說，此筆筒是非常鮮明地顯現出地域特色和民俗趣味的一件作品。（劉岳）

一二六　象牙鏤空人物筆筒　清晚期

高一三．五釐米

故宮博物院藏

筆筒圓體，口部壁較厚，愈向底愈薄。通體鏤空錢紋為地子，上浮雕庭園人物。紋飾雖為陽起，卻並未高出口唇，所用技巧即去地浮雕法，雕刻粗獷，棱角分明，圖案較為程式化，富於民間色彩。下承鏤空花葉紋底足。（劉岳）

一二七　象牙鏤空花卉人物筆筒　清晚期

高一六．三、口徑一〇．五釐米

故宮博物院藏

筆筒圓體，外壁去地高浮雕庭院人物，一面為文人雅集場景，一面為女子圍坐對弈，中以樓閣建築為界。無紋飾處均被鏟去，只留一層極薄的鏤空錢紋作地子。下承鏤雕纏枝花形足。此作圖紋造型稚拙，工藝亦富於廣東地方特點。

（劉岳）

一二八　象牙鏤雕大吉葫蘆花囊　清

長七、寬四、厚二·六釐米

故宮博物院藏

象牙鏤雕花囊是宮中帝后、嬪妃們佩帶於腰間的飾件，用兩塊葫蘆形的象牙鏤刻後合併連接而成。葫蘆束腰，腰部刻有希花結帶，邊部陰刻回紋口沿，以西蕃蓮葉彎轉為束口。葫蘆花囊壁通體鏤刻西蕃蓮葉紋，以束腰為界，兩面上下均各刻有「大吉」二字。設計異常巧妙，做工精細，是一件觀賞與實用兩相宜的佳作。（劉靜）

一二九　象牙鏤空葫蘆形花囊　清

高七·五、最寬四·一釐米

故宮博物院藏

扁體葫蘆式，從體側剖分為二，以子母口扣合。通體鏤雕紋飾，可分作兩層，內層為圖案化的錢紋地子，外層為纏連花葉紋，並開光「大」、「吉」二字。其精妙處在於二層紋飾之間尚留有空隙，且內層平整均勻，而外層枝葉疊壓穿插，又能夠細分出層次，在一個有限的高度內，營造出令人眼花繚亂的裝飾效果，也使得器體更為輕巧可愛，其鏤雕技巧高超，磨工亦屬精密，實是一件極具特點的佳作。（劉岳）

一三〇　象牙鏤雕漁樂圖鼻煙壺　清

通高九·五、最大徑五·一釐米

故宮博物院藏

圓體，瓶式。頸部及足外牆淺雕回紋，肩部及近足處均雕雲紋。壺身去地高浮雕並鏤雕漁人捕魚及日常生活場景，似長卷徐徐展開，一派歡樂的豐收景象。此器造型、紋飾、題材、雕工均甚別致，為故宮舊藏中的稀有之物。（劉岳）

一三一　象牙鏤雕福壽寶相花套球　清中期

外徑九·一釐米

故宮博物院藏

象牙球交錯重疊、玲瓏精透，表面刻鏤各式浮雕花紋，球體從外到內，由大小數層空心球連續套成。所套的每一球均能自由轉動。而且每一層套球均雕鏤著精美繁複的紋飾，有百花和龍鳳兩種。

這種象牙球被稱為「鬼工球」，是廣東傳統牙雕之一，據説從宋代就已開始出現了二、三重象牙套球，到清代乾隆年間，雕刻水準更為提高。發展到了十四層，清末時已達到二十五至二十八層，是我國象牙雕刻中的一種特殊技藝。

（劉靜）

一三二　象牙球　清

通高三四·三釐米

一九五四年川東人民政府撥交

重慶中國三峽博物館藏

球體表面刻浮雕花紋，球內有大小數層空心球，層層相套。是廣東牙雕鏤空透雕技法的傑出代表。

（攝影：劉小放）

一三三　象牙雕壽星　清

高四八釐米

一九五四年雲南人民政府撥交

重慶中國三峽博物館藏

壽星濃眉長髯，右手扶杖，左手抱如意，開口而笑。其肩部一童，身旁一鹿口銜靈芝，背馱一童。此器雕刻精美，紋飾細膩華麗。

（攝影：劉小放）

一三四　象牙雕封侯掛印桃盒　清

高四·四釐米

一九五七年購於北京琉璃廠

旅順博物館藏

採用圓雕、鏤雕等技法，在一塊牙料上雕刻三隻大小不等的桃子組成桃盒，小桃伏於大桃表面，大桃為盒，中桃為蓋，以枝葉相連。盒內底一條活環長鏈與蓋口相連，長鏈上分出幾條短鏈，鏈端分別墜掛果核、猴子、印章、花籃等飾物，寓意封侯掛印。飾物可置於桃盒內，另有六隻蝙蝠翔躍於桃面。造型玲瓏剔透，匠心獨運。

（房學惠）

一三五　象牙雕八仙　清

高約一二·五釐米

一九五六年重慶文化局撥交

重慶中國三峽博物館藏

八仙用圓雕技法雕成，通過手中法器顯示各自的身份。人物或肅穆，或微笑，或袒腹，神情各異，生動自然。

（攝影：劉小放）

一三六　象牙雕牧牛童子　清

高八、寬五·三、厚三釐米

故宮博物院藏

作品利用一小塊象牙，刻出大小兩頭牛，兩個牧童倒騎於牛背上，一個手挽韁繩，一個左手舉帽，右手持笛，準備吹笛唱合。大牛身側，一頭小牛緊隨於側，耳碰絲磨，無比親昵。小牛背上也有一小童。

此件作品，精緻細膩，刀工遒勁，人物、動物表情逼真。牛角高聳內彎，牛首低垂，雙睛突努下視，嘴與蹄平，似在邊行邊吃食，牛尾前甩，悠閒自得，是清代中後期小件牙雕中不可多得的佳作。

（劉靜）

一三七　象牙雕松樹人物　清

高七・五、寬三、厚一・三釐米

故宮博物院藏

作者以戲曲「梁山伯與祝英台」為題材，採用圓雕、鏤刻等多種技法，製出「十八相送」的一段故事情節。圖中一株古松依石聳立，枝繁葉茂，蒼老遒勁。一對青年男女站立於玲瓏的壽石前，男者在前，左手持扇，右手背後，側身傾頭，邊行邊向身後的女子聊談。女者頭梳頂髻，雙手插於寬袖之中，欲言又止，細心傾聽。這件作品雖是清代後期製作，但人物面部表情自然，磨製較為細膩，線條深婉流暢，是一件較為清雅的小擺件。

（劉靜）

一三八　象牙雕騎獅羅漢　清

高六・一、厚二、寬二・八釐米

故宮博物院藏

作者採用鏤刻圓雕技法，刻製成小巧靈雅的騎獅羅漢小擺件。羅漢禿首，隆眉努睛，定睛觀看手中的卷旨。他身下的雄獅，豐顱闊鼻，披毛蓬鬆捲曲，一爪撐地，一爪抓住玲瓏球，昂首蹲臥，仰望羅漢，做出無比親昵之狀。刻工十分精緻，衣紋細膩流暢。是清代嘉慶時期象牙小擺件中的精品。

（劉靜）

一三九　象牙雕花卉圓盒　清晚期

高一一・六、口徑一〇・三釐米

故宮博物院藏

作品採用深浮雕技法，在盒蓋頂端圍紐雕兩條行龍，蒼勁有力，仿佛在相對戲珠。盒壁呈滿花不露地式，通體深刻牡丹、菊花、葫蘆等果實花卉圖案，寓「子孫萬代、富貴綿長」之意。

此件作品是宮中嬪妃用的粉盒，製於十九世紀中葉，由廣州牙雕作坊製作，盒蓋內壁嵌有一面圓鏡，盒身構圖考究，工致規矩，所刻圖案使盒顯得格外雍容華貴、富麗堂皇，體現了這一時期廣州牙雕獨特的藝術風格。

（劉靜）

一四〇　雕花整象牙　清晚期

通長六九·九、最大口徑八·三釐米

故宮博物院藏

這類圓形整雙象牙雕刻，是廣東商業牙雕的代表之作，一般就象牙原來形狀雕製。在口沿之下，有一小段留白作為口飾，口飾中刻有兩道弦紋，弦紋內刻暗八仙紋飾。留白中刻字款作為商業作坊的標誌。此件作品刻有陽紋楷書「粵東同盛號製」款號。商行作坊製作中，將圓形整象牙的外層粗皮磨掉後，採用深浮雕技法進行刻製，這件以百花不露地形式的整象牙，通體刻有牡丹、芍藥、秋菊、玉蘭等花卉圖紋，以寓「富貴長壽」之意。構圖規整、所刻紋飾精密，華麗優美，加上整支象牙本身完美的外形及潔白細膩的質地，就更顯得玲瓏剔透，美如凝脂，給人以雍容華麗之感，是清代晚期廣州象牙雕刻藝術中比較突出的佳作之一。（劉靜）

一四一　象牙雕花卉鏡奩　清晚期

高一九·八、長二九·五、寬二二·二釐米

故宮博物院藏

象牙雕花鏡奩，共有二層，上層為盒，盒內安有牙框玻璃鏡。下層為雙門櫃，櫃內分兩層，分裝三個抽匣，均安有銀鍍金鏨雙桃，雙魚紋鎖扣。蓋面正中鑲有凸起的長方形牙板，與盒內玻璃鏡框相對稱。奩身通體以深雕剜刻等多種技法，在蓋面上刻有五龍戲珠及四龍騰雲紋。奩壁以菊紋錦地為邊框，分層刻有松鶴、梅菊、丹鳳、牡丹等四季花鳥果實等圖紋，寓「九重春色、地久天長」之意。鏡奩設計新穎，圖案細密富麗，佈局嚴謹整齊，雕刻精細，刀棱清楚，顯示了極其富麗堂皇、雍容華貴的風格。為研究廣派牙雕藝術提供了重要的資料。（劉靜）

一四二　象牙雕小櫃　清

通高二三·四、寬一〇、厚六·六釐米

故宮博物院藏

此櫃為廣東工匠借鑒西洋建築風格而設計的，整個櫃子用數十塊象牙拼接而成，形似洋樓。櫃帽為西式建築風格，又似吸收了傳統筆山的特點。門兩扇對

稱開啟，兩門均以萬字回紋做地，並開光凸雕人物故事。櫃內置四屜並配銅環拉手，應為收貯首飾等之用。櫃下承四獸足。

此櫃雕刻繁複，中西融合，屬清代中晚期的作品。（張林傑）

一四三　象牙雕觀音　清晚期

高一二·九釐米

故宮博物院藏

圓雕觀音半趺坐於蓮臺上，高髻淺笑，身材纖長，天衣披肩，胸垂瓔珞，右手拈珠上舉，左手握念珠枕於膝頭。

人物衣紋、容貌處理較為程式化，雕刻痕跡明顯，特別是念珠、足部等圓轉部分，帶有晚清時期北京地區牙雕的典型風格。

下承鏤雕靈芝紋木座，身側各置牙雕善財童子與龍女，外有原配玻璃罩盒，盒上貼有紙簽，並楷書「前出使義國大臣臣黃誥跪」字樣。（劉岳）

一四四　象牙雕山水人物小插屏　清

直徑七、厚〇·六釐米

故宮博物院藏

圓形，於平滑潔白的牙塊上，採用微刻塗黑法刻有秉燭夜讀圖。圖中半山伏臥，松樹聳立，一人秉燭夜讀。圖中右上方細刻「歐陽永叔《秋聲賦》：歐陽子方夜讀書，聞者某自西南來……」等詞句九排。結尾有「乙亥年嘯軒于碩刻，時年六十有三」等款。刻畫細緻，清晰有如水墨山水畫。（劉靜）

一四五　象牙雕人物小插屏　清

直徑七、厚〇·六釐米

故宮博物院藏

作者在光潔平滑的圓形牙塊上，以微刻塗墨法刻有山水人物圖。圖中松蔭茂密，壽石疊立，小河蜿蜒；岸旁平闊的地方，設有一張石桌，桌上佳餚排列。三人邊敘邊飲，一人在旁觀菊，三女旁侍。在圖上右方細刻「廣陵異種」詞賦十八

排。結尾落有「乙亥年嘯軒于碩刻，時年六十有三」等款。（劉靜）

一四六　象牙雕山水人物小插屏　清

長六·五、厚〇·六釐米

故宮博物院藏

採用微刻塗墨法，在平滑的牙面上刻有山水人物圖。山前半坦處刻瓦房數間，一人在屋內夜讀，一侍者於窗外與之交談。屋前松竹茂密，在圖左上方細刻「春夜宴桃李園賦」文句共九排。（劉靜）

一四七　象牙雕山水人物小插屏　清

長六·五、寬五·八、厚〇·六釐米

故宮博物院藏

長方形，平滑潔白的牙塊上，微刻有以三國演義為題材的「三顧茅蘆」圖。圖中山腰上，茅屋依山臨水，屋中劉備與諸葛亮對膝而談；院中關羽、張飛站在壽石旁等立。圖左上方細刻「隆中對：先主曰漢室傾廢，奸臣竊命主上……」等文十九排，結尾落有「乙亥年嘯軒于碩刻，時年六十有三」等款。（劉靜）

以上四件小插屏，均是于嘯軒六十三歲時的作品。人物神情均刻畫得十分明朗，使人在鑒賞之時有方寸之中可見千里之遙的感覺，直如一幅水墨山水畫。

一四八　象牙雕白菜　清

長二三釐米

一九五五年重慶市文化局撥交

重慶中國三峽博物館藏

作品以秋白菜為主景，根部雕谷穗，葉上雕昆蟲，採用圓雕技法精心設計雕刻而成，充滿田園情趣。（攝影：劉小放）

一四九　米芾款犀角杯　明

高九·二釐米

故宮博物院藏

杯保持犀角本形，截去角尖，磨平而成底。器體厚重，外壁雕成凹凸不均狀，有如奇形之大石，得天成之趣。實則磨工精到，圓潤光潔，有「不雕之雕」的意匠。一面刻有陽文篆書銘文三行，文字多不可識：「生平愛（?）石此君□之矧其氣正而□□是以（?）□□而身□」及「米芾」款識與「南宮」篆書印章。

米芾（一〇五一——一一〇七），字元章，世稱米南宮。吳人，祖籍太原。是宋代著名書畫家、鑒賞家。為人率性，不同流俗，有潔癖，喜蓄石。相傳無為州有巨石奇醜，芾見大喜，具衣冠拜之，呼之為兄。「米顛拜石」的故事影響甚大，此作正是巧妙地化用此典而來。

（劉岳）

一五〇　犀角洗　明

高六·八、口徑一六·一、底徑八·三釐米

故宮博物院藏

洗作敞口碗式，稍扁，折沿，方唇，玉璧式底。通體光素無紋，但造型穩重大方，磨工極佳，凸現出犀角本身的質地紋理之美。犀角是珍貴材料，得之者往往殫精竭慮，極盡雕鏤之能事，而此洗不加雕飾，以天然為本，顯示出不俗的品味。

底刻剔地陽文「墨林」篆書印章款。

項元汴（一五二五——一五九〇），字子京，號墨林居士，浙江嘉興人，蓄珍玩書畫極精，是明代最著名的鑒藏家。此器或曾為其所藏。

（劉岳）

一五一　犀角鏤雕玉蘭花荷葉形杯　明

高八·四、最大口徑一七·一釐米

故宮博物院藏

杯質地細膩，曾經染色，後長期使用而使染色漸脫，返其本質。

此杯雕做盛開玉蘭花形，杯內勾勒出陰線花瓣，花瓣口沿用蒸煮的方法做

出波浪形，以增加動態效果。杯身則用玉蘭花枝裝飾，圈枝為底，浮雕數朵玉蘭花，花朵妍美，細膩生動，有較強的立體感。

（張林傑）

一五二　犀角雕花果紋洗　明

高八、最大口徑一八·七、最大足徑八·九釐米

故宮博物院藏

以犀角近根部雕成，口如花瓣式，斂腹，下為鏤雕竹枝圈足。杯身以浮雕及鏤雕技法表現桃花、桃實、玉蘭、竹葉、靈芝等，並淺刻葉脈、花筋。此杯雕刻簡樸，以留白的杯身作為紋飾的襯托，磨工十分細膩，雕刻物象均為民間喜聞樂見的花果，同時又含有吉祥祝福之意，是一件值得重視的犀角雕刻作品。

（劉岳）

一五三　犀角杯　明

高一〇·三、口徑一五、底徑五·二釐米

河北省文物保護中心藏

杯依犀角形狀雕刻而成，呈棕紅色。喇叭形口外敞，自口下急收。整個杯體被作為一椿梅幹，一側鏤雕梅枝為柄。外壁浮雕梅花數枝，疏密相宜，欹側生姿、瘦硬奇崛、遒勁有力。器形簡潔，朴拙厚重而不失精巧。

（撰文：劉昀華　攝影：張惠）

一五四　犀角玉蘭杯　明

高七·二、最大口徑一三·二、足徑六·二釐米

故宮博物院藏

杯以犀角雕成，為玉蘭花形。杯敞口，寬流，內壁光素。外壁浮雕玉蘭花枝，其上一朵盛開的玉蘭並幾朵含苞欲放的花蕾，一側雕桃枝，上結雙桃，底足由鏤雕的花果枝幹盤成。明清時期以玉蘭和桃的組合紋樣寓意「春壽」。

此器採用浮雕、鏤空等技法，技藝純熟，刻工精練，紋飾簡單質樸，花葉間有大面積留白，沉穩之中憑添幾分生氣，透露出時代的氣息，不愧為一件藝術精品。

（謝麗）

一五五　犀角雕玉蘭花果紋杯　明

高八・一、最大口徑一六・八、最大足徑七・八釐米

故宮博物院藏

杯作撇口、寬流、橢圓形，呈棕紅色，以亞洲大犀角刻製。鏤刻盤枝為底足，在厚實如同牽牛花的杯身外壁淺浮雕葡萄、玉蘭花、荔枝為襯，花繁果茂，瑩潤光亮，狀極幽雅，表示了四季長春之態。

犀角杯大多製作精巧玲瓏，但此杯厚實敦重，樸實端莊。此杯雖大，卻不蠢笨，於渾樸中見精細，典雅中見豪放，是明代中後期之精品。

（劉靜）

一五六　犀角雕螭竹靈芝紋杯　明

高七・九、最大口徑一六・一、最大足徑五・八釐米

故宮博物院藏

敞口，斂腹，杯身作靈芝形，內壁有同心凸棱及渦狀紋，外壁亦有相應陰文裝飾。杯身一側浮雕斜竹一竿，一花尾螭龍，以尾纏繞竹上，環身於流部之下，螭紋以高浮雕及局部鏤雕表現，頸鬣純以平行陰刻線刻畫，技法靈活多樣，紋飾層次分明。杯飾靈芝及竹枝，蓋靈芝上多枚相連，伸至杯口及底部，並於底部形成環狀鏤空底足。物象簡單，但佈置得宜，繁簡得當，刀法粗獷，於不同部位運用不同裝飾手段，特別是足部處理，尤其精妙。杯體色澤沉暗，古樸雅致。

（劉岳）

一五七　犀角雕玉蘭紋浮透杯　明

高八・五、口徑一四×九・五釐米

江西省博物館藏

杯一體花枝簇擁，色澤棕褐。一枝玉蘭花從枝蕊花葉中探頭綻放，花身緊縮，花瓣外展自然彎曲成一杯。花瓣相疊於杯內，線條流暢自然。杯外被花枝簇擁纏繞，枝蕊盤曲成鏤空圈足。雕工精巧，杯形優美。

（陳建平）

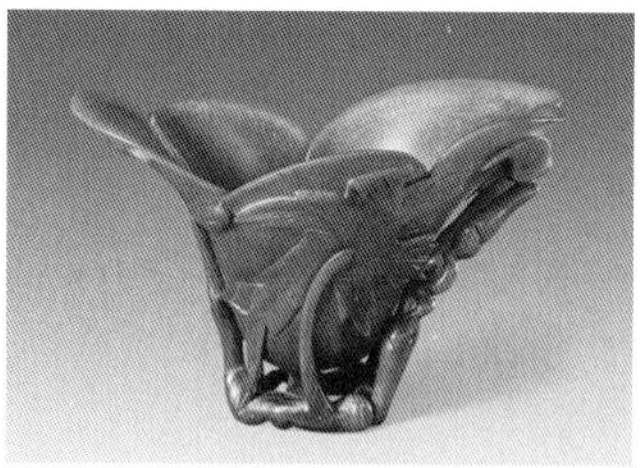

一五八　犀角雕秋葵紋杯　明

高六・三、最大口徑一二・四、最大足徑四・八釐米

故宮博物院藏

杯體圓巧輕薄，口沿雕作花瓣相疊狀，弧線連綿，花瓣側邊微翹，至內壁漸變成陰刻曲線，彙聚於內底，陰刻出花芯，線條柔美可喜。外壁亦雕成花瓣相互疊壓式，並浮雕秋葵葉、花蕾、枝條等為飾。葉片鋸齒狀的邊緣，與圓柔的花瓣恰成映襯。杯身一端刻畫一枚碩大葉片，浮雕較高，從而使各部分紋飾區分出層次與主從，在比較單純的題材中挖掘出豐富的裝飾因素。底為枝條環繞而成的圈足，既將花葉聯繫起來，又照顧到杯體的穩定性，設計相當精妙。（劉岳）

一五九　犀角鏤雕玉蘭花紋杯　明

高九・五、最大口徑一六・五、最大足徑五・二釐米

故宮博物院藏

棕紅色，杯口作橢圓形。杯體上高浮雕枝、葉，淺浮雕玉蘭花瓣，整體看來，全器狀若一朵大花。

作者注重疏密、繁簡、深淺、動靜的對比，使線條流暢的玉蘭花杯立體感極強，特別是杯的造型，花、葉與杯融為一體，形象簡潔，充分體現了玉蘭花的圓潤柔美和清雅可愛。（劉靜）

一六〇　犀角鏤雕玉蘭花紋杯　明

高六・四、最大口徑一一・九、最大足徑五釐米

故宮博物院藏

杯身飾玉蘭花枝，花枝圈合為杯底。玉蘭花或含苞，或怒放，或欲啟又合，變化微妙，自然開合。

作者採用鏤雕和浮雕相結合的表現手法，使作品富有層次感。刀法純厚，遒勁有力，線條優美，曲度和諧。（張林傑）

一六一　犀角雕芙蓉秋蟲紋杯　明

高九・二、最大口徑一六、最大足徑四・四釐米

故宮博物院藏

亞洲犀牛角雕製。作者採用圓雕鏤刻技法，以芙蓉葉為杯，枝莖花蕾為柄、足，杯壁四周又以野菊為襯，一隻大腹蟈蟈低伏在葉片之上。敞口的葉形杯底，呈溝壑狀，莖脈隱顯，在品酒飲茶之間，撫檫觀賞角杯，更能讓使用者心曠神怡。

此杯造型雖然敦厚，刻工葉較渾樸豪放，但細觀之下，刀法嫻熟流暢，渾厚中見精雅，那似有風吹而使花瓣微拂，葉片上卷，花枝莖葉穿插掩映之狀，尤為清雅。

（劉靜）

一六二　犀角雕歲寒三友紋杯　明

高一〇、最大口徑一三・八釐米

故宮博物院藏

杯以非洲犀角雕成。淡褐色，敞口，器身以一朵玉蘭花為主體，花心微微凸起，口沿內壁浮雕五片花瓣形，並以其中一片花瓣為流，線條優美流暢。杯以鏤雕的一密佈鱗皴瘿節、曲折健碩的老松樹幹及一枝竹幹交叉，並一直延伸至杯口內，口沿內飾以浮雕梅花一朵及花蕾，十分別致。外壁以浮雕及鏤雕技法雕有松、竹、梅圖案。足部以梅樹樹幹圈成圈足。

此器雕刻技法嫻熟，造型優美簡潔，刀工流利。

（謝麗）

一六三　犀角桃式杯　明

高八・八、最大口徑一四・三釐米

故宮博物院藏

杯體隨形，作半個桃實狀，底收小，鏤雕桃枝及花果、葉片成雙股杯柄，延至杯底稱為底座。紋飾集中於局部，與素雅的杯身形成對比。此杯設計雕刻均為上選，且經染色，更顯古色古香。

（劉岳）

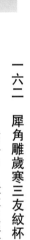

一六四　犀角雕螭龍紋杯　明

高一一·一、外徑五·五、內徑三·四釐米

黃山市博物館藏

杯褐紅色，花瓣形，高圈足，杯身飾花卉紋，口沿及足飾几何回紋，一側透雕螭龍為柄，生動而精致。

（攝影：孫之常）

一六五　犀角雕螭龍紋杯　明

高八·四、口徑一五·七、底五·三釐米

江西省博物館藏

犀角杯，棕紅色，橢圓面，似漏斗，高圈足。五螭龍攀附其上：一長髮分卷而碩壯的蒼龍攀附於杯沿，三小螭遊戲於其身上及眼前，另一小螭游離杯體另一端外壁上。杯外壁中部在雷紋錦地上鏤琢一周變體夔鳳紋圖案。外底有細陰線刻「沈怡如製」款。角杯雕琢精細，拋光美觀。

（陳建平）

一六六　犀角蟠螭紋杯　明

高九·四、最大口徑一四·五釐米

四川省博物館藏

呈褐紅色。橢圓花瓣形，敞口，假圈足，似喇叭狀。口沿飾回紋一周，近口沿處內外壁各飾雷紋一周。以兩螭為耳，兩螭攀壁轉頭相向，兩尾相交。與耳相對的另一側，由五個約方塊組成一排縱向排列的凸棱，疊壓在雲頭紋之上，正面分別飾花瓣紋和回紋等。杯身分上中下三部，以淺浮雕紋為地，上部為十二花瓣紋，外壁各飾一側身站立的獨角虯龍，有昂首相向的，也有尾隨的。中部鳥、獸紋疊壓在八圈線刻小回紋之上，鳥喙張開，圓眼前視，作展翅欲飛狀，獸則作回首張望狀。下部四螭，蹺足卷尾，兩兩相視。杯身兩面又各鏤雕三螭，內口沿近耳處也鏤刻三螭，有攀壁兩相逗玩的，也有單獨嬉戲的，有的為獨角，有的為雙角，有的毛髮披肩，均有雙卷雲紋尾。此杯鏤雕蟠螭兩大九小，疑為傳說中的龍生九子。杯身的一面還飾一象首螭身的動物，其尾被一螭咬住，象作回首相顧狀。足飾

蟬紋，頭均朝上，形態相同。外底篆書「息」字，可能是雕刻工匠的名字。

此杯雕有蟠螭、花卉、鳥獸等多種紋飾，內容豐富。所飾動物神態各異，栩栩如生。刀法圓熟，色澤光潤，是一件極為精緻的角雕工藝精品。

一六七　犀角雕饕餮蕉葉紋螭耳杯　明

高一〇·五、最大口徑一三·五、最大足徑四·一釐米

故宮博物院藏

杯身略呈扁圓，但不悖犀角之形。口開敞，身較狹，高圈足微外撇。內口傾斜度較大，內部呈方形，淺底。杯口內外沿各飾回紋帶一周，內口還陰刻變形「S」紋及雲紋。外壁以回紋為地，剔刻饕餮紋，下飾蕉葉紋。鋬為螭形，共鏤雕三螭，大者頸鬣賁張，探首杯內，如在窺視，一小螭攀於其身側，另一螭彎身在下。三螭巧妙結構，既不失動態，又不損杯鋬之制，是此杯最精彩之處。

（劉岳）

一六八　犀角雕獸面紋杯　明

高一一·五釐米、口徑八·二釐米

黃山市博物館藏

圓體，杯壁較厚，分作小瓣，矮足，足緣突出。身飾一周陰刻錦紋帶浮雕獸面式鋬，別具特色。

（攝影：孫之常）

一六九　犀角雕高足杯　明

高一二·三、口徑一六·二、底徑四·七釐米

河北省文物保護中心藏

杯依犀角形狀雕刻而成，呈棕褐色，細潤瑩澤，質感柔和。喇叭形花式口外敞，自口下急收成淺圓腹，四方委角花瓣式圈足。外壁一側鏤雕枝梅形柄，梅花的上端與杯口相接，下端沿杯壁伸展。杯腹上部飾夔龍紋一周，下部飾蕉葉紋一周。口沿和底足各陰線刻回紋一周。足底篆刻「降雲樓」三字。此杯造型優美，採用鏤雕和浮雕相結合的技法，刀工細膩嫻熟，具有較高的藝術欣賞價值。

（撰文：劉昀華　攝影：張惠）

一七〇　犀角雕高足杯　明

高一四、口徑一六、底五·四釐米

湖北省沙市市博藏

杯作觚形，飾去地淺浮雕仿古紋飾，口、足部為仰、俯蕉葉紋、蟬紋等，身飾雷紋地獸面紋，杯鋬為鏤雕一大四小五螭組成，含有「教子昇天」的吉祥寓意，是此類犀角杯中的典型設計。

一七一　犀角雕茶花紋杯　明

高八、口徑一五·五釐米

婺源博物館藏

此杯主體造型為一朵盛開茶花，杯腹飾以枝葉和小朵茶花，作者設計巧妙，雕刻技法嫻熟，花、枝、葉形態逼真。此杯呈紫褐色且半透明，是一件難得的藝術品。

（攝影：孫之常）

一七二　犀角雕松鼠葡萄杯　明

通高七·五、口徑一六·五、足徑四釐米

雲南省博物館藏

該杯整體就像一個倒置的馬蹄，通體呈深棕色，光澤瑩潤。

杯口呈不規則橢圓形，弧腹內收，橢圓形底，口大而展開。杯內素淨，外壁滿雕層次不同的圖案。底層以透雕的技藝，將杯身雕刻成一株蒼勁的老樹，主幹粗壯，出枝分叉，曲直相參。上層以鏤雕技法飾主題紋飾松鼠葡萄，枝繁葉茂的葡萄，攀延在樹幹、樹枝上，藤蔓姿態各異，疏密和諧。一串串碩果累累，晶瑩豐潤的葡萄，掛在杯子的口沿上，寓意多子多福、富貴滿堂。藤蔓間有幾隻靈巧的小松鼠在自由地嬉戲、覓食。它們有的昂首仰視、有的回頭窺探、有的伸頸搜索，一幅大自然中生動和諧的圖畫展現在我們面前。

從雕刻的技藝來看，此杯依照角形，順勢而雕，動物與景物形神兼備。雕刻的葡萄圓潤飽滿，鏤雕的樹枝連著藤蔓，大葉連著小葉，有的伸展、有的下垂。在重疊連接的葉子之間全都透著洞、孔、縫，使整個枝蔓和葉片，具有了很好的穿透感、立體感，疏密相間達到一個玲瓏剔透的藝術境界。

（徐政芸）

一七三　犀角雕折枝荷葉吸管杯　明

高一五・八、最大口徑一九・三釐米

故宮博物院藏

杯以一隻整角雕成，作「一把蓮」式。高明之處在於，身與流並非粘接，而是先取犀角施以雕刻，再慢慢加熱，使其彎曲，加工而成。杯身為一枝大荷葉，鏤雕數小枝盤環旋繞，並雕蓮葉、蓮蓬、蓮花、花苞及一莖蓼草作為襯托。近口沿處雕一螃蟹，以螯剪荷莖，憨態可掬。

杯流稍高於杯口且微曲，使作品更顯纖秀。其中空一直貫穿至杯身，似暗合「心有靈犀」的詩意。

此器造型新穎，工藝精湛，是這一時期犀角雕中較為傑出的作品。

（劉岳）

一七四　尤侃款犀角透雕荷葉螳螂吸管杯　明

高九・五、口長一四・九釐米

中國國家博物館

此杯雕成折枝荷葉形狀，荷葉舒展成侈口。荷梗與嫩葉糾結彎曲向上組成杯鋬。鋬的中間鏤空，直通杯底，杯中所盛酒漿可由荷梗流出。杯外荷葉背面偎依兩朵荷花，花蕊中綻出蓮房。杯中小荷葉梗上雕一螳螂。此杯設計製作均極巧妙，為犀角雕中難得的珍品。

杯外側近底部，有篆文「尤侃」款。

一七五　犀角雕加官進祿三足爵杯　明

高一二、最大口徑一五・四釐米

故宮博物院藏

仿三代青銅爵造型，寬長流，雙柱，無鋬，深腹，三柱足。口沿及折腹處各起回紋一周，三足延長至爵腹，其三部均做開光，內飾海水紋及靈芝紋，寄以吉祥。外撇，接腹處為獸面形，怒目圓睜，獠牙外露，十分兇惡，足根部雕如意頭紋。

最令人稱奇的是雙柱巧妙設計成兩個官員的模樣，一人手持官帽，寓昇官之意；一人則托一隻小鹿，鹿即祿也，有進祿之意。另取此爵杯的「爵」意，即可意會到其「昇官進爵加俸祿」的寓意。

（張林傑）

一七六　犀角鏤空螭耳杯　明

高八、最大口徑一八·三、最大足徑四·六釐米

故宮博物院藏

杯體仿古匜式，敞口，一側邊沿翻卷成流狀，斂腹，小圈足，內底甚淺，口沿陰刻回紋帶，外壁飾錦地紋。杯鋬鏤雕螭龍形，後足變異為幾何形，造型不同於一般仿古螭耳，是為配合杯身較為圖案化的裝飾而作出的設計。

（劉岳）

一七七　犀角雕瓜葉杯　明

高六·八、口徑一〇·七、足徑五釐米

雲南省博物館藏

該杯用寫實的手法，將杯的造型雕刻成瓜葉形，表現出自然界的蓬勃生機。舒展的瓜葉為杯口，杯內中空，橢圓形底。杯子的裏外淺浮雕出瓜葉正、背面的葉脈，嫩葉與瓜蔓糾結在杯身上，並巧妙地裝飾了杯底。杯外側的瓜葉背面，雕有兩片小瓜葉，蜿蜒的瓜蔓，尚未開放的花蕊和嫩葉。

犀角雕瓜葉杯，雕工細膩純熟，紋飾簡潔概括。雕刻家着眼於犀角本身的質地和紋理美，追求古拙、樸實的藝術風格。各部位排布井然有序，互為襯托，手法寫實，表現出瓜葉的生機，將生長於大自然中鮮靈生動的瓜葉，活生生地展現在世人面前。

（撰文：徐政芸　攝影：鄭華）

一七八　犀角雕勾雲圓盒　明

高一·八、徑四·四釐米

故宮博物院藏

盒扁體，圓形，有蓋，與盒身子母口相合。蓋、身外壁各雕刻三朵如意雲頭紋，模仿漆器工藝中剔犀的技術與裝飾特點，線條圓轉流利，打磨細膩入微，刀

鋒泯然無痕，效果惟妙惟肖。

此盒形制特殊，而又小巧玲瓏，是犀角雕刻中極富趣味的作品。

（劉岳）

一七九　犀角獸面紋四扁足爐　明

高一七．五、口邊長一〇．一、寬八．三釐米

故宮博物院藏

器仿商周青銅器的形制，身略呈方斗式，敞口，方唇，斂腹，四足，微外撇。爐身飾扉棱，框出裝飾區。陰刻夔鳳及饕餮為地，每個立面浮雕兩螭，一向上一向下，曲線玲瓏。足部經過特殊加熱變形處理，故能突破犀角輪廓，其紋飾似龍吐水流，裝飾性很強。外底剔地陽文「子子孫孫永保用」篆書印章款。

（劉岳）

一八〇　鮑天成款犀角雕雙螭耳仿古螭虎紋執壺　明晚期

高一三、最大口徑一五釐米

故宮博物院藏

作者採用鏤刻圓雕技法，用兩個亞洲犀角合併製成帶流執壺。一個小犀角為蓋，一個大犀角為壺身，壺蓋形如盔帽，色比較深。刻回文鈕，為後嵌，蓋一周刻陽文蕉葉紋。壺身一側為光素流口，一螭從壺身攀繞着向流口瞪視。一側為柄，三螭龍繞柄騰戲。壺身紋飾從底向上分為四層，一層為蟠夔蕉葉紋，二層為獸面紋，三、四層為蟠夔紋。紋飾隱起，為淺浮雕技法刻製。底刻「鮑天成製」一方印。

鮑天成是明代末期江蘇一帶著名的雕刻能手，他用犀角、象牙、紫檀製作的香盒、扇墜、簪鈕、圖匣之類，往往都設計奇巧，超邁前人。這件用犀角製作的小壺，造型優美，玲瓏精巧，而且色澤瑩潤，光潔細膩。在雕刻技法上 運作靈活，壺身淺浮雕的紋飾，刀法雖然淺隱，但花紋清晰流暢，與田黃石刻有異曲同工之妙。小壺把柄鏤刻之處，作者運用豐富的想像力，將螭紋刻繪的靈活生動，氣勢雄奇，是明末清初時期犀角藝術中的珍品。

（劉靜）

一八一　犀角雕富貴萬代杯　明晚期

高七．六、最大口徑一七．三、最大足徑六釐米

故宮博物院藏

杯以角型為基礎，廣口斂腹，俯視呈橢圓形，杯口一側弧線較長，如流狀，另一側則於口沿處雕鏤癭形紋飾。外壁雕作老樹盤根錯節，紋理抽象，以流轉之線條佈滿器身，形成雲煙一般朦朧寫意的效果。在杯側又浮雕寫實的花籃及葫蘆，仿佛被仙家遺落於林莽間，點明了吉祥的主題。內壁則任其光素，而顆粒細微的質地，與外壁凸凹的抽象裝飾，形成了恰到好處的對照，顯示出犀角製品的獨特美感。

（劉岳）

一八二　犀角雕松樹紋杯　明晚期

高六．一、最大口徑一〇．一釐米、重一二四．六克

故宮博物院藏

橢圓形，杯口外撇，造型如同一座倒置的山崖。作者採用鏤雕和浮雕相結合的技法，採用通景式，以松樹樁為杯體，利用犀角天然的天溝地崗，鏤刻松幹為柄，松鱗斑駁；又在杯內地崗部位浮雕松枝一杈，松枝虬幹蒼古，松葉如輪。此杯造型古樸，刻工渾樸中見精密，刀法細膩，紋飾自然生動，是犀角製品中的雅致之作。

（劉靜）

一八三　犀角雕松柏山水紋杯　明晚期

高九．九、最大口徑一一釐米

故宮博物院藏

此杯口微敞，底足微斂。作者以通景的方式，將柄鏤刻成古松樹幹形，蒼松聳立，松枝直入杯口之內。杯壁上，溪流蜿蜒，直入杯底。在溪河兩岸，柏樹、桐樹、楓樹間插在山岩之間，虬枝怒幹，雄健蒼勁。杯裏深圓，雖然杯體不大，但杯壁厚重，角質細潤密實，雕工精湛。

（劉靜）

一八四　犀角雕柳蔭放馬圖杯　明晚期

高九·七、最大口徑一四·六、最大足徑四·八釐米

故宮博物院藏

杯敞口，斂底，外壁浮雕二人於溪岸上，一立一坐，立者手執柳條，坐者手挽衣袖，目光所聚，為一健馬，歡然翻滾於草叢中。情景歷歷如在眼前。又浮雕岩石林立，形成杯耳，樹枝輕揚，直入杯口之內。下有溪水潺湲，流轉如絲。此杯高浮雕技法十分純熟，风格亦清新明快，并為同类題材犀角雕中所僅见，更顯珍貴。

（劉岳）

一八五　犀角鏤雕松舟人物杯　明晚期

高一三·六、最大口徑一六·五，最大足徑五釐米

故宮博物院藏

杯敞口，口沿一端連弧如意式，相對一側外壁鏤雕松柏各一，由底直至口邊，形成杯狀。外壁以浮雕技法表現山水人物。以腰部為界，上半山崖壁立，怪石橫生，林木疏朗，為煙嵐所掩；下半以水紋為主，涇渭分明，一小舟自崖岸間將出未出，文士坐於舟頭，意態悠閒，如有會心。面前立一古瓶，插蓮荷之屬，極富情趣。

（劉岳）

一八六　犀角鏤雕龍柄螭龍紋杯　明晚期

高一一·五、最大口徑一三·五、足徑五釐米

故宮博物院藏

撇口，上闊下窄，仿古觥形。作者以鏤刻浮雕技巧，將龍身製成杯柄與底足。龍身在右，龍尾在左，頭與上肢攀附在杯口，似一雄健的蒼龍將一觥醇酒擁護於胸，在龍體上，蒼鱗、火焰佈滿全身。在杯壁上，作者分上中下將紋飾分為三組。上用陽文方夔拐子紋裝飾；下以浪花紋美飾底緣；中部有條框相隔，以對稱圖案形式，浮雕雙龍戲珠紋。兩組雙角禿首蛟龍，兩兩相對，曲頸躬身，騰拿翻行。同時在杯壁上，又採用高浮雕技法，以三小蛟龍為襯，一小龍盤在大龍尾部，兩小龍已遊浮在杯口內側，尤似與母龍一起，在杯中尋覓。整個作品呈現出「蒼龍教子」之意。刻工高超，刀法精絕，圓雕、浮雕兼用，多種雕刻技法溶為

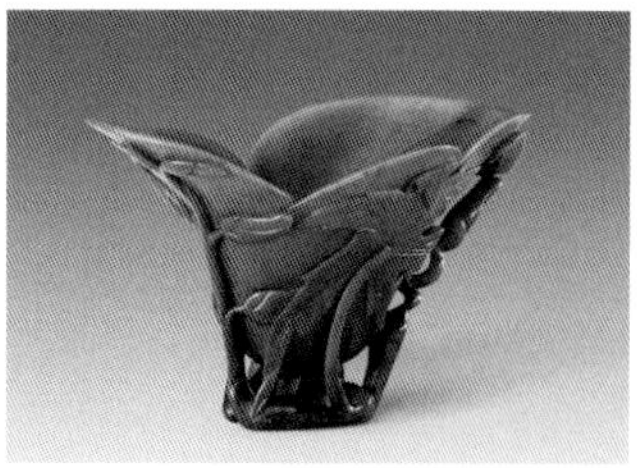

一體，紋飾細密精美，無與倫比，既有仿古格調，又有獨創新穎的寓意，是明代末期犀角雕刻製品中的優秀作品。（劉靜）

一八七　犀角鏤雕秋葵葉紋玉蘭花形杯　明晚期

高七·八、最大口徑一三·五釐米、重一一〇·三克

故宮博物院藏

以盛開的玉蘭花為題，將敞闊的杯口，做成五瓣開放的大玉蘭花形。一杈鏤空的主幹帶着兩朵花蕾，側雕成柄。又將連着花蕾和碩葉的枝莖，鏤曲成圈，沿貼杯壁，盤結在杯底做足。杯身浮雕的葉、蕾，前後搭錯，姿態各異。

此杯造型小巧，刻工精細，且角質瑩潤，是犀角陳設品中的傑作。（劉靜）

一八八　犀角雕蓮蓬紋荷葉形杯　明晚期

高八·五、最大口徑一七·二釐米

故宮博物院藏

作者根據犀角形狀、色澤的變化，製成盤枝卷葉形杯。荷葉上兜，侈口成盆狀，三根葉莖交叉盤結於杯底，成為杯足。莖刺突凸，一莖連著葉杯，一枝莖端還殘留有三個花瓣的蓮蓬，還有一莖連着上卷如盒的小荷葉，枝壯葉挺。同時還襯有一束小海棠花，秋意盎然。

此杯除採用鏤雕、浮雕技法外，還使用了熱燙銜接技巧，使杯體之外的荷葉枝莖虬轉婉嬌，自然靈透，簡練中顯現出典雅清麗之韻，混樸中又見精妙之筆，是明代末期江蘇一帶高手所製。（劉靜）

一八九　犀角雕竹芝紋杯　明晚期

高七·八、最大口徑一六·四、最大足徑五·六釐米

故宮博物院藏

杯形如斗，作剖空靈芝狀，口沿自然捲曲。杯身有弦紋，印痕似水波暈散。杯身下鏤雕竹枝及靈芝為底，而杯 則雕成竹莖、藤蔓的造型。外壁亦浮雕竹葉、靈芝的形狀。

杯身設計頗富想像力，在寫實與抽象之間。原本竹與靈芝因其吉祥的象徵寓意，是常見的裝飾紋樣組合，而此杯融合二者，翻出新意，簡潔生動，十分別致。

（劉岳）

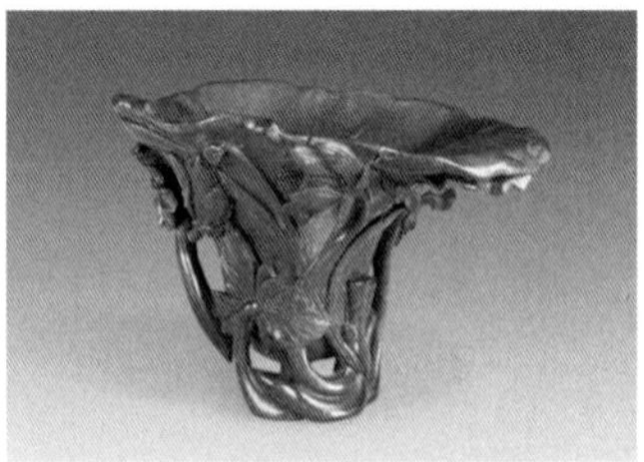

一九〇　犀角雕荷葉杯　明晚期

高一〇・七、最大口徑一五・一釐米

故宮博物院藏

杯身雕作「一把蓮」式，主體為一大荷葉，捲曲成筒，口沿開敞。外壁高浮雕荷葉、荷花，杯下葉柄彎曲盤轉成底足，造型舒放。荷花、荷葉的形式均做了大膽地誇張，荷葉的卷邊、花瓣的伸展都用高浮雕乃至圓雕來表現，極富立體感。在浮雕、鏤雕、圓雕之間自由如意地轉換，顯示出作者高超的技巧。

（劉岳）

一九一　犀角雕錦地蟠螭紋杯　明晚期

高七・三、最大口徑一八・二釐米

故宮博物院藏

杯體橢圓，如花籃般，口部開敞，斂腹，喇叭形足。口沿連弧花瓣式，剔刻雙鈎筋脈，俯視如一朵盛開花朵。外壁二道弦紋間陰刻錦紋為飾。一側浮雕一螭口銜杯沿，尾如雲朵，垂至杯身。

此杯於仿古風格中糅合了多種裝飾因素，造型優美，琢磨光潔，入手沉實，別具一格。

（劉岳）

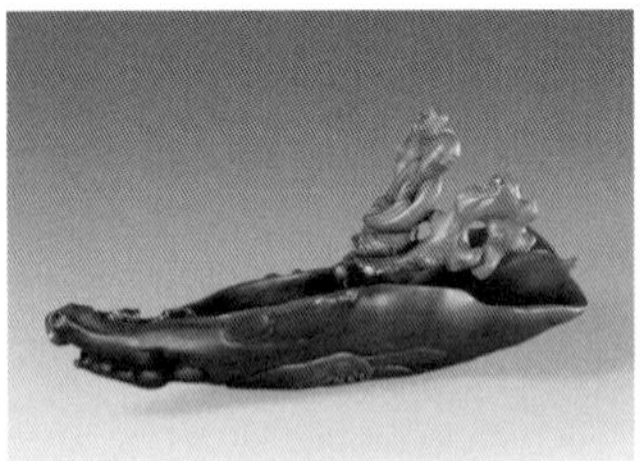

一九二　犀角雕槎形杯　明晚期

高八、長一六・八、寬八・二釐米

故宮博物院藏

此器長形，槎首燕栗色，槎尾部呈棕黃色。作者採用圓雕、浮雕等技法，將犀角斜切、內部掏空。槎杯為癭節累累的枯樹形舟，流在枯木舟的上端。舟首枝杈穿孔，舟尾微微上翹。一長髯老者背倚枯枝端坐於槎中，身着長衫，頭戴素巾，右手置於膝上，左手撚鬍鬚，面帶微笑，向左觀望，神態極為祥和。人物左側的枯枝上掛有一拂塵，雕刻細微，隨風擺動。槎下水波翻湧成漩，似在激流中航行，水浪紋層次分明，雕工精細。此題材出自張騫乘槎尋河源的典故。此件槎杯造型別致，用刀流利，打磨精細，雕工簡潔流暢，通過作者細膩的刻畫，將老人雖是險水行舟，但胸有成竹，猶如閒庭信步的神態細膩地展現出來，是犀角雕刻中的珍品。

（謝麗）

一九三　犀角雕花三足杯　明晚期

高一六·九、口徑一四、足距一一·四釐米

故宮博物院藏

杯如一朵盛開的大花，三足仿佛三束折枝花果，枝蔓交錯，托抱杯體。雕鏤荷花、海棠、蜀葵、荔枝等，將其枝葉、花朵的開闔、偃仰、向背、疊壓、轉側、穿插等關係作悉心組織，尤其是鏤雕工藝的熟練運用，無疑拓展了犀角雕刻的表現力，使觀者不知不覺間忘記了犀角本來的形狀。同時，作者將角尖部一分為三，經加熱處理令其外撇，形成底足，既滿足實用要求，也增添了輪廓線的變化，是最具匠心之處。

（劉岳）

一九四　犀角鏤空蟠螭柄出戟匜式杯　明晚期

高一〇·七、最大口徑一三·九、最大足徑四·五釐米

故宮博物院藏

大口沿，一側翻卷合攏成流式，口沿內飾有回紋裝飾帶。杯身如抹角方鬥，環周有八道出脊，滿飾饕餮紋和變體夔紋。下承高圈足，足外側飾夔紋。杯耳由一探至口沿的大螭和盤繞其首尾的小螭構成。足內底刻剔地陽文「胡星嶽作」篆書印章款。此器造型紋飾均有仿古意趣，而又富含時代特色，反應出作者高超的雕刻技藝。

（劉岳）

一九五　犀角雕松陰高士杯　清早期

高九·一、最大口徑一五·四釐米

故宮博物院藏

杯呈深棕色，敞口束底。作者以隱居的文士為題材，將高山溝壑、松樹流泉，以刀代筆刻在犀角的外壁上。此杯結合犀角本身具有的自然紋理，巧妙地鏤出一株古松作為杯柄，松枝上挺沿入杯口之內，又用犀角凸起的部位，浮雕松樹枝葉，松葉平展如輪。一位身着廣袖長衫，頭挽髮髻，鬚髯垂胸的老人，盤膝席地而坐。面前溪水潺流，叢菊依岩而生。此杯造型端莊渾樸，紋飾簡潔，通景式的佈局，使景物畫韻十分濃厚。是明末清初時期犀角雕刻中的精作。（劉靜）

一九六　犀角雕海水雲龍紋杯　清早期

高七·八、最大口徑一四·三、最大足徑五釐米

故宮博物院藏

杯經染色而成。敞口平底，杯身滿雕海水雲龍圖，海水激蕩，柱石擎天，氣勢頗為壯觀。飄逸的祥雲中，一條巨龍隱現其間，龍身騰起，龍首則探身於杯內口沿，似欲垂涎杯中美酒。杯內亦鏤雕蛟龍一條，張牙舞爪，神態威猛，似與巨龍一爭高低。設若杯中注入美酒，龍則恍惚遊動，活靈活現。足見作者的匠心獨運。

此杯作工精益求精，手法細膩，層次分明，堪為犀雕中的精品。

杯身柱石上陰刻「尚卿」篆書名款，「尚卿」名款待考。依其雲龍的形象來看，應為清早期的治犀名家。（張林傑）

一九七　犀角鏤雕太白醉酒杯　清早期

高九、最大口徑一四·一、最大足徑五釐米

故宮博物院藏

作品以透空鏤雕技巧，在犀角的一側刻一古松作為杯柄。松幹蒼鱗密結，曲屈如輪。又以浮雕技法，將古松頂枝上彎，形若虬龍攀在杯口之內。右側，一杈粗

枝蜿蜒伸延，一枝古藤倚樹附幹盤繞而上，藤葉堆疊形如吊籃。杯柄左面，山崖倒懸，凹如山洞。崖下平臺之上太白頭戴烏紗襆頭，身着長衣，鬚髯垂胸，左手撫膝，右手撐扇，盤膝曲肱，斜身側臥閉目做沉思狀。身旁有兩個酒壇，身前有一杯一蝶，一硯一筆和一張展開的紙卷。杯底刻有陰文「方宏齋製」篆體長方印。

此件作品刻工細膩，刀法圓潤。主體精練，古樸幽趣，是十七世紀犀角雕刻中的傑作。

（劉靜）

一九八　犀角鏤空山水人物杯　清早期

高九·二、最大口徑一七·八釐米

故宮博物院藏

作者利用犀角的天然形狀，鏤空山崖為柄，並採用通景式的佈局，刻出一幅山水人物圖。圖中古松倒懸，松葉細密疊立；桐、柏、楓樹依岩聳立，葉垂覆陰如傘。山下奇石錯落，溪水潺流，一葉小舟蕩漾在溪流之上；河中漁夫正在捕魚。杯內地崗突起，作者以流水皴法，浮雕成起凸的岩壁，使延伸到杯口的松枝更為虯勁，天然成趣。在杯壁垂岩右側，陽文刻有「直生」、「尤侃」一圓一方兩小印，刀法精湛嫻熟，色澤瑩潤，為明代末期犀角雕刻中的佳作。

（劉靜）

一九九　犀角雕水獸紋杯　清早期

高九·五、最大口徑一六·二、最大足徑 五釐米

故宮博物院藏

作者採用深浮雕技法，以神奇怪獸為題材，在杯體外側通體滿刻各種異獸，有龜、螭、龍、夔、麒麟、牛、蟾、螺貝等，有的長翼翅，有的騰雲駕霧，也有的騰波就浪，在雲水中圍着半空中的仙閣暢遊。還有一條蒼龍雙脚緊攀杯口，龍身為杯柄，龍首窺伸入杯口之內，似在偷飲瓊漿玉液。

此杯通過染色，使原角色澤加深，色如蒸栗。雕刻圖案繁密，刀法精湛，氣勢雄渾。是清代初期江蘇一帶高手製作。

（劉靜）

二〇〇　犀角鏤雕山水人物杯　清早期

高一〇·八、最大口徑一六·一釐米

故宮博物院藏

杯深褐色，杯口為連弧狀的橢圓形，敞口，流部較寬大，小底。杯口沿內浮雕一大螭，螭首刻劃極為精細，毛髮纖細如絲，目光銳利，螭口微張，齒堅爪利，勇猛之極。流內沿雕一小螭，縮頸仰天，似欲躍出杯外。杯把為鏤雕的松幹及山石。器身雕刻連貫的山景，松樹、桐樹、柏樹、楓樹交雜成林，古木參天。山間瀑布順流而下，形成小溪，微風細浪，流水潺潺。山間石階依稀可見，上端雲霧彌漫，似通往人間仙境。器身刻劃三個人物，一小童先將兩個包袱背過河並置於河邊，之後手持樹枝小心翼翼地牽引一行至河中的老者過河，岸邊一男子正挽起褲腿準備過河。此杯將大自然的詩情畫意刻劃得淋漓盡致，製作精細，工藝精良。（謝麗）

二〇一　犀角雕松樹紋杯　清早期

高一〇·二、最大口徑一三·七釐米

故宮博物院藏

此杯色呈棕紅，採用鏤雕和浮雕技法，以松樹樁造型為杯體，通景式構圖，鏤空一側枝松幹為柄，另一松枝倒懸在流口下方，兩隻小松鼠攀伏在流口之內，相互嬉戲。此杯雖然杯重壁厚，但造型端莊渾樸，刻工十分精緻，所刻松樹鱗皮如卵，松葉如輪，細密疊掩如傘。有靜中取動，拙中見巧之韻味。為不可多得的案頭雅作。（劉靜）

二〇二　犀角鏤空山水人物杯　清早期

高一一、最大口徑一六·七、最大底徑四·六釐米

故宮博物院藏

杯闊口小底，外壁高浮雕及鏤雕山岩松柏，石樑流泉，有出遊仕女隱現於山水間，格調清新，宛如畫卷。景物層次豐富，雕刻繁簡得宜，工藝精湛。底有篆書「直生」、「尤侃」印章款。配嵌銀絲鏤花木座，並有「雪庵藏」等字樣。（劉岳）

二〇三　犀角鏤空荷葉形吸管杯　清早期

高一六、最大口徑一六·八釐米

故宮博物院藏

作者以束花蓮葉為題材，將長形廣角加工成流口內彎上翹、杯口外撇的荷葉形狀，葉脈根根遒勁淺顯。杯下鏤刻荷花，蓮花盛開，花芯結有蓮蓬，點襯的小荷葉微卷，與蒲草組成一束花枝，平展成底座。杯內底有一洞與吸口相通，托住葉杯，不用傾斜，可直接將酒水吸入口中。

這件造型別致奇巧的蓮蓬荷葉形杯，匠心獨具，加之精湛細緻的刻工，流暢舒朗的紋線，使此杯更顯得典雅精美，清奇有趣。（劉靜）

二〇四　犀角鏤空荷葉形吸管杯　清早期

高七·九、最大口徑一二·四釐米

故宮博物院藏

整個杯為荷葉形，荷葉內斂為杯身，荷葉柄向上彎曲近杯口沿，以成平底而立，柄尾與杯底內通，亦柄亦流，注酒杯內，即可於柄尾飲之，可謂絕妙。杯身滿雕荷葉、荷花、牡丹、水草等，寓以純潔、富貴之意。其雕工純熟，繁簡得當，景物生動，佈局合理，給人以遐想和藝術的享受。更為巧妙的是作者在杯內邊緣的荷葉下雕了一隻螃蟹，其張牙舞爪之態令人忍俊不禁，也達到了動與靜的有機結合。清新自然之氣躍然而上。（張林傑）

二〇五　犀角鏤雕葵竹螭紋杯　清早期

高七·二、最大口徑一二·四釐米

故宮博物院藏

此器棕紅色，敞口，杯身為秋葵花形。杯內壁為五片花瓣形，以其中一片花瓣為流，極為雅致。杯鋬以鏤雕的葵枝幹和竹幹相互交疊而成，刻劃清晰，刀法伶俐。一葵花花蕾伸展入杯口沿內，造型別致。杯壁浮雕、鏤雕竹、秋葵葉及葵花花蕾數朵。竹幹修長挺拔，竹節清晰可見，枝葉翻轉自如，簡潔流暢，葉脈花筋細緻，葵葉之上陰刻有雙線葉脈，寥寥幾筆，細緻生動、極富立體感。於葵、

竹間另雕有一螭，小螭昂首挺胸，怒目圓睜，一足騰起，一足踏於葵枝之上，靈活鮮動，活力十足。杯底部則以杯把下端的葵枝彎曲盤轉而成圈足。此器造型古雅，色澤瑩潤，渾樸中見精細，典雅中見豪放。（謝麗）

二〇六　犀角雕花鳥杯　清早期

高九、最大口徑一五·六釐米

故宮博物院藏

敞口、縮足，呈棕紅色。採用鏤刻浮雕技巧，以「富貴延年」寓意紋樣為題材，刻成玲瓏典雅的花鳥杯。杯身以芙蓉花為形，花瓣連體上兜，如半開狀。盛開的花和莖葉盤結為底足。枝杆為柄，秋菊依外壁而生。杯內雕一花枝攀入杯底，兩枝小燕於枝頭跳躍嬉戲。

此件角杯，造型端莊，色澤瑩潤，刻工十分精湛細膩，是清代初期江蘇一帶高手的作品。（劉靜）

二〇七　犀角雕蘭花水魚紋荷葉形杯　清早期

高六·一、最大口徑一〇釐米

故宮博物院藏

杯呈深棕色，為亞洲犀牛角製成。作者以荷花、蘭草為題材，將一隻小角刻成上兜的荷葉形，杯裏圓闊如鍋底，杯外葉脈隱起，浮雕的水波紋在杯底成旋，浪花圍杯底向上湧濺。杯壁紋飾繁複，魚虾暢遊，躍出水面；一株闊葉禾草和一叢蘭花似乎因水的波動而彎垂晃動，使得一隻大螃蟹急匆匆爬向杯口。此杯構思巧妙，設計典雅，雕刻精緻細膩，為犀角杯中佳作。（劉靜）

二〇八　犀角雕海水雲龍紋杯　清康熙

高一一·二、最大口徑一六、最大足徑六釐米

故宮博物院藏

作者巧用了犀角表面凹凸不平的特點，稍加修鑿，便顯現出雲翻霧騰的效果，其刀法渾圓，打磨精到，不留刀痕。再雕行龍出沒於雲間，形象生動，富於

變化，雕刻精細而自然，顯示了其翱翔穹宇、舒展飄逸的神姿，表現了作者的高超的藝術才能。

（張林傑）

二〇九　犀角雕梅枝仿古紋四足匜式杯　清乾隆

高七·三、最大口徑一四·八、最大足徑四釐米

故宮博物院藏

仿匜式外形，流部呈短方槽式，稍高，弧線起伏有致。內口沿飾一周陰刻回紋帶，外口沿下為陽文勾勒的幾何形紋樣。器身主體紋飾為六道凸弦紋，很有青銅工藝的韻味。配鏤雕梅樹式雙股鋬，枝幹旁逸斜出，結構頗為繁複，梅花、花蕾、瘤節等俱全，與器身仿古幾何紋飾相比，顯得非常寫實，而相互映襯之下，效果極為鮮明。在清中期大量的仿古犀角雕刻中，此杯也可以說是較有特點的一件作品。

（劉岳）

二一〇　犀角鏤雕聽松紋杯　清中期

高九、最大口徑一三·七、最大足徑四·三釐米

故宮博物院藏

敞口，底部內凹成空足。杯身做聽松圖，主要採用鏤雕和浮雕技法表現了兩位隱者隱逸自娛的悠閒場景。杯身大面積雕刻山石，峭壁陡立，令人頓生壓抑感。岩石邊兩株蒼松拔地而起，虬枝古拙，松蓋蔽日，一位隱士獨處其間，雖面目難辨，卻也能感受到他那悠然自得的神情。另有一人立於山澗旁，轉項揚指，似在說什麼，又似在傾聽陣陣松濤，其腳下一條山泉潺潺流過。

其雕刻的藝術風格與清代的竹雕作品極為相似，可見同一時代各種工藝上所表現的時代特色。

（張林傑）

二一一　犀角鏤雕山水人物杯　清中期

高一〇、最大口徑一六·七、最大足徑四·六釐米

故宮博物院藏

杯身以鏤雕和浮雕技法依東坡遊赤壁意境作山水人物圖。河流兩岸懸崖峭

壁、古樹參天，一隻竹蓬小船半隱於松石間，船上乘坐四人，一人於船首持扇煮茗，三人坐於竹蓬內促膝而談，只現其形，不見其面，更給人以遐想的空間。此作品立意高遠，雕工精湛，線條圓潤優美，佈局巧妙，當為清代犀雕名家所為。

（張林傑）

二一二　犀角鏤雕雙螭耳螭紋荷葉式杯　清中期

高八·九、最大口徑一六·四、最大足徑四·四釐米

故宮博物院藏

杯體如荷葉，葉緣向內外側交錯翻卷，極富節奏韻律。外壁陰刻雙鈎葉脈為地紋，下部浮雕浪花翻滾。水紋由細密的平行陽線組成鱗片狀的半圓，相互疊壓，圖案化的處理，很有裝飾意味。上部高浮雕三條螭紋，輾轉扭曲，動感十足。杯鋬以二螭構成，一斜向上，雙臂攀杯緣，頭伸入口內。另一以尾懸其臂上，向下探身回首，神態自然。雙螭的設計既符合杯鋬的結構要求，又不顯刻意，無疑是器物的點睛之筆。

（劉岳）

二一三　犀角雕螭柄海水螭紋杯　清中期

高一二、最大口徑一六·四釐米

故宮博物院藏

此器敞口，連弧狀口沿，飾精美的雲紋一周。此杯雕有九螭，最大的螭緊抓杯口，並咬住口沿，螭龍頭部刻畫精細，毛髮如絲，目光銳利，螭身尾部右向，足踏海浪，巧妙地形成杯柄。杯的流部呈弓形，內壁雕一小螭，足爪使勁攀爬，活力十足。外壁則運用鏤雕、浮雕、陰刻等手法分三部分雕刻，下部為海水，波濤洶湧，浪花飛濺，兩螭仰首欲出，靈活生動。中部三條螭龍互相追逐嬉戲，熱鬧非常。上部是升騰的雲氣，雲霧之中，兩螭俯身下探，躬身露齒，作勢欲撲，栩栩如生。該器紋飾複雜，製作精巧，琢磨精練，反映出作者深厚的文化底蘊和高超的雕刻技藝，堪稱犀角雕刻中的瑰寶。

（謝麗）

二一四　犀角雕松枝龍虎紋杯　清中期

高一一·九、最大口徑一四·四、最大足徑五·八釐米

故宮博物院藏

杯通體深紅，似經染色處理。杯敞口，小底，器型穩重大方。外壁以高浮雕及鏤雕技法進行裝飾。一面浮雕波濤洶湧，雲水沖天，一龍凸睛闊口，鬚髮戟張，肩帶火焰，探身將出；另一面浮雕崖岸，一虎弓身露齒，尾舉如鞭，肌肉緊綳，作勢欲撲，二獸相峙，張力十足。其一踞上角，其一占下邊，構圖也十分講究。題材雖非寫實，處理卻頗生動。杯鋬以鏤雕的山岩松樹組成，松枝一直伸入杯口。

（劉岳）

二一五　犀角雕山水人物杯　清中期

高一四·三，最大口徑一九·八、最大足徑六·四釐米

故宮博物院藏

杯敞口斂足，流部弧線較大。口內壁滿雕雲龍紋，外壁紋飾以浮雕為主，又靈活運用了鏤雕、粘貼、鑽孔等工藝，刻畫纖細入微。表現海島仙山，雲蒸霞蔚，怪石險徑，林木蓊鬱，湍流飛瀑，奇花瑞草，白鶴悠然，瓊樓玉宇掩映其間，各色仙侶訪客絡繹不絕。杯側鏤雕的枝幹，貫通上下，既傳達了仙山松柏的參天姿態，又巧妙地保留了鋬的形制。

此器色澤深沉，紋理細密，質料極佳。在平面上刻畫建築的透視效果，深具界畫意味。而其紋飾繁縟，不留隙地，也表現出鮮明的時代特徵。

（劉岳）

二一六　犀角鏤雕松山人物故事杯　清中期

高一二·八、最大口徑一六·八、最大足徑五·六釐米

故宮博物院藏

杯色澤溫潤，紋理細膩。紋飾作松山人物圖，作者巧妙利用犀角「天溝地崗」的天然結構將天溝鏤雕成松樹和梧桐，並以此為杯柄。松蔭梧桐下，分兩面分別雕刻老人煉製圖和仕女織繡圖，雕工精細，形象生動，其作風與清代竹雕筆筒的藝術風格類似，與竹雕藝術可謂相得益彰。

（張林傑）

二一七　犀角雕山水人物杯　清中期

高一三・九、最大口徑一五・八、最大足徑四・八釐米

故宮博物院藏

作者根據犀角的天然形狀，磨口切底，採用鏤刻高浮雕技法，以西園雅集中的文聚圖為題材，製成撇口縮足的觚形杯。杯身鏤雕雙樹為柄，景致以上、中、下近距離山景為襯，山上林木叢叢，奇松、古柏、楓桐滿植其間。山間溪流蜿蜒，小橋淩空平駕，景色十分幽靜。十六個人物分為八組，或坐臥飲酒，立站迎送。或聚合敘談，吟詩論畫。結構嚴謹，層次分明。

「西園雅集」是明清畫家和雕刻家經常採用的題材。刻划蘇軾、黃庭堅等十六位文人雅士聚會的片段及其場景，這件犀角杯，將十六人的神情姿態，表現得活龍活現，是犀角雕中的精品。

（劉靜）

二一八　犀角鏤雕如意紋柄仿古蟬夔紋杯　清中期

高七・四、口徑一〇・一、足徑二・八釐米

故宮博物院藏

杯呈喇叭形口，高足內凹，粘合單鋬。身雕如意雲頭紋。杯身起弦紋兩圈，把杯分為三部分：上部光素，包漿溫潤瑩朗；中部做開光帶，滿雕夔紋，線條細而勻稱，頗有古意；其下做倒蕉葉紋一周，線細如絲，盡現功力。

此器造型古樸典雅，仿古韻出新意，充分顯示了清代雕刻工藝的藝術魅力。

（張林傑）

二一九　犀角鏤雕雙螭耳獸面紋杯　清中期

高六・三、最大口徑一四・一、最大足徑三・九釐米

故宮博物院藏

敞口，斂腹，高圈足式，足沿外撇，底微內凹。口俯視近橢圓形，側視一端略翹起為流，一端弧度較小為尾，線條變化精微。外壁口沿處淺浮雕一周變體覆蓮瓣紋，葉緣及葉脈為雙鈎而成。杯身紋飾以變體獸面紋為主，共兩組，分別飾

於體側，其邊線均為凸起陽文，極為細膩。以淺陽線回紋構成地子和獸面、輪廓三層花紋。杯鋬由鏤雕雙螭組成，一大一小，大者探首銜杯沿，小者攀爬於杯身，雕刻圓潤生動，與圖案化淺淡的主體紋飾構成鮮明的對比。此杯紋飾模仿商周青銅器裝飾，因此可以看作是清代仿古犀角雕刻中比較典型的作品。（劉岳）

二二〇　犀角鏤雕梅枝柄仿古獸面紋杯　清中期

高八·二、最大口徑一四釐米

故宮博物院藏

仿古高足式，角根部呈棕黃色，足部色稍深，並依稀可見犀角的自然紋理，別透瑩潤。杯口呈橢圓形，杯內弧形線條優美。高圈足微外撇。口沿內裝飾有一圈精細的回紋。杯鋬為鏤雕折枝梅，曲折自如的枝幹上數朵梅花綻放於風雪之中，不畏嚴寒，高風亮節，充分表現出當時文人的雅好。器外壁中部以杯鋬為界，飾浮雕獸面紋兩組，由杯把的梅幹又伸出小枝，花蕾簇簇，展於杯壁兩側，頗見雅靜詩意。此器杯鋬製作繁褥，杯身簡潔，呈現疏密、繁簡、深淺、動靜的強烈對比，古拙清雅，瑩潤可愛。（謝麗）

二二一　犀角鏤空梅枝柄有流高圈足杯　清中期

高一〇·三、最大口徑一六·八釐米

故宮博物院藏

染成棕紅色，光澤柔和，縱細紋絲清晰可辨。杯口外撇大敞呈橢圓形，足底深凹，成高圈足。杯柄由一株盤枝曲幹的梅花樹組成。杯的外壁有二道豎脊，三道橫脊，紋飾分三層，中層淺浮雕獸面紋，上下兩層以淺浮雕夔龍紋襯之。在杯沿流口下方，陰刻草書「羅浮山下西湖上，獨佔江南第一鄉」詩句及「升甫」款識。此杯將仿古造型與花枝紋樣結合，利用犀角自然的形狀，裏膛略微加工，天然成趣。杯柄鏤雕的梅花枝干虯勁古拙，花、葉碩展，刀法十分精細，紋飾精美繁複，具有高超的雕刻技藝。（劉靜）

二二二　犀角雕螭柄花形杯　清中期

高六・一、最大口徑一三・五釐米

故宮博物院藏

杯體色呈棕黃，敞口、束腰足，杯口做成一朵重瓣開放的花形，口沿外撇，並淺刻回紋一周為飾。花瓣外側紋飾有凸脊，圈足底內凹。杯柄由一條上攀的蟠螭組成，螭首平貼在杯的口沿上。杯壁光素，只有一獸面浮雕在流口下方。

此杯以螭為主要裝飾，角質細潤光澤，造型為仿古形式，小巧典雅，紋飾細膩，簡潔流暢，是犀角雕的精品。

（劉靜）

二二三　犀角雕獸紋柄仿古螭紋杯　清中期

高九・七、最大口徑一七・五、最大足徑四・二釐米

故宮博物院藏

螭紋杯仿《武英殿彝器圖錄》著錄商代銅器「亞醜方觚」製作，上闊下窄，陰刻焦葉、卷雲口沿及底足，杯腹陰刻雷紋幾何圖案錦地，錦地上飾滿攀爬的螭虎，形象生動的九條螭虎，有的身軀盤曲，回頭窺視；有的卷尾繚繞，伸頭張望；有的緩慢曲行，有的迅捷直前，富有活力。作者以犀角精雕細琢成觚杯之形，造型之美，構思之巧，雕鏤之精，堪稱匠心獨運。

（劉靜）

二二四　犀角鏤雕獸面耳仿古錦紋杯　清中期

高五・八、最大口徑一二・八、最大足徑四釐米

故宮博物院藏

杯作八棱形，內作平底，口沿雕回紋一周，以獸首長舌為鋬，獸首雙目突出，大鼻闊嘴，威嚴肅穆。雕對稱杯身中部淺雕錦紋，做工細緻，線條勻稱，即加強了裝飾效果，又能增加手持的摩擦力。其餘處均作光素，八棱形高足，足底稍作內凹。其棱角處皆打磨圓潤細膩。

此角杯其色深邃，造型優美，仿古而不復古，為清中期仿古器的上品。

（張林傑）

二二五　**犀角鏤空雙螭耳獸面紋八角高足杯**　清中期

高七·一、最大口徑一三·六、最大足徑三·九釐米

故宮博物院藏

仿古八方形，色呈棕紅，敞口撇足，陰刻回文口沿及底足。作者採用鏤刻技法雕雙螭為柄，螭上身攀附在杯口，向杯內窺視，神態活躍。杯身以陽文刻成莊嚴神秘的方夔獸面幾何圖案。

這件構圖簡潔的八方犀角杯，作品整體造型端莊典雅，雖然紋飾工整簡練，但刻工精細，形象生動，是乾隆時期比較典型的仿古器皿。

（劉靜）

二二六　**犀角鏤雕雙螭柄仿古獸面螭紋杯**　清中期

高一一·三、最大口徑一三釐米

故宮博物院藏

此杯根部色如蜂蜜，晶瑩剔透。觚形杯，敞口，直沿，斂腹，高圈足，足沿外撇。杯口沿外陰刻回紋一圈。此杯的精妙之處在於杯壁本雕有一小環形把，而作者又圍繞其鏤雕兩螭龍形成杯鋬，其中一小螭足部踩踏於杯口沿之上，尾部自然彎曲垂於沿內，另一大螭的螭身穿過環形把，尾部自然垂立，兩螭凸睛闊口，鬚髮戟張，肌肉緊繃，威猛之極。下方又雕一小螭，昂首挺胸，欲縱身而上，活力充沛。此杯外壁上部無紋飾，色澤光潤，杯外壁中下部及足上淺浮雕獸面紋，杯壁及足上各有四道對稱的出戟，古拙典雅，工藝細緻，製作嚴謹，十分難得。

（謝麗）

二二七　**犀角獸面紋八角高足杯**　清中期

高一〇·五、口徑八·二釐米

故宮博物院藏

杯如斗式，八角形，高圈足，足內甚淺。杯為倒梯形，壁傾斜度較大。耳彎曲呈「S」形，與杯身相映成趣。耳上端鏤雕二螭糾纏於口沿處。杯口沿及高足上均有陰刻回紋裝飾帶，杯身雙弦紋間飾回紋地上雙線陽文勾勒饕餮二，足緣一

周裝飾相似，唯饕餮略作簡化。

此器在造型與裝飾上均受到當時工藝中流行的仿古思潮的影響，但也不乏新意，在繁簡關係的運用上，亦別具一格，而其色澤經處理後顯得深暗沉著，更憑添一層耐人尋味之處。

（劉岳）

二二八　胡允中款犀角鏤雕仿古螭紋觥式杯　清中期

高一六・二、最大口徑一四・一、最大足徑五・九釐米

故宮博物院藏

仿商周青銅觥形，略成方體，口部開敞，腰部稍弧凸，圈足外撇，三部分以光素凹槽分開，器型勻稱，比例適度。四邊及四面中線飾變體扉棱，口、足部飾去地陽文仰、覆蓮瓣紋，腰部飾回紋及獸面紋。又以高浮雕及局部鏤雕技法，刻劃各種姿態的螭紋，蜿蜒於杯壁上，數螭糾纏至於杯口，呈杯鋬。螭紋共計十五條，卻無絲毫雷同，每條均雕刻工巧，令人稱賞。器物主體古雅凝練，而紋飾繁縟富麗，產生了奇妙的裝飾效果，十分典型地反映了清中期犀角工藝復古而蘊新變的審美格調，是這個時期犀角雕刻中的代表。

外底刻陽文「壬午七夕胡允中為仲青盟翁作」行書款識及「胡允中印」篆書方印。

（劉岳）

二二九　犀角鏤雕三螭柄海水螭虎紋杯　清中期

高九・六、最大口徑一七釐米

故宮博物院藏

杯蒸栗色，斗形，上闊下窄，口沿開敞較大，呈橢圓形，一側翻卷成流。口沿內外均飾有回紋裝飾帶。杯鋬鏤雕，由三條靈活鮮動的螭盤旋而成。右側一大螭，緊抓杯口，首探入杯內，螭首刻劃精細，毛髮細若遊絲，目光銳利，口微張，齒清晰，刻劃入微。左側兩小螭，上部的小螭右足爪使勁地蹬於口沿外，左腿置於大螭肩部，螭尾垂入杯內，俯身朝下，下部的小螭直身上挺，兩螭面面相對，四爪緊握，活力十足。杯壁以波濤洶湧的海水為錦地，海水曲線平行，細如髮絲，海浪上為雲氣，層次清晰。四條張牙舞爪，活力充沛的螭虎於其中盤滾穿插，它們或昂首

仰視，或側首觀望，各不相同，栩栩如生，就連螭虎騰起時的浪花飛濺都刻劃得精細入微。足部為高圈足，呈橢圓形，外撇，並飾以一圈精美的回紋。該器佈局均勻，刀法雄健，螭龍形態各異，蟠屈有力，氣勢非凡。（謝麗）

二三〇　犀角雕雙螭柄仿古螭虎紋杯　清中期

高八．三、最大口徑九．四釐米

故宮博物院藏

口沿微敞，一側翻卷成流。杯腹部鼓圓；足部收斂，底內凹成高圈足。杯柄由鏤刻的雙螭為之，杯身猶如圓形的罐盂狀。並在略鼓的腹部以弦紋開光，淺浮雕夔龍紋三組。

此杯造型秀巧，紋飾細膩，刀法簡潔流暢，是清中期仿古作品中的巧作。（劉靜）

二三一　犀角獸面紋爵杯　清中期

高一六．五、最大口徑一四．四、足距七．六釐米

故宮博物院藏

杯仿古青銅爵式，有流有尾，兩側有方形短柱，一側鏤雕獸首幾何紋，三足外撇。外口沿淺浮雕夔鳳紋裝飾，身飾雲雷紋出脊，在出脊之間，以雲雷紋為地，上浮雕變形夔紋及獸面紋。下腹光素，足部飾獸面蟬紋。此杯輪廓線圓滑柔和，紋飾雖多圖案化處理，但古意盎然，富於時代特點，是清中期仿古犀角雕刻中較為嚴謹且兼具藝術性的作品之一。（劉岳）

二三二　犀角雕仿古螭紋爵式杯　清中期

高九．八、最大口徑八．六釐米

故宮博物院藏

器型為圜底圓體鼓腹三足式樣。俯視口部呈橢圓形，一側稍窄，為流。側視流部略高，弧線突出，兩邊內卷，即構成寬平的流槽。器身短小，飾一周裝飾紋帶，以陽線勾畫回紋為地，其間浮雕二夔龍，並於流下處合攏成一獸面紋，底部

光素。三尖狀足外撇，上飾有陽紋蕉葉形裝飾區間，內填簡化的幾何紋樣。口兩側有二短柱，各盤繞一鏤雕螭紋，一朝向流，一朝向尾，一環於外，一環於內，隔杯口相呼應，頗具匠心。

配環狀菱花形座，下聯三獸足。（劉岳）

二三三　犀角雕花瓣口形杯　清中期

高一一·五、口徑一四·四釐米

故宮博物院藏

此器為非洲犀角所製。此角碩大，角質纖維較粗。杯作花形，敞口，深腹，花圈足，造型洗練，器型敦厚，線條曲度和諧優美，雖雕飾不多，卻也顯示了作者純熟的刀法和簡約的雕刻風格。（張林傑）

二三四　犀角鬲　清中期

高一二·四、口徑九·六、足距六·五釐米

故宮博物院藏

仿古鬲式，圓口，方唇，立耳，三柱足，足根呈袋狀。器體大部光素，只在足根處各浮雕一獸面紋。紋飾由多種幾何形組成，頭上兩組重圈紋，如綰雙髻，整體看來，形成一種剪紙的效果，形式特別，裝飾性很強。

此器紋飾簡潔，突出了犀角本身的色澤與紋理，恰到好處地烘托了圓潤秀雅的整體風格。其造型突破了犀角形狀的局限，顯示出高超的工藝水準，是內廷陳設中的上品。（劉岳）

二三五　犀角饕餮紋小方瓶　清中期

高八·六、口邊長二·一、寬一·八、足邊長二·四、寬一·九釐米

故宮博物院藏

瓶略仿古代青銅器造型，直口，長頸，腹部外膨，高足外撇。外口沿與足邊均剔地陰刻折線鋸齒紋，頸部上下各飾一周乳釘紋，其餘光素。腹部每一面都於回紋地上飾圖案化的變形饕餮紋，以裝飾性的扉棱為中線，左右對稱，並有仰覆

蓮瓣紋為襯托。

此瓶雖小，卻造型挺拔，線條流暢，紋飾仿古而不泥古，是一件很有時代特點的作品。　（劉岳）

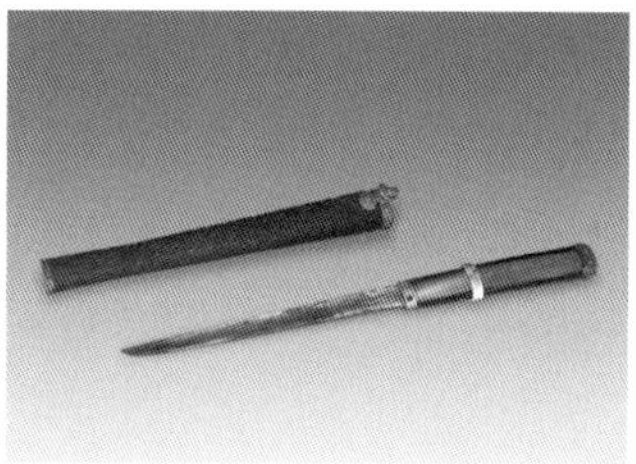

二三六　犀角雕雲龍嵌松石珊瑚鞘牛角柄小刀　清中期

長二八．九釐米

故宮博物院藏

刀柄扁圓，為羚羊角製成，光素無紋，色澤黃褐相間而過渡自然。格為象牙製，亦光素。有鎏金獸紋吞口，刃鋒尖鋭。鞘為犀角雕刻而成，狹長，稍稍束腰，線條優美，正背面各雕三條龍紋，並以雲水為襯。刀柄、刀鞘首尾均有銅活裝飾，並鎏金鏨花鑲嵌紅、綠、藍三色石料，而以紅色居中。

此刀鞘的雕刻深受牙雕的影響，細膩入微，構圖繁複，在很小的浮雕高度內劃分出層次。同時，在金屬裝飾與工藝上又保有蒙藏地區的特點，彙集了多種材質，是一件比較罕見的帶有民族風格的刀具。　（劉岳）

二三七　犀角鏤雕蟠螭雙耳四足鼎　清

通高二〇．二、最大口徑一二．五、最大足徑八釐米

故宮博物院藏

此器仿青銅鼎形狀，用亞洲犀牛角以浮雕技法製成，鼎兩側刻有堆壘如雲的螭紋朝天耳。又將犀角尖切劈的四足用熱燙技巧向外彎撇，如同四隻外翹的象牙。鼎壁淺刻勾雲如意紋錦地上，通體鏤刻大小蟠螭，或上或下穿插盤繞，還有一條蒼龍潛伏於底足之間，龍騰螭躍，神靈活現。鼎配有紫檀木方蓋，蓋中嵌鏤空鹿鶴靈芝紋白玉鈕。

犀角色澤沉穩，具有天然古香古色之韻，因此製作仿古器皿一般採用犀角原料較多。此件雙耳四足鼎色澤沉穩，光潔細潤，造型奇特，工精技高。龍螭圖案既表現了莊嚴神秘之感，同時因精湛高超刀法的運用，使細潤古樸的造型之上又顯示出了極為生動活潑之趣，是清代初期仿古雕刻中的精品。　（劉靜）

二三八　犀角雕癭瘤紋杯　清

高四、最大口徑六·七、最大足徑四釐米

故宮博物院藏

杯敞口斂腹，外壁高浮雕老樹之癭瘤紋飾，線條流轉，刻工圓潤自如，造型古雅別致。

犀角是一種名貴的中藥材，古人很早就發現犀角具有清熱、解毒、定驚等功能，又可醒酒，因此雕刻時多製成杯盞，是希望能夠得到溶於酒中的一些藥性。犀角色澤沉穩，古香古色，非常適宜仿古風格的造型與紋飾，因此杯盞中仿古器皿尤為眾多，此外大多為山水人物、折枝花卉等紋飾。此杯紋理抽象，意境清新，同類紋飾並不多見。

（謝麗）

二三九　犀角雕水草紋杯　清

高四·二、最大口徑九、最大足徑二·八釐米

故宮博物院藏

杯體小巧，廣口，斂底。口部近橢圓，呈花瓣式，一側稍寬而有尖端，一側略窄而曲線圓滑，流、尾分明。外壁紋飾集中於下部，以淺浮雕表現水波紋，紋細如髮絲，水波中探出蓼草數莖，物象簡約，構圖飽滿。杯口沿花瓣尖端，向下垂直伸延一道棱線，在不同角度及光影下，若隱若現，令人愛不釋手。

（劉岳）

二四〇　犀角雕癭瘤紋杯　清

高七·四、最大口徑一二·六、最大足徑四·三釐米

故宮博物院藏

杯廣口，細腰，斂底，口沿略近橢圓，並不規則，流部稍抬高。杯整體造型及裝飾如截斷的老樹樁。口內一周磨平，至尾部則起凸棱線。杯壁以淺浮雕技法，刻劃癭瘤的罅隙瘢痕為裝飾，頗為獨特。外壁大部分光素，僅於局部浮雕若干小瘤凸，富於圖案化的裝飾效果。癭瘤本是樹病，但在我國古代卻因其千姿百

態的花紋與肌理，而倍受重視，癭木雕刻甚至成為木雕中獨立的品種。而以樹癭作為裝飾題材，在犀角雕刻中也有所體現，這件癭瘤紋杯就是其中比較突出作品。

（劉岳）

二四一　犀角鏤空松陰高士杯　清

高七·四、最大口徑一三·四釐米

故宮博物院藏

犀角雕松陰高士杯，撇口，杯壁浮雕蒼松、芭蕉、人物圖景，虬松盤結覆蓋，枝葉蜿蜒直入杯口，松下有一老翁倚坐於籐椅之中。前有二人展卷，其中一人提筆揮書：「天以清，地以甯，誕生伊傅秉鈞衡，萬類賀生平」。一童持帽立於松下。杯底陰刻楷書律詩「脱帽露頂王公前，揮毫落紙如雲煙」。下刻篆文「尤侃」方印。

尤侃，又名尤通，無錫人。是明末清初著名的雕刻家。他刻的犀角製品，被世人視為至寶，人們不稱其名，而以「尤犀杯」呼之。這件犀角杯以深浮雕技巧刻制，刻工較為簡樸渾厚，光潔瑩潤的質地將人物神態表情體現的十分細膩，是清代初期犀角雕刻中的精品。

（劉靜）

二四二　犀角鏤雕嬰戲攀桂紋杯　清

高一〇、最大口徑一七·四、最大足徑五·四釐米

故宮博物院藏

口部開敞較大，杯身瘦長，平底，器型端莊大方。內外壁打磨潤澤，局部有細微的自然凹凸，似寫意山岩狀。杯鋬處鏤雕桂樹一株，生於石隙中，有童子三人攀爬其上。一童位置最高，蹲踞樹幹之上，一手攬抱，一手伸出，拉住下面同伴。而下面的小童，背向立，臉面揚起，只見頭頂，雙手高舉，足部猛蹬，奮力向上。另一童從旁側枝幹間探首而出，伸手抓住主幹，似正招呼。三個小童，姿勢各異，配合細膩的衣紋，有呼之欲出之感。

（劉岳）

二四三　犀角鏤雕竹石紋杯　清

高一〇、最大口徑一四·四、最大足徑五·六釐米

故宮博物院藏

杯體較厚重，敞口，斂腹，小底，輪廓清晰，造型大方。外壁主體紋飾為淺浮雕岩石累累，效果如運筆勾勒，作幾何形的簡化處理，各種短促的折線與不規則的幾何塊面，構成繁複的圖形關係，令人眼花繚亂。在淺浮雕之外，局部還使用高浮雕技法，使岩石層次變化更為豐富。杯身一端鏤雕孔隙嶙峋的岩壁為鋬。旁鏤雕斜竹一竿，挺然直上，至口沿處，竹葉亭亭如蓋，向口內外低垂，又浮雕嫩竹數竿為襯托。細節刻畫精到，連竹葉上的蟲蝕瘢痕，都一覽無餘。內壁亦刻成岩石狀肌理，與外壁紋飾呼應。大面積的雕刻石紋在犀角雕刻中似乎並不多見，此作將竹、石結合表現，是吸收了繪畫藝術的影響，取意蘊藉清雅，構圖則複雜而控制得當，無疑是同類作品中成功的例子。

（劉岳）

二四四　犀角雕螭水紋荷葉式杯　清

高八·九、最大口徑一三·一、最大足徑四·二釐米

故宮博物院藏

杯敞口，窄身，小底。杯體如亭亭玉立的荷葉，邊緣為不規則的內外翻卷形，器壁有縱向不均勻的凸凹，好像葉片自然收攏而成。內壁陰刻葉脈，至底部成環形葉芯。外壁葉脈由陽文構成，每條均呈圖案化的分叉處理，極富裝飾感。杯下部浮雕水波紋，紋理細如髮絲，曲線流轉，浪花湧動，在外底彙聚成渦漩。杯壁一端水波內浮雕一螭，彎身似欲上爬，頭尾鏤雕，技法轉換嫻熟自然。相應的內壁處亦浮雕一螭，曲體回首，姿態獨特，引人關注。

（劉岳）

二四五　犀角福海紋杯　清

高一一·一、最大口徑一四·四、最大足徑五·九釐米

故宮博物院藏

杯敞口斂足，口沿打磨極薄，呈不規則連弧狀。外壁通體淺浮雕海水雲氣，波紋交接疊壓，顯現出波涛汹湧勇狀。杯口內雲紋上雕蝙蝠，點明吉祥之寓意。此器立意新穎，運刀如筆，雕刻精細實屬難得佳作。

（劉岳）

二四六　犀角鏤空圍獵圖杯　清

高一三·五、最大口徑一六·六、最大足徑六·二釐米

故宮博物院藏

闊口，斂腹，足內空，微外撇。通體浮雕林木蒼鬱，溪澗湍急，煙靄蔽日，並鏤雕樹木山石成杯鋬式。出獵人物貫穿於景物間，二人一組，分別出現於杯流下及兩側，可視作行進、尋找、捕獵的過程。其中刻劃特別精彩的是捕獵場景。一獵手縱馬舞矛於前，一獵手駕鳶高呼在後，以點帶面，山石後似有千軍萬馬，蓄勢待發，留予觀者聯想。馬前亦只一兔狂奔，一虎亂竄，卻已將出獵的壯闊場景很好地渲染了出來。

清代統治者本為東北遊牧狩獵民族，入關後，尚武精神不褪，影響所及，狩獵題材也成為此時工藝中的重要類型，而這件狩獵紋杯無疑是同類作品中的佼佼者。

（劉岳）

二四七　犀角鏤空八仙慶壽紋杯　清

高一七·三、最大口徑二〇·一、最大足徑六·八釐米

故宮博物院藏

杯體碩大，杯壁厚重，敞口斂足，浮雕山水人物為飾，並鏤雕虯松巨幹成鋬，自底至口，藤蘿纏繞，枝葉伸入杯口。一面雕八仙立於林間隙地，另一面雕壽星盤膝而坐，手捧如意，身旁立二童子，一老者坐於石上似正發問。流下則雕溪橋遠崖，白鶴翔舞，劉海金蟾，將兩面的紋飾勾連起來。

此器莊重樸拙，刀法渾厚有力，氣魄不凡，在構圖滿密之處幾不容針，而疏曠之處則鏟出大片空白，很能顯示這一時期的工藝特點。

（劉岳）

二四八　犀角鏤雕山林雅集杯　清

高一七·六、最大口徑一七·八、最大足徑七·四釐米

故宮博物院藏

杯為非洲犀角製成，其材質溫潤晶瑩，色如田黃，堪稱犀中之珍。此杯採用多種雕刻手法，層次分明，錯落有致，作工精緻，顯示了作者精湛的工藝水準，當為清中期的犀雕精品。

其畫面置於深山老林間，山崖溪澗旁，兩位老人促膝談心，面帶微笑，一童子站立身後，懷抱書匣，笑容可掬。老林古松，參天蔽日，極具幽靜之意，體現了恬淡隱逸的自然之趣。溪澗邊置雙鹿，一鹿臥，一鹿欲試水溪澗；另有對鶴，一鶴澗中覓食，一鶴展翅回首，似與同伴嬉戲。姿態各異，形象生動。鶴鹿均為古代瑞物，《淮南子·說林訓》載：「鶴壽千歲，以極其游」，鹿亦可代祿，因此鶴鹿有祝福慶壽之意。

（張林傑）

二四九　犀角鏤雕松梅海棠花杯　清

高一一·二、最大口徑一五·五釐米

故宮博物院藏

非洲角製成，杯底鋸斷，作海水紋，杯身滿雕松、梅、海棠等各式花紋，松枝延過杯沿至口內。雕刻精細，細節處理頗為得當，有一定的層次感。松針的作法為清中期竹雕的典型風格，但又與竹雕有所區別。松鱗成叢而稀疏，不似竹雕中的滿鱗，梅花表現了絲絲花蕊的細微之處。

（張林傑）

二五〇　犀角鏤空花蝶杯　清

高一二·八、最大口徑一六·二、最大足徑五·四釐米

故宮博物院藏

杯敞口，杯體弧線修長優美，杯底收小。外壁通體雕菊、蘭、梅、茶等花卉。花葉扶疏，並以湖石相襯。菊葉於石中生出，相互纏繞，組成杯鋬。菊花的枝

葉垂入杯口。一蝶飛舞於花叢間，一蝶憩息於蘭葉上。內壁刻山石紋理，裏外紋飾渾然一體。

此杯採用高浮雕、鏤雕、陰刻等技法雕成，文飾滿密，宛然如生。

（劉岳）

二五一　犀角雕松梅紋杯　清

高一〇·七、最大口徑一二釐米

故宮博物院藏

此器色棕黃，依犀角的原形而製，截去角尖略作剪裁。敞口，流較寬大，杯內壁光素無紋飾，線條流暢優美。外壁運用浮雕、鏤雕技法。器身造型是一截古勁的老梅形狀，密佈鱗皴癭節。其上梅花朵朵綻放，花筋、花蕊清晰細緻，瑩潤可愛。另有松樹折枝與梅枝連綿相交，一側斜出少許藤蘿，形成虯枝紛披，曲折盤旋的蒼勁之狀。杯把則巧妙地以一棵曲折的老梅樹幹而為之，刀工流利，雕刻精美。流的下部僅雕有兩松的折枝，簡潔流暢，佈局清雅，對比較為強烈。此杯刀法簡潔豪放，造型瀟灑高雅。

（謝麗）

二五二　犀角雙葉瓜形杯　清

高六、最大口徑一三·三釐米

故宮博物院藏

杯作半爿瓜形，外壁浮雕連枝雙葉，合抱杯身。作者選擇習見物象，巧妙地運用犀角根部之形，略作處理，即成淺腹敞口，曲線優美的杯體，其妙在似與不似之間。葉片的刻劃尤見功力，翻卷、蟲蝕等細節生動自然，寥寥數刀，添無窮意趣。為了形式的需要，省去杯把，只於杯尾浮雕的葉片間留出一道凹槽，正好容納手指構思十分周到。

（劉岳）

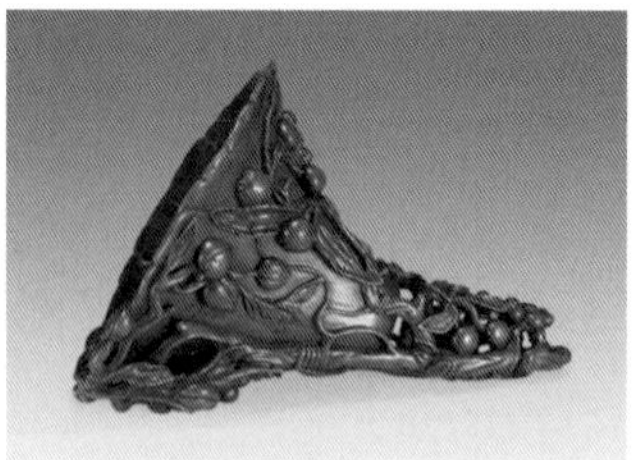

二五三　犀角雕果實杯　清

高二一、最大口徑一七·七釐米

故宮博物院藏

棕色，上寬下尖，寬流，是隨犀角天然形狀鏤雕而成，以花果枝葉為題材，通體刻有葡萄、壽桃、石榴、枇杷等，須藤縈繞，枝壯葉闊，碩果累累。外觀細潤瑩澤，渾樸壯美。是清代初期隨形犀角藝術中的傑作。（劉靜）

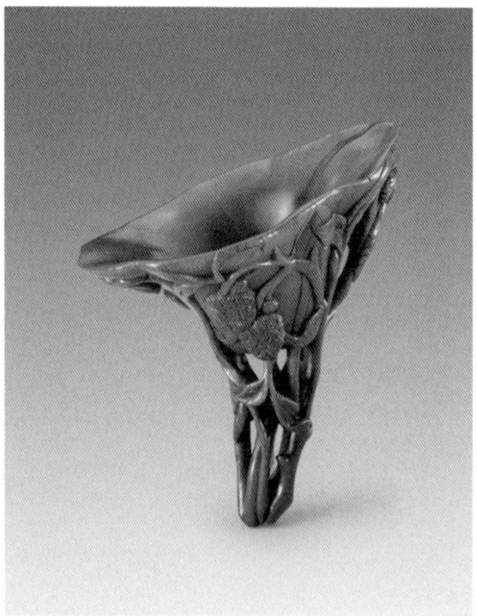

二五四　犀角鏤雕荷蓮花果紋杯　清

高一二·五、最大口徑一三·八釐米

故宮博物院藏

保留犀角原本形狀，製成廣口斂體杯式，杯身似一花朵，口沿如花瓣翻折，圓底正中有蒂梗，圍繞此花梗鏤雕出各式莖杆、枝條，向下逐漸聚攏，向上伸展至杯身外壁，成為浮雕的荷花、蓮蓬、荔枝果實等。一側鏤雕禾草二莖，構成杯鋬式樣。紋飾既寫實又富於裝飾意味，浮雕與鏤雕技法轉換靈活，不拘一格，而器物上部的穩重沉着和下部的輕盈靈巧，形成了鮮明的對比，效果強烈。（劉岳）

二五五　犀角鏤空荷葉杯　清

高一七、最大口徑一六·三釐米

故宮博物院藏

杯隨形鏤雕作荷葉式，杯口敞闊外撇。杯體為一折枝大荷葉，自底部的粼粼水波中探出，杯身雕鏤荷、蓮、水草等，枝葉交錯，托抱荷葉，生氣盎然，宛然如生。

此杯以鏤雕為主，雕刻技藝嫻熟，線條流暢自如，紋飾生動傳神，極富立體感，為犀角雕刻中的傑作。（謝麗）

二五六　犀角鏤雕蓮紋杯　清

高二〇、最大口徑八·二釐米

故宮博物院藏

杯作筒形花式，口沿彎折，俯視呈三瓣連弧形，如花朵含苞待放，極為優美。杯身下鏤雕莖杆、蓮蓬、蓮葉、水仙、蓼草等，下部圓雕成一束並以絛帶纏縛狀，是將自宋代即流行於瓷器等工藝領域中的「把蓮」紋飾，創造性地作了立體表現，很有新意。中部玲瓏剔透的鏤雕，形成數條修長勻美的豎直線條，為避免雷同，又利用莖的彎曲，葉片的翻轉以及荷葉的橢圓面，營造出線與面的對應關係，顯現高明的意匠。

此杯保留犀角的自然形狀，卻通過巧妙雕琢，使觀者渾然忘卻其原初狀態，產生出豐富的聯想和強烈的審美愉悅。（劉岳）

二五七　犀角鏤空折枝葵花尖柄形杯　清

高三九·七、最大口徑一四·六釐米

故宮博物院藏

杯隨形鏤雕，作折枝蜀葵式。主枝至腰處分裂為二，於杯口處合抱，又有小枝盤繞其間，穿插轉側，變化多端。花瓣形杯口隨犀角紋路作螺旋式。杯內底挖刻花蕊。

為角形所限，枝葉、花苞的彎曲均略作誇張，但總體而言，較為寫實。折枝之刀口表現得一絲不苟，鏤雕、浮雕、淺刻等技法運用得遊刃有餘。染色於枝幹處稍深，至花葉處趨淡，使角杯於古雅中見妍媚，是犀角雕刻中的精品。（劉岳）

二五八　犀角雕天然形蘭亭修禊圖杯　清

高三七·四、口徑一七·八釐米

故宮博物院藏

杯以非洲犀角雕成，杯體碩大。外壁採取螺旋式構圖，雕東晉時期王羲之等人在蘭亭歡聚宴飲的故事。由下而上，刻畫了姿態各異的二十三個人物，襯以崇山峻嶺，茂林修竹，小橋亭榭，曲水白鵝。口內雕祥雲螭龍紋。

此杯上部於內外壁浮雕紋飾，下部則純用鏤雕，刀法曠達有力，紋飾層次分明，立體感很強。（劉岳）

二五九　犀角鏤空花杯　清

高九·三、最大口徑一五·三釐米

故宮博物院藏

杯敞口，作花瓣狀，外壁以鏤雕及浮雕技法為主，飾花枝環抱，一面為桃枝，其上有桃實、桃花，另一面玉蘭花枝為橫檔，上雕玉蘭數朵，含苞欲放。以鏤空枝幹為鋬，環狀底足亦由鏤空花果枝幹組成。

此器技巧嫻熟，風格古樸，曾經染色的效果清晰可辨，歷經歲月侵蝕，色澤已似紅木，別有一番韻味。（劉岳）

二六〇　犀角鏤空螭柄葡萄紋杯　清

高八·九、口徑一七·一、足徑四·三釐米

故宮博物院藏

杯用犀角雕成一片捲曲的葡萄葉狀。內壁刻葉筋，外壁滿雕葡萄及枝葉，果實飽滿。杯耳由葡萄藤鏤空而成，上攀一螭，探首直入杯內。杯身鏤雕葡萄枝葉伸至杯底構成底足。

此器採用淺刻、鏤空等技法，刀法粗獷有力，紋飾簡單樸實，卻構思巧妙，透露出時代的氣息。（劉岳）

二六一　犀角鏤空佛手紋杯　清

高六·五、最大口徑一一·八、最大足徑五釐米

故宮博物院藏

此杯敞口，深腹，杯中黑色積澱附於壁上掩其本色，應是長期使用之遺垢。

杯身以佛手的枝葉為飾，樹幹盤曲，枝葉旁逸，更有三枚佛手果實點綴其間，仰俯結合，姿態各異。《本草綱目》卷三十「香櫞」云「義未詳，佛手取象也。」佛手即香櫞，因「佛」與「福」音似，故古代多以此象徵多福之意。

此杯雕刻風格粗中帶細，硬中有柔，特別是在葉子的正反面處理上，作者利用雙線和單線，取得了較好的視覺效果，體現了作者精湛的雕刻技巧。

（張林傑）

二六二　犀角鏤空蓮螭荷葉式杯　清

高八、最大口徑一四·三、最大足徑三·六釐米

故宮博物院藏

杯圓體，敞口，斂腹，小圓底。杯口沿磨平，呈花瓣式，外壁淺浮雕纏枝寶相花紋，每一分瓣上均有一朵。又高浮雕三螭攀爬，卷尾扭身，姿態各異，組成一「S」形，打破了杯身花瓣式的垂直線條，與寶相花紋的環形構形也成對比，顯示出高超的意匠。杯身花瓣的筋線與瓣間的接線形成凹凸的變化，極富韻律之美。杯耳的設計尤為生动，以一螭銜杯口，身體屈曲，細長的尾部構成了耳的輪廓，使作品更顯輕巧而富於動感。

（劉岳）

二六三　犀角鏤空蟠螭耳八方杯　清

高六·一、最大口徑一一·六釐米

故宮博物院藏

杯用犀角雕成，八方形，敞口，斂腹，高圈足微外撇。杯口內沿飾有回紋裝飾帶，杯身腹部飾錦地紋，雕一螭為柄，螭攀附於杯口，兩前爪緊抓口沿，正向杯內窺視，似已被杯中這香醇的瓊漿所吸引。

此杯採用鏤雕、陰刻、去地浮雕等技法，構圖嚴規守矩，所雕之螭亦略顯呆板，不似同類題材作品中蟠螭的那種極富動感的造型。

（謝麗）

二六四　犀角雕刻山水人物撇口高杯　清

高一四、口徑一七・二釐米

南京博物院藏

杯體高浮雕山水人物圖。山峰高聳，巨松參天，石上一位老者拄杖而立。兩童侍立左右。石下清泉潺潺。杯背面有一人泛舟水上。不遠處山樹間，掩映着瓦屋兩間。杯口流部浮雕詩曰：「水色連天向日流」。整件器物雕刻得古樸典雅，紋飾繁而不亂。

（楊海濤）

二六五　犀角鏤空饕餮蕉葉紋梅枝耳觚式杯　清

高八・四、最大口徑九・八、最大足徑三釐米

故宮博物院藏

杯仿古代青銅觚的造型，分作三段，截面略成橢圓，花瓣式口，直沿，身微弧出，高足外撇。口沿陰刻回紋裝飾帶，頸部刻蠶紋，身以回紋作地，用陽線勾勒出獸面紋，足外牆刻蕉葉紋，足緣亦飾回紋。最值得注意之處，是增加了鏤雕折枝桃花形鋬，花枝垂於口內。

此器造型別致，裝飾考究，尤為難得。

（劉岳）

二六六　犀角鏤空螭耳匜式杯　清

高八・七、最大口徑一五・六釐米

故宮博物院藏

仿古匜式。染色沉穆，古色古香。敞口，斂腹，小圈足，口邊俯視橢圓形，一端略方，一端翻卷成流狀。內外沿均飾陰刻回紋帶，內口隨口沿輪廓飾一周凸起之弦紋。杯身回紋地上兩側各飾陽線勾勒之相對夔龍紋一組。留下浮雕三螭攀爬，首尾相環，姿態靈動。足緣亦飾回紋。杯鋬由鏤雕三螭組成，一螭探首撐據杯沿，為此種匜式杯固定的程式之一。

（劉岳）

二六七　陳賢佐款犀角雕獸面耳匜式杯　清

高八・三、最大口徑一五・八、最大足徑四・七釐米

故宮博物院藏

杯為亞洲犀角染色而製。器作匜形，敞口，長流，粘合獸形手柄，高足，底空，內作「陳賢佐」篆書方印。

（張林傑）

二六八　犀角鏤空蟠螭耳匜式杯　清

高一一・二、最大口徑一七・五、最大足徑四・八釐米

故宮博物院藏

杯口寬大，有長流，高圈足，微外撇。杯耳扁方，鏤雕五螭糾纏合抱。杯身外壁以回紋為地，上刻變形夔紋，並高浮雕七螭，攀爬上下，姿態各異。

（劉岳）

二六九　犀角仿古雕活環光素匜　清

高九・六、長一七、寬八釐米

故宮博物院藏

呈淺棕色，橢圓圈足。作者利用犀角的本形，掏空成光素匜形，襯以陰線回紋口沿，流口下嵌鑲有夔耳活環，鑲嵌環形圈把，造型奇特優美，質地瑩潤細膩，是犀角雕刻中較為少見的作品。

（劉靜）

二七〇　犀角雕螭耳鳳紋三足匜　清

高四・七、最大口徑一一・六釐米

故宮博物院藏

口邊內卷，內壁口、身結合部以一條折棱為界，外壁相應位置亦有明確的陰刻界線。器身微鼓，陰刻弦紋帶內，飾去地淺浮雕陽文夔鳳。近口處漸變為圓雕螭首，與器身之間的空隙间，又高浮雕一橫臥花尾螭紋，小巧圓渾，惹人喜愛。小圓底，下承三品字型矮足。

（劉岳）

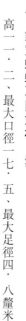

二七一　犀角勾蓮爵式杯　清

高一〇、最大口徑一四・一釐米

故宮博物院藏

器曲線流暢，頭大身小，敦實可喜。口部流尾俱全，俯視呈束腰葫蘆形，圓腹，三足，花瓣狀，足尖外撇。杯兩側口沿下各浮雕一朵蓮花，陰刻筋脈、葉片，流、尾下刻陽文如意金錢紋及靈芝紋，寓意吉祥。底陰刻篆書「永春珍玩」款。（劉岳）

二七二　犀角鏤空螭虎飾爵　清

高一二・八、口徑一四、最大足距八・二釐米

故宮博物院藏

淺棕色，仿古代青銅爵杯形。爵杯口兩端上翹呈長橢圓形，陰刻雷紋口沿和菊紋杯腹，又採用鏤空的圖案方式，在杯身上刻有三條蟠螭。一條尾分雙杈、躬腰昂首的蟠螭，在右側鏤空成杯柄。正背兩面各有一條浮雕的蟠螭，口銜靈芝向杯口攀爬，口中銜着的靈芝上飄伸出杯口成為兩隻鏤空的朝天耳。在杯口內，還有一條浮雕的小螭向上遊動，好似已嘗到了美酒，正心滿意足地向原路回轉。

此件爵杯是清代中期仿古器皿中的佳作，設計巧妙，造型新穎。（劉靜）

二七三　犀角鏤雕獸面紋合巹杯　清

高一三・二、口徑一五、最大足徑一〇・四釐米

故宮博物院藏

杯作雙聯式，八棱形，斜直壁，高足。口沿浮雕夔鳳紋，雙杯之間鏤雕一怪鳥與一異獸。鳥獸面有耳，雙翅伸展如雲，尾羽修長，捲曲於杯體一側，異獸被踏於其爪下，頭生雙角，頸長而彎，前足力撐，身體旋轉一周後出現在另一側。造型獨特，裝飾詭奇，染色沉暗，古色古香。

明清時期一般把這種器物稱為「合巹杯」，是古代婚禮中的一種禮儀用品，雙杯聯體，有永不分離之意。（劉岳）

二七四　犀角光素杯　清

高八・九、口徑一二・五、底徑八釐米

故宮博物院藏

杯作直壁碗式，碗形較高，微撇口，垂腹，平底，器型規整。杯壁光素，極薄，幾透明。色澤淡褐，質地溫潤細膩，絲狀天然細紋如懸針，均有微妙差異，實有美不勝收的視覺效果。

外底陰刻一周拉丁文「COPO· DE· ABADA· 」，經查為葡萄牙文「犀牛杯」之義。碗外壁口沿下有凹弦紋一周，不似手工而像是某種機械鏇床所留下的痕跡，推測此器或許出自歐洲匠人之手。（劉岳）

二七五　犀角雕鹿形杯　清

高七・一、最大口徑九・八釐米

故宮博物院藏

杯圓體，壁稍厚，口沿一周磨平。倒置則呈一鹿形，首尾相環，以一條凸棱線表示脊柱，為適應杯形而進行了適當合併簡化，其頭頸為杯足，額頭為杯底。鹿的面部形象準確，眼、耳、口、鼻等部位以浮雕及陰刻來表現，下頜、鹿角、口銜樹枝則以鏤雕為主，頸部以陰刻法刻劃細密的茸毛，花斑與尾部也用寫意的陰文處理，而伏臥狀態的四肢僅以浮雕表現前後各一，足以傳達其身體結構。此杯造型出人意表，裝飾匠心獨運，是一件高明的陳設賞玩器物，在傳世的犀角雕刻中也是極為珍貴的作品。（劉岳）

二七六　犀角雕獸面紋扁瓶　清

高一〇・七、最大口徑三・三釐米

故宮博物院藏

器體扁圓，卷唇，長頸，溜肩，圓腹，玉璧式橢圓形底足。瓶身大部光素，只頸部飾一周回紋帶，其上正背各一饕餮紋，以陰刻與極淺之浮雕手法完成，層次清晰。腹下部又飾如意雲紋。

此瓶器壁較厚，但琢磨上佳，手感圓潤，沉着大方，線條柔和，充分利用犀角本身的顏色、肌理，淺浮雕等技法運用恰到好處，顯得格調不俗，頗堪玩味。（劉岳）

二七七　犀角鏤空松鹿筆山　清

高五·五、長九·五、寬三·五釐米

故宮博物院藏

筆架用犀角雕成，下雕怪石嶙峋的層岩，上雕枝繁葉茂的古松，松蔭下，靈芝叢生，一鹿俯臥。在很小的範圍內劃分出數個層次，營造出深遠的意境。

此器以浮雕、鏤雕等技法為主，造型圓整可愛，刀法質樸凝練，將岩石的體積感和松樹旺盛的生命力準確地塑造出來，是一件極具個性的犀角雕刻藝術品。

（劉岳）

二七八　犀角嵌金銀絲夔紋扳指　清

高二·三、最大徑三·一、最厚〇·五釐米

故宮博物院藏

呈圓柱形。用鑲嵌技法，沿搬指外壁上下用金銀絲各嵌兩道雙線和山字紋作為邊飾，雙線邊飾內，嵌有變形夔龍紋，其間又用金銀絲嵌處「乾隆年製」篆書款。

此器工藝精緻，嵌絲細密，金銀相間，光彩悅目。這個搬指為整套中的一件，裝置它們的木盒也很雅致，呈海棠花式，內分兩層，每層放四個搬指，其中之一件現藏于臺北故宮博物院。

（劉靜）

二七九　犀角雕桃花座觀音　清

高一二·二、最大底徑一一·五釐米

故宮博物院藏

作者採用圓雕技法，將犀角刻成觀音形。觀音頭帶髮冠，身披廣袖法衣，左手捏撚珠，右手托如意，微閉雙目，盤坐於花座之上。一般來講，觀音赤足，左手托淨瓶，右手持柳枝，或坐或立於蓮花座上。此件圓雕，將花座改為盤枝錦花座，將觀音刻成閉目念經，端莊慈祥的形象。刻工細緻，線條流暢，衣紋飄逸自然，表情細膩。略施染色，使整體更為協調，是清代中期犀角雕刻中的佳作。

（劉靜）

二八〇　犀角雕彌勒佛　清

高七·九釐米、最大底徑一〇釐米

故宮博物院藏

雕像呈深栗色，下部略淺。以圓雕技法隨形刻劃一胖和尚，神情慈祥，咧口而笑，憨態可掬，袒胸露腹，赤足曲肱，右手持桃，斜倚布袋而坐。又雕小童數人於其身周肩上嬉戲調笑。器底部以木板封護。

這件犀角雕布袋和尚把人物的神態傳達得活靈活現，不僅在犀角雕刻中允稱神品，即令置諸同時代的造型藝術領域也不遑多讓。

（劉岳）

本書編輯拍攝工作，承蒙以下各單位予以協助和支持，謹此致謝。

國家文物局
故宮博物院
中國國家博物館
上海博物館
河北省文物局
浙江省博物館
福建省博物館
湖北省博物館
重慶中國三峽博物館
南京博物院
所有給予支持的單位和人士

本卷主編　楊伯達
責任編輯　段書安　郭維富
封面設計　張希廣
攝　　影　胡　錘　劉志崗　孫之常　劉小放　鄭　華
圖版説明　劉　靜　劉　岳
責任印製　張道奇

圖書在版編目（CIP）數據

中國竹木牙角器全集·牙角器／《中國竹木牙角器全集》編輯委員會編—北京：文物出版社，2009.4
ISBN 978-7-5010-2345-5

Ⅰ.中...　Ⅱ.中...　Ⅲ.①雕刻—中國—古代—圖集②牙雕—中國—古代—圖集③角雕—中國—古代—圖集　Ⅳ K879.32

中國版本圖書館CIP數據核字（2007）第161373號

中國美術分類全集

中國竹木牙角器全集

第4卷　牙角器

中國竹木牙角器全集編輯委員會　編

出版發行者　文物出版社
（北京東直門內北小街二號樓）

本卷主編　楊伯達
責任編輯　段書安　郭維富
製版者　北京文博利奧印刷有限公司
印刷者　文物出版社印刷廠
經銷者　新華書店
二〇〇九年四月第一版第一次印刷
書號　ISBN 978-7-5010-2345-5
定價　三九〇圓